名师名校名校长书系

高中英语有效教学的研究与实践

梁冠华 / 著

东北师范大学出版社

长　春

图书在版编目（CIP）数据

高中英语有效教学的研究与实践 / 梁冠华著. —长春：东北师范大学出版社, 2019.4
ISBN 978-7-5681-5649-3

Ⅰ.①高… Ⅱ.①梁… Ⅲ.①英语课—教学研究—高中 Ⅳ.①G633.412

中国版本图书馆CIP数据核字（2019）第062691号

□策划创意：刘　鹏
□责任编辑：张芙蓉　张新宁　　□封面设计：姜　龙
□责任校对：刘彦妮　张小娅　　□责任印制：张允豪

东北师范大学出版社出版发行
长春净月经济开发区金宝街118号（邮政编码：130117）
电话：0431-84568033
网址：http://www.nenup.com
北京言之凿文化发展有限公司设计部制版
廊坊市金朗印刷有限公司印装
廊坊市广阳区廊万路18号（邮编：065000）
2022年6月第1版　2022年6月第1次印刷
幅面尺寸：170mm×240mm　印张：17　字数：306千

定价：45.00元

序言

状元是怎样培养出来的

在2006年高考中，我教的学生陈雅莉同学英语考了满分900分，成为广东省英语单科状元，在随后的多年中，我教的学生不断地考得茂名地区高考英语学科第一名。下面，我谈谈状元是怎样培养出来的。

一、树立自信心

学生们常说，广州、深圳等发达地区的学生英语水平很高，落后的粤西地区学生考不过他们。我说，发达地区学生的英语水平确实很高，但是考试中他们不一定会考得最好。我们想想看，中国著名的作家有多少出自大学中文系的高才生？不多。英语专业的大学毕业生参加应聘考试，做高考模拟题，一般只能得120多分，而我们的尖子生随便考一份模拟题都可得130多分，甚至超过140分。我曾经拿过一份高考模拟题给外教做，结果外教的得分远远比不上我们尖子生的分数。高考是一种需要特别应试技能的考试，在掌握一定技巧的前提下，非顶尖学生也能考出顶尖的分数。学生只要过好词汇关，牢记我编的词汇表中的每一个单词，过好作文关，注意学习方法，经过高三一年的学习，就能考出好成绩，而且可以考个英语状元。经过我的一番鼓励，学生们就有了取胜的信心。

二、过好词汇关

英语水平的高低很大程度上是由词汇量决定的。高考英语其实很简单，只要懂得足够量的单词在任何语境中的意义就能考高分。为此，我编了一个3500词左右的词汇表让高三学生背诵学习。我把单词表分成8个单元，让学生每个星期背诵一个单元，在两个月的时间内学会全部单词。我要求学生只要会读，会翻译每个单词就行，并不要求全都会写。这么多的单词，要教师写出来都有一定的难度，如果强迫学生去记住并准确无误地写出每一个单词，他们就会觉得很困难，就会知难而退。而且，在一份高考英语试卷中，只有书面表达部分要求学生写英语。但对于写作考试，没必要会写3500个单词。所以，教师没必要增加难度，要求学生会写每一个单词。除了让学生利用课外时间背诵单词，我每星期都用单词复习专题的正课时间让他们读背单词，然后抽部分学生上讲台把词汇表上的单词边读边说出它们的汉语意思。接着，我让学生进行大量的阅读，使他们做到在任何语境中都知道每一个单词的意义。

三、听出每一个单词

听力要好，能听出每一个独立的英语单词是基础。为此，我把词汇表进行录音，分成8个单元，经常在课堂上放自己制作的录音，让学生立刻说出听到的每一个单词对应的汉语意思。同时，我还把词汇表的单词录音制作成MP3，方便让有MP3的学生在课外进行听译练习。在学生熟练听出每一个单词的基础上，我及时调整训练方式，进行高强度的语篇听力训练。我尽可能多地为学生提供语料丰富、语音多变的资料，始终坚持让学生多听正常语速的不同材料，熟悉英美国家正常的说话速度，不在乎听懂多少，而在于熟悉他们日常对话的语速。对于听力考试，我要求学生：一要做到以平常心来对待，不能过度紧张与烦躁，以防影响整个考试过程中的情绪，遇到周围有干扰声以及录音不是太清晰时也应如此；二要掌握好节奏，恰当运用平时我讲的答题方法去答题。

四、过好作文关

1. 确立写作原则

英语写作有其自身的特点，明确和遵守一些行之有效的教学原则可以少走很多弯路。我在写作教学中一直坚持以下原则：①渐进性原则。坚持"句—段—篇"的训练程序，由易到难，循序渐进。先训练学生写好基本句型、简单句和复合句，接着按逻辑关系连句成段，最后进行整篇的写作训练。②多样性原则。口头作文、改写课文、仿写课文、续写故事；说明文、记叙文、议论文；书信、便条、通知等。形式和文体的多样性能够训练学生更快、更全面地

提高写作水平。③结合性原则。写作训练与听、说、读训练紧密相关,听、说、读训练和写作训练相结合,可使学生的各项能力互相影响、互相渗透、互相促进。④持久性原则。督促学生一周写几篇作文,持之以恒,自然水到渠成。

2. 以读促写

"熟读唐诗三百首,不会作诗也会吟。"我用自编的《高考英语作文范文分类背诵》、学生的《中学生英语优秀作文》《大学英语四级作文》等,让学生分类背诵书中的文章,以达到不假思索而下笔成章的境界。我每星期开设阅读课,以自编的《高考英语阅读训练》《英语优秀阅读文集》《大学英语四级阅读》等为训练材料,让学生进行大量的阅读。语言专家研究证实,只要有所学课文五倍的语言输入量,学生就会进行语言输出即写作,有十倍的输入量,就会娴熟地输出。

3. 要求学生写出美观的作文

我把自己参加高考评卷的经历告诉学生,现在能用精彩的英语写出高考作文的学生有很多,但只有那些卷面特别整洁,书写特别漂亮、美观的作文才能获得满分。因此,高三新学期一开始,我就要求每名学生买一本英语字帖,用一定的时间来练习书写。经过一段时间的练习,学生的书写普遍有很大的改观。比如状元陈雅莉的书写真是漂亮极了,说是比字帖还要好看也不为过。看了学生漂亮的文字、整洁的卷面,我感觉学生的作文可以获得评卷老师高一档次的打分。

五、注重复习方法

我让学生对中学的全部内容分阶段进行复习,采取"三轮复习法"。

1. 第一轮复习,是对教材内容和语法知识进行集中复习

对于教材的复习,我根据教材的内容编写系列的导学案,让学生在课前完成导学案上的练习,然后我在课堂上引导学生对知识点进行归纳和总结,导学案设计的重点是让学生复习并掌握每个单元的语言要点。在复习时,有时以单元为单位,进行归纳和对比,有时不局限于一个单元,而是打破单元与单元、册与册之间的界限,把分散在初中和高中各册课本中散乱的语言知识像绒线穿珠一样联系起来,把所有的知识编成一个立体网络,让学生一目了然,收到事半功倍的效果。

2. 第二轮复习，是对高考题型进行集中复习和训练

第一轮复习的目的在于巩固学生的基础知识，学生在掌握一定的基础知识并具备一定的学习能力以后，我就不失时机地进行高考英语题型的集中复习和训练，以使学生实现由知识向能力的转变，促使学生能力的提升。

3. 第三轮复习，是用高考模拟试题对学生进行集中训练

让学生通过做仿真模拟试题来提高考试技巧，积累经验，了解当年的高考热点。我要求学生认真对待每一道试题，做到用考试之心对待训练，用平常之心对待考试。训练或考试后，我对试题进行充分的讲评，在讲评中不限于试题中一题、一词、一句的知识获取，而把重点放在学生能力的提高上，帮助学生拓展思路、总结方法、找出问题。

总之，让学生树立自信心，过好词汇和写作关，听懂每一个单词，注意复习方法，再加上学生自己学习语言的天赋，状元就慢慢培养出来了。

在这里，借用我发表于《广东教育》上的《状元是怎样培养出来的》这篇文章来做个开场白。条条大路通罗马，但总有一条是最快捷的。何为有效教学？可以世俗地说，在高中阶段，使学生在高考中考得省、市或县的状元就是最有效的教学；何为名师？名师站起来是一座山，坐下来是一本书，躺下去是一条路。

是为序。

梁冠华

广东省名师工作室主持人

目录

第一章 理论研究

高中英语教学中文化意识的培养途径 …………………………… 2
论高中英语分层教学模式 ………………………………………… 6
利用思维导图和表格提升高中生英语思维品质的研究 ………… 10
差异性教学的实践研究 …………………………………………… 21
谈如何搞好高三阶段的英语复习教学 …………………………… 27
怎样上好英语练习讲评课 ………………………………………… 32

第二章 阅读教学

试析思维导图在高中英语阅读教学中的应用 …………………… 36
浅谈高中英语阅读教学中的情境创设 …………………………… 41
山区高中英语课外阅读的问题与对策 …………………………… 45
浅谈高中英语阅读技能的培养与提高 …………………………… 50
英语阅读教学KWLH模式的探究 ………………………………… 55
建构主义支架式理论在高中阅读教学中的运用 ………………… 60
高中英语阅读课教学设计、学案设计与课堂展示 ……………… 63

第三章 词汇教学

探索高中英语阅读课中的有效词汇教学 ………………………… 74
基于人本主义的高中英语词汇教学方法的研究 ………………… 77

  阅读中教词汇 ·· 82
  词块理论在高中英语词汇教学中的应用探讨 ····················· 89
  基于语篇的高中英语词汇教学探索 ······························ 93
  高中英语单元词汇集中教学的课例设计 ·························· 103

第四章　写作教学

  高考英语写作强化训练模式探索 ································ 110
  探讨高中英语写作教学的有效策略 ······························ 116
  谈中学生英语作文的批改 ······································· 123
  书面表达中语言错误的统计及教学中要注意的问题 ·············· 125
  学生英语作文点评及作文指导 ··································· 129
  网络环境下的高中英语写作教学探索 ···························· 133
  浅谈高中生在英语写作中存在的问题与策略 ····················· 138
  中学生英语写作问题分析及能力养成初探 ························ 143
  高考英语书面表达提分策略探究 ································ 153
  不评就是为了评 ··· 160
  新课标下高中英语写作教学的评价模式探究 ····················· 166

第五章　听说训练

  基于英语学科核心素养的高中英语听说教学探索 ················ 176
  山区学校提高学生英语听说能力方法探究 ······················· 183
  广东高考计算机辅助英语听说考试对学生英语口语学习的反拨作用 ··· 189
  广东高考英语听说考试答题技巧综述 ···························· 196
  "混合学习"模式在高中英语听说训练中的应用与研究 ·········· 201
  "口"动课堂 ·· 212
  高中英语听说课补充教材《走遍美国》教学案例 ················ 217

第六章　创新课堂

融入英文歌曲，让高中英语课堂更精彩 …………………………… **224**
"世界咖啡"在高中英语课堂中的运用 ……………………………… **230**
浅谈翻转课堂在非重点高中英语教学中的应用 …………………… **236**
"同伴互测"在高三英语复习教学中的研究 ……………………… **250**
高中英语完形填空解题技巧探究 …………………………………… **256**

第一章 理论研究

高中英语教学中文化意识的培养途径

广东高州中学　梁冠华

高中是学生学习发展的一个重要阶段，也是培养学生文化意识的最佳时期。当今，在全面推进素质教育的背景下，高中英语教学虽然有一定的进步，但仍存在一些问题。教师在进行英语教学时仍然采用传统的教学模式，更注重教授学生词汇、语法和进行知识技能的训练，而忽视了培养学生文化意识的重要性，使得学生对英语的认识只停留在词汇和语法上面。没有打开文化的视野，也很少有学生能够做到顺畅交流。所以，教师要转变教学理念，提升自身的英语素养，将培养学生的文化意识放在重要地位，让学生的英语综合水平有所提高。基于此，本文分析了英语教学中培养学生文化意识的现状及其重要性，并从以下几个方面给出了一些解决措施，仅供参考。

一、高中英语教学中培养文化意识的现状

俗话说"腹有诗书气自华，读书万卷始通神"，对英语文化意识的培养能够使学生开阔视野，获取知识。在发展文化意识的过程中，学生能够使学生体会到世界的广大和变化莫测，进一步丰富自己的英语文化知识，为英语学习打下十分扎实的基础。单纯的英语词汇或语法知识是琐碎而枯燥的，难以激发学生的学习兴趣。学生如果只是靠死记硬背来学习英语，难以达到所需要完成的学习目标，反而会渐渐对英语学习产生倦怠感，严重的甚至会有厌学倾向。在传统的英语教学中，很多高中英语教师都有一个错误的观点，他们认为只要教好英语单词，让学生会读会写，掌握语法的使用，会做题，能读懂阅读理解的文章，考试能拿到好成绩就算达到教学目标了。但是这种一成不变的模式让学生只会死记硬背，只会做题，怎么能算教好了学生呢？而且，教师自身也存在英语文化素养不足的问题。这样的问题使得在英语教学的课堂上基本不涉及英语文化知识的讲解，阻碍了学生对英语的深入了解。另外，学生在日常生活中并不会经常用英语交流，大多数都用汉语，即使是在英语课堂上对英语的学习也

是借助汉语来达到的，所以很少能获取到英语文化方面的知识；而且大多数学生都以课堂作为英语学习的主场地，很依赖教师的教学，自身缺乏主动了解学习英语文化的意识，所以很难真正学好英语。

二、在英语教学中培养文化意识的重要性

在英语教学的过程中培养学生的文化意识能够帮助学生更全面地学习英语，从而激发他们的学习兴趣，提高英语学习的实践应用性和课堂趣味性。如果教师只是把英语的教学停留在词汇和语法上，学生会逐渐丧失学习的兴趣，课堂的参与度也会有所下降，学生失去了兴趣，自然也就学不好英语了。如果我们以学生的兴趣为主导，加强学生的文化意识培养，让学生在学习的过程中充满好奇和兴趣，那么学生学习的积极性和有效性会大大提高。此外，在英语教学中，我们会发现一些英语词组并非只是局限于单词的理解，还需要我们根据其文化来进行理解。例如："John can be relied on; he eats no fish and plays the game."从表面上理解就是"约翰值得信赖，他不吃鱼，但是玩游戏"，但是这样翻译就很奇怪。这个时候我们需要借助英国的历史文化来进行理解，其实"to eat no fish"是指忠诚和信仰，"to play the game"则是指遵守游戏规则。所以，这句话的正确翻译应是：约翰为人十分可靠，不但忠诚，而且很守规矩。如果我们不结合语言文化进行学习会造成很多误会，所以要加强学生的文化意识培养，提高他们英语学习的综合能力，以免出现这种错误。

三、高中英语教学中培养学生文化意识的途径

（一）转变教学理念

教师要知道学生只有完全理解时，才能灵活运用所学到的东西。英语知识的特点是多而琐碎，高考英语词汇有3500个，语法涉及时态、主谓一致、非谓语动词、特殊句型等。单纯靠死记硬背来学习的话，会有很沉重的学习负担和压力。如果按照过去传统的教学方法，让学生死记硬背的话，就很容易导致学生"知其然而不知其所以然"，学生虽然很会考试，但真正与人交流时不会很顺畅，所以教师要转变教学的理念，在教学中渗透英语文化，培养学生的文化意识。比如在进行健康饮食的英语课堂中，教师可以准备一些中英饮食和中英健康饮食标准的对比，还可以播放一些视频以激发学生的兴趣，引发学生对中英饮食区别的思考，让学生感受两国文化的差异，从而拓宽学生的视野，填补他们的知识空白，培养他们的文化意识。

（二）提高教师的英语素养

教师自身的英语素养会影响到课堂的教学质量，所以，在教学前教师需要提高自身的英语素养，才能有效地教授学生。相比于只教授学生词汇和语法的课堂，学生更喜欢传授英语文化的课堂。一方面，教师对课本上的文章不仅要做到理解，更要有效吸收其中的文化知识。教师可以通过互联网及时关注有关英语教学的方法，同时可以利用很多工具来进行英语学习，提高自己的英语素质。教师需要不断更新自己的英语知识和教学方法，紧跟时代的步伐来进行英语教学。另一方面，要对高中英语教师进行理论知识的培训。可采取分层次培训策略，根据教师的水平，把教师分成不同的等级，然后根据不同等级的教师的实际需要，设计有针对性的培训计划和内容，进行差异化培训，促使每个等级的教师都能够在原有水平上得到快速的提升。培训过程中也要注重提高教师的实践能力，教师要对自身课堂言语反馈中存在的问题积极地进行反思，思考解决问题的方法，并在实践过程中不断改善，最终达到提升自我的目的。教师之间还要互相观摩学习，学习彼此的课堂教学经验，并对发现的问题进行深入的交流与探讨。这一方面可以帮助其他教师发现他们在课堂言语反馈行为中存在的问题，并及时解决问题；另一方面也可以借鉴其他教师的优秀经验以弥补自身教学实践中的缺陷和不足。

（三）拓宽英语学习的途径

课堂并不是唯一一个培养学生文化意识的场所，教师需要拓宽培养学生文化意识的途径，引导学生自主去学习探索英语文化知识。一方面，每名学生的发展水平存在差异性，所以教师在做出课堂言语反馈时，要根据学生的不同发展水平，做出由简到繁、由浅入深的语言反馈，促进每名学生的个性化发展。另一方面，要营造良好的英语学习氛围。在直观、生动、有趣的情境中，学生能够给自己解压，放松自我，同时把注意力放在教师创设的情境中，在参与的过程中潜移默化地学到知识。比如学校可以提供丰富的阅读资源，引进更多的英语阅读资源，加大英语文化书籍和期刊的投入力度。此外，还可以举办各种活动来促进英语文化的学习，鼓励学生积极探索英语文化知识，如通过观看英语电影、班级组织英语角来进行英语学习交流等。

（四）加强口语的练习

培养学生的文化意识，口语的练习也是很重要的，只有不断练习才能切实提高学生的语感，在实际生活中的英语口语能力才能得到切实的提高。基于此，教师可以通过为学生设计口语情境，把班级分成若干个合作小组，小组之

间在游戏或竞赛中学习,结合教材以及英语的风俗习惯等来让学生演示,例如利用角色扮演创设教学活动情境,把班里的学生分成不同的角色,让他们进行分角色朗读或者分角色表演,以达到提高学生口语能力的目的。

综上所述,教师应该意识到在英语教学中培养学生文化意识的重要性,转变教学理念,不断提高自身的英语素养,以学生的兴趣为主导,解决目前英语教学中存在的死板问题。教学中一定要让学生结合文化来进行学习,只有接受英语本地文化的洗礼,学生才能真正学会英语。与此同时,学校也需要利用好自身的条件,使学生学习英语时能够自主了解文化,这样才能对学生进行有效的培养,学生的英语综合能力也能得到切实的提高。

论高中英语分层教学模式

广东高州中学　梁冠华

《普通高中英语课程标准》（2017年版）提出了"面向全体学生；注重素质教育；突出学生主体；尊重个体差异"的核心理念。因此，无论在哪种教育教学的过程中，每位教师都必须从实际情况出发，针对学生的学习能力、英语学习的方法、对英语的学习兴趣和英语学习态度以及学生的差异性采取不同的对待方式。根据学生的差异性，有目的地组织针对性的教学实践活动，既要对所有学生统一要求，又要做到因材施教。只有这样，才能满足不同水平的学生对知识的不同需求，让每名学生都能够学有所得。

一、分层教学的要素

高中英语实施分层教学模式是否正确可行，其影响因素大体有三点：教师因素、学生因素和教育中介因素。英语教师的专业水平和素养、学生学习动机、学生学习英语的兴趣、学生自身学习能力和教育条件等，这些都是影响高中英语分层教学的主要因素。

1. 英语教师的专业水平和素养

根据新课改的要求，高中英语教师在学生学习中应当是学生的引航者，教师要最大限度地发挥每名学生的主体地位，充分调动每名学生的学习积极性和主动性。新课改下，英语分层教学模式对英语教师自身的专业素养提出了更高的要求。首先，高中英语教师必须拥有深厚的英语专业理论知识，这是作为一位优秀的高中英语教师必备的基本素养；其次，高中英语教师需要具备丰富多样的教学方法和技巧，在英语教学过程中要根据学生的年龄、学段等各种因素选择正确合适的英语教学方法，成功高效地完成预期的教学目标；最后，高中英语教师要具备优良的个人品格和专业的教学态度。比如，英语教师不仅要热爱英语，还要对学生有耐心，经常关心学生且富有爱心。

2. 学生的个人素质与学习态度

高中学生是学校教育的主体，学校和教师的所有教学设计与实施都是为了让学生能够获得更多的知识，让学生更好地成长，学生在英语分层教学模式下应当具备以下几个因素。第一，学生要具有充分的学习动机，要知道读书的必要性；第二，学生要有正确的学习态度，要明白学习不是一蹴而就的，而是日积月累的，要一步一步、脚踏实地地学习，要让自己养成良好的自主学习习惯；第三，学生要有良好的学习心态，走捷径是学不好的，千万不能急于求成，并且要具有良好的自我调节能力，敢于面对失败；第四，教师要充分考虑学生的智力水平，讲授学生可以理解的内容。学生也要明白自己的长处和短处，要学会扬长避短，尽力发挥自己的才能。

二、分层教学的具体实施

1. 全方位了解学生，进行正确的学生分层

英语教师在实施教学分层模式之前，首先要充分地了解每名学生对基础知识的掌握情况、学习方法的使用和知识吸收的能力等情况，再将学生分为不同的层次，如A、B、C三层。A层的学生具有独立的思维能力，并且具有较强的自主学习能力；B层的学生英语基础水平一般，但是好好培养的话会有很大的潜在发展水平；C层的学生对英语学习不感兴趣，并且英语基础水平不扎实。

2. 根据不同的分层，制定不同的教学目标

在英语分层教学中，英语教师应该根据对学生的分层情况，有目的地制定不同的且适合学生的教学目标，并努力引导和激励学生定位自己的学习目标。对于A层的学生，教学计划的制订要以课外知识为主，教师要让他们多阅读一些课外有难度的报纸、杂志等，加强他们说和写的技能训练，对于B层的学生来说，教学计划的制订要以提高他们的自主学习能力为主，正确引导他们自主解决深层次的知识和问题，培养他们的自主思维能力，用恰当的教学策略让他们学会用正确的方法学习英语；对于C层的学生来说，英语教师要重点培养他们学习英语的积极性，帮助他们掌握英语基础知识。要经常鼓励他们，帮助C层学生树立良好的学习英语的信心。

3. 根据不同的教学目标，制订不同的教学计划

在高中英语课堂的教学中，教师应针对不同的教学目标制订不一样的课堂教学方法，设计有针对性的英语课堂问题和课堂活动等。例如在阅读课上，对于A层的学生来说，教师要对他们提出一些更深层次的问题，让学生自己用英语表达他们的观点和想法,以此来提高这些学生对问题的认知能力,还可以让A层的学生自己尝试复述文章;对于B层的学生,教师应该把归纳总结段落句子的意思、判断句子的对错等问题交给其回答,这样可以提高这一层次的学生自主学习的能力;最后,C层的学生在课堂上通常比较沉默,所以教师可以在课堂上设置一些英语游戏环节让他们表演,这样可以激发C层学生的学习积极性,提高他们学习英语的兴趣。

4. 分层作业的布置

教师的作业布置不仅仅是为了检测学生课堂的学习情况,还可以让学生进一步巩固课堂上学到的知识。教师课下作业的布置也要根据不同层次的学生做不同的处理。对于A层的学生,教师可以给他们布置一些巩固技能的练习,比如布置一些作文练习等;对于B层的学生来说,可以布置一些提高其语言知识能力的作业,比如让他们背诵课文等;对于C层的学生来讲,布置太难的作业他们短期消化不了,所以可以布置一些简单的词汇的背诵,或者可以让他们做一些简单的选择题等。

分层教学的实施要根据不同层次的学生制订不同的实施计划,只有因材施教,学生才能最大限度地学到更多的英语知识。

三、分层教学的应用效果

1. 提升各层次学生对英语学习的积极性和自信心

英语教师在课堂中实施分层教学不仅可以增强学生学习英语的兴趣和积极性,还可以培养学生良好的学习态度和自主学习能力。A层的学生会用更高的标准规范自己的学习习惯,以提高自身自主学习能力和创新能力。B层的学生在分层教学之后会变得越来越自信,不会畏惧英语学习,其英语学习习惯和策略也会得到进一步的改善,英语学习的效率也会提升;实行分层教学不仅保护了C层学生的自尊心,还让C层学生对英语学习有了新的认识,不再惧怕英语,重新爱上英语学习。总而言之,高中英语分层教学使得每个层次的学生都得到了提升。

2. 提高英语课堂教学效率和学生的学习主动性

教师在课堂中采取分层教学模式,打破了传统的课堂教学模式,使得原来僵硬的英语学习变得个性生动、平等有趣。英语分层教学很大程度上增强了各个层次的学生学习英语的主动性,使得所有学生都愿意参加一些英语课堂活动等。分层教学使得英语教师的教学目标变得更加明确,教学计划变得更加有针对性，大大提高了英语课堂的教学质量，教学效率也得到了提升。在分层教学的帮助下，英语课堂也变得生动活泼起来，各个层次的学生在听、说、读、写方面都得到了不同程度的提升，因此，学生的学习成绩和对英语的掌握运用能力也得到了提升。

3. 增强学生团队合作的意识

分层教学的基本教学理念是以人为本。分层教学要求教师的所有教学计划和活动都要围绕学生展开，学生是英语课堂的主体。分层教学使得英语课堂变得平等民主，教学气氛变得浓厚，使教师和学生之间的关系也变得越来越融洽。分层教学不仅保护了一些学生的自尊心与自信心，而且可以让教师多方面地了解学生内心的想法，从而更好地制订教学计划。在分层教学的课堂上，教师组织小组讨论学习，学生在其中学到了学习的乐趣、探讨的乐趣、互帮互助的乐趣。如此一来，不仅提高了英语教学的效率，还增强了高中生的团队合作能力和人际交往能力。

四、结 语

高中英语分层教学的核心就是因材施教，尊重每名学生的个体差异性。分层教学作为一种新型的教学方式，经实践证明是适合高中英语课堂教学的，它满足了高中英语新课程标准的全部要求。高中英语课堂实施分层教学可以调动学生的学习积极性，培养学生自主学习的能力，激发学生学习英语的兴趣，激发每名学生内在的学习潜能，让他们爱上英语，找到学习英语的乐趣。总而言之，高中英语课堂实施分层教学可以普遍提高每名学生的学习成绩和学习能力。

利用思维导图和表格提升高中生英语思维品质的研究

——以高中英语语篇教学为例

阳江市第三中学 刘艺妃

思维导图是一种学习和思维的有效工具。它能够帮助学生将头脑中的想法外化在纸上，并用线条将其连接起来，从而达到训练和发展学生的形象思维、逻辑思维和创造性思维的目的。笔者在任课班级的教学中尝试有机融入思维导图，将多媒体信息技术与高中英语课程语篇内容相结合，整理出教材的知识点架构，使整个知识面一览无遗，加深学生的理解与记忆。同时，表格填空也被教师广泛地运用到英语语篇教学中。表格中的信息让语言学习者对文章内容有大致的理解，能快速地掌握文章内容，其中的关键词句可以使人思路清晰，阅读方向明确，题目紧扣文章，容易激发学生的学习兴趣，帮助他们更好地理解语篇。

以下是笔者在高中英语语篇教学中融入思维导图及表格的教学实例。

一、巧用思维导图及表格培养学生对语篇的分析、推理能力

在教授学生高中英语教材（NSEFC）第一课Module 1 Unit 1 Friendship的Reading部分的语篇阅读技巧时，笔者通过下图中的一个倒金字塔，帮助学生运用fast reading，skimming，scanning的阅读技巧，快速找出记叙文的六要素（5W和1H），初步厘清文章的脉络。这一方法对学生整个高中阶段的语篇阅读学习有较好的指导性意义。

接着，根据发散性思维的特征，笔者设计了一份表格，指导学生通过图片以及联系上下文来查找并理解阅读中的关键信息，然后填空。

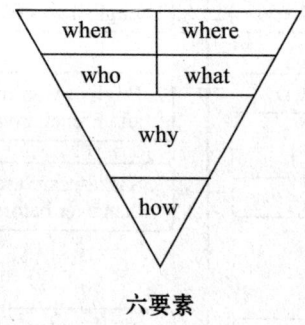

六要素

Key Information

The time of the story（when）	
The place of the story（where）	
The heroine of the story（who）	
The story of the Anne's family of Jews who were hunted down by the Nazis（what）	

笔者通过表格填空先把注意的焦点清晰地集中在主题关键词"Friendship"上，主题的题干从表头向四周放射。填空部分分别由语篇类型的组成要素构成——故事背景（指向）、事件和个人评价，次级话题也以分支形式表现出来，附在较高层次的分支上，各分支形成一个连接的节点结构图，如故事的背景包含时间（World War Ⅱ）、地点（Amsterdam）、人物（Anne）；事件涉及多个时间节点；个人评价通过原文中的两个重点句子来体现。通过将课文各要素间的内在属性关系显性化，学生便能迅速、准确地对该文的语篇体裁特征进行归纳和总结。Anne's Diary是一篇以时间为线索的日记，叙述了第二次世界大战期间，被纳粹党追杀的犹太人Anne一家的故事。可见，表格填空能帮助学生更好地从宏观上把握课文的体裁特征。除此之外，在语篇教学中，借助表格引导学生回顾教师的解读过程，不仅能加深学生对课文内容的理解，还能促进学生的思维发展，提高他们组织信息和使用信息的能力。

又如，在NSEFC Module 1 Unit 2 English around the World一课Reading部分的教学案中，笔者做了以下设计：

Make a timeline of the development of English, using the passage to help you.

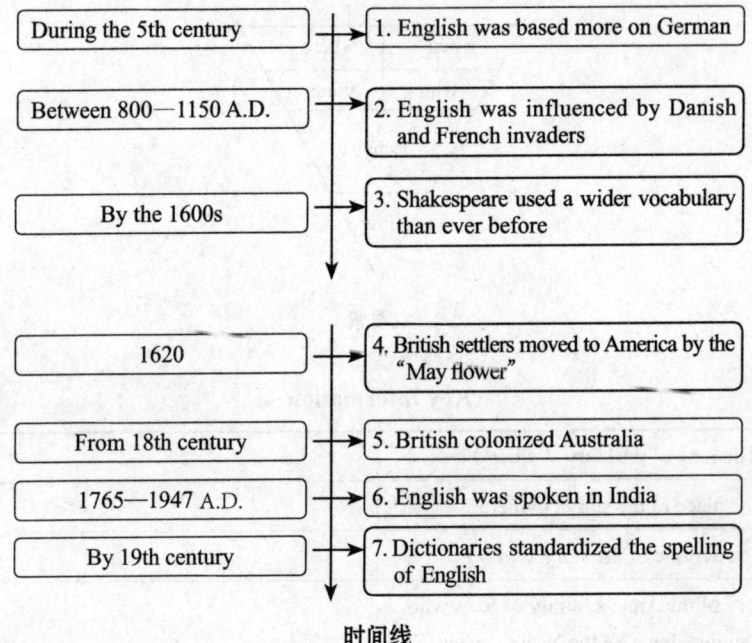

时间线

学生将复杂的历史事件按时间的顺序依次排列，在完成以上呈现事物之间的关系和发展过程的思维导图后，对文本的结构与内容也了然于胸了。

笔者在NSEFC Module 3 Unit 3 The Million Pound Bank Note一课Reading部分的教学案中，根据作者的信息设计出以下表格：

Fill in the form about Mark Twain:

Basic Information

Real name	Samuel Langhorne Clemens
Meaning of pen name	The water is 2 fathoms deep
Birth date	Nov. 30th, 1835
Birth place	Florida
Places where he grew up	Hannibal, Missouri（along the Mississippi River）
Famous stories	The Adventures of Tom Sawyer
	The Adventures of Huckleberry Finn

这样的表格设计直观、一目了然，更有利于学生在大脑中形成清晰的思路和发散思维，可以让其在语篇中快速找到关键信息点，并对信息记忆深刻。根据文章的时间顺序安排，笔者做出以下设计：

Time Information

About a month ago	Henry _____
Towards nightfall	Henry _____
The next morning	Henry _____
Lastly	Henry arrived in _____ by _____
Now	Henry was _____ in London and _____ in the street
Just at that time	Roderick _____ him and asked him to step in
To Henry's surprise	Roderick gave Henry _____

这两个表格的设计不仅使学生对故事发生的背景印象深刻，而且文中主人公所遭遇的事情在时间的安排下变得生动、具体，使读者如身临其境般走进马克·吐温的小说中，成为故事中的男主角。

此外，在NSEFC Module 4 Unit 4 Body Language一课Reading部分的教学案中，笔者做了以下设计：

Read the text quickly and complete the chart with information from the passage.

Information

Name	Country
Tony Garcia	Columbia（Line 8）
Julia Smith	Britain（Line 9）
Akira Nagata	Japan（Line 15）
George Cook	Canada（Line 16）
Ahmed Aziz	Jordan（Line 19）
Darlene Coulon	France（Line 21）

根据文章第一段的时间、人物、地点、事件这四要素，笔者做了以下表格设计：

Key Information

When	Yesterday
Who	Another student and I
Where	The Capital International Airport
What to do	To meet this year's international students

通过运用思维导图、表格填空等教学手段，学生能在语境中提取文中的关键信息进行交流，基本理解文章的大概内容，并学会使用自己的语言对文本进行初步建构。人物、事件、地点、时间是写作的四要素，这些组成要素有助于准确判断语篇体裁。学生通过观察思维导图、阅读表格并填空可以对某一语篇体裁类型的组成要素进行直观的处理。此表格主要通过when，where，who，what这四要素进行提问。英语阅读在提高学生思辨能力上能起到积极的作用，问题解决型的阅读材料以其独有的特点，对提升学生的思维品质有很好的作用。

二、融入思维导图及表格培养学生对语篇语境的探究、洞察能力

在NSEFC Module1 Unit 1 Friendship一课Reading部分的Careful reading环节，笔者设计了Brainstorm方式的思维导图，引导学生挖掘Anne当时的内心情感，使学生从同龄人的角度剖析Anne的心理活动，从而灌输热爱和平、远离战争的思想。通过该教学环节的设计，可以培养学生对语篇语境的深层解读能力。

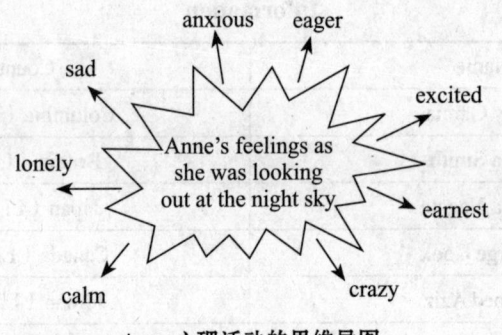

Anne心理活动的思维导图

在NSEFC Module 2 Unit 5 Music一课的Reading部分的Retelling环节，笔者运用以下思维导图，在帮助学生在完成小组合作探究任务后，理解明星成名后在耀眼的光环下的种种艰辛，从而使他们懂得任何成功的取得都不是平白无故的，都是要付出汗水、努力及各种未知代价的。

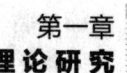

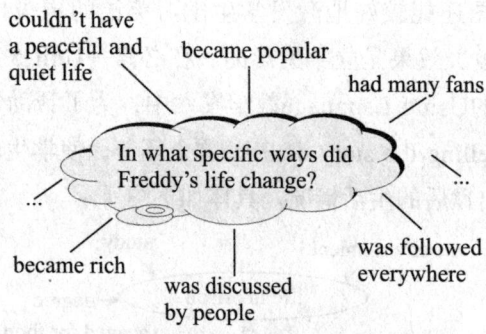

明星成名后变化的思维导图

三、运用思维导图培养学生的归纳、总结能力

在NSEFC Module 1 Unit 2 English around the World 一课的Reading 部分，笔者通过时间表思维导图帮助学生弄清古代英语及现代英语的发展史后，又利用下图帮助学生进行了归纳总结，避免了枯燥乏味的文字历史溯源，使学生都乐于通过教师提供的线索以小组为单位积极寻求问题的答案。

Conclusion：

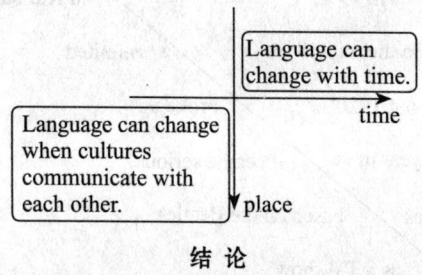

结 论

Why do so many people want to learn English?

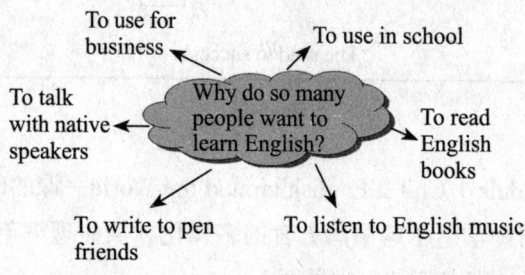

思维导图

这两个思维导图还能较好地激发学生学习英语的积极性和主动性,比起易于让人走神的说教,效果是立竿见影的。在必修一Unit 5 Nelson Mandela—a modern hero一课的Using Language教学案六中,为了帮助学生更好地复述文章,笔者设计了Retelling the story of Elias这个环节,使学生较迅速、清晰地归纳出Elias在狱中及出狱后的生活情况。具体如下图所示。

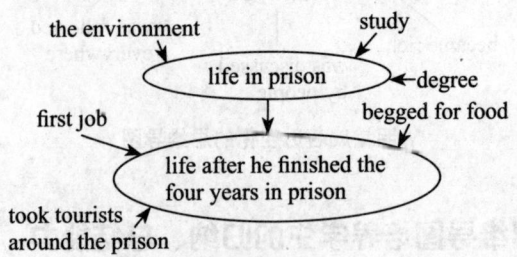

思维导图

在必修二Unit 5 Music Reading教学案二中,笔者通过一个梯状图,让学生对Monkees的成功之路有了更清楚的了解,避免了冗长的讲解。具体如下图所示。

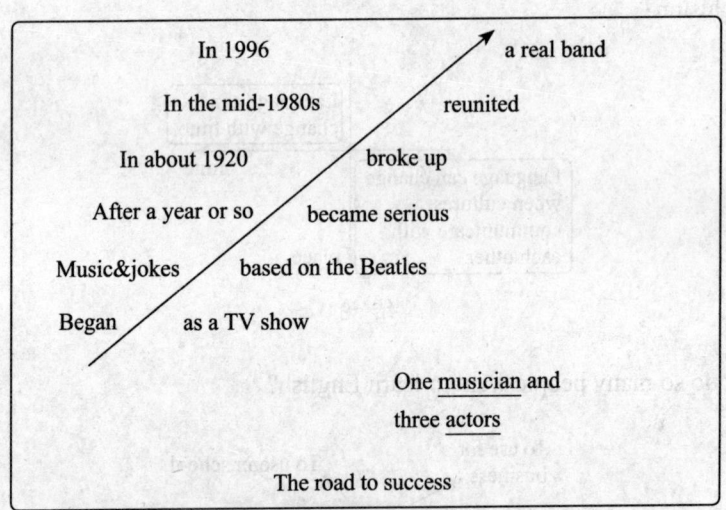

梯状图

在NSEFC Module 1 Unit 2 English around the World一课的Using Language的导入环节,为了帮助学生了解中国方言的多样化,从而理解英语在不同国家的演变过程,笔者设计了以下的思维导图:

Dialects families in China：

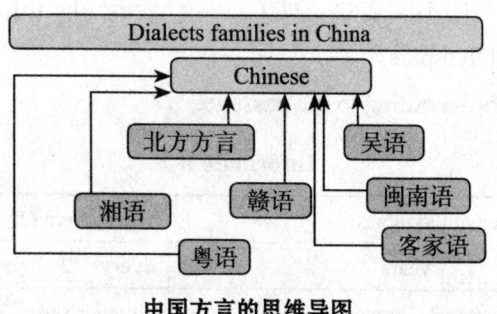

中国方言的思维导图

Do you think there are several dialects in English?

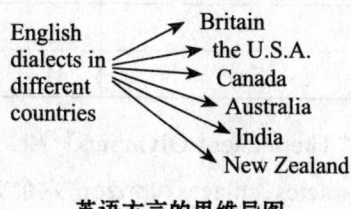

英语方言的思维导图

通过上面的思维导图，学生很容易就能从英国国家的历史文化层面理解英语方言的演变过程。

又如，在必修二Unit 2 The Olympic Games一课Reading的教学案二中，笔者做了以下设计，使学生对古代奥林匹克运动会和现代奥林匹克运动会的相似之处一目了然：What are the similarities between the ancient and modern Olympics?

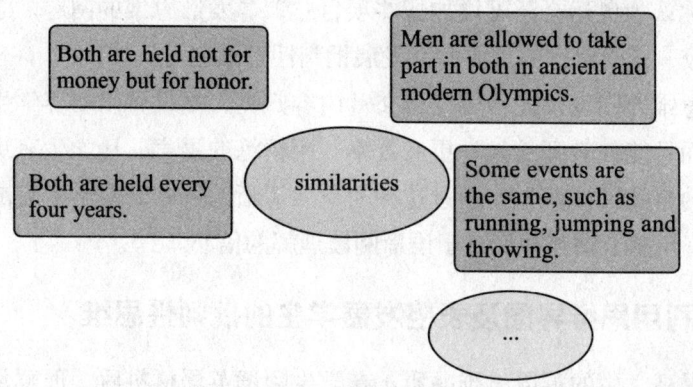

古今奥林匹克的相似点

此外，在本课的教学中，教师还可通过表格挖空、判断等方式来鼓励学生进行篇章阅读。基于此，笔者做了以下设计，使学生对古代奥林匹克运动会和现代奥林匹克运动会的不同之处一目了然：what are the differences between the ancient and modern Olympics?

Fill in the blanks according to the passage.

Information

Item	The ancient Olympics	The modern Olympics
Time	Every __1.__ years	Every __2.__ years
Types	Only Summer Olympic Games	Summer and __3.__ Olympic Games
Events	Fewer	More events like __4.__ __5.__
Athletes	Only men from __6.__ City.	From __7.__ including __8.__
Places	Greece	__9.__
Prize	__10.__	__11.__

Reading部分设计了"The ancient Olympics"和"The modern Olympics"在time，types，events，athletes，places和prize这六个方面的对比。该表格通过呈现对比信息为学生提供了对比的情境，使学生便于掌握文章内容，让学生进一步理解奥运会；另一方面，通过该表格填空，学生能够明确古代与现代奥运会对比的必要性，并评判、归纳两者之间的相同以及不同之处。本板块的设计突出了思维认知目标和社会文化目标，为发展学生的判断力、创造力和分析能力提供了土壤。例如，教师可引导学生判断古代奥运会中不合理的部分有哪些；还可提问学生："假如让你参加奥运会，你会参加什么样的项目呢？为什么？""你认为奥运会还可增加哪些项目？"等发散思维的问题。学生可通过信息的比较，感受对比的重要性，发展批判性思维能力。

利用思维导图以及表格填空将文章内容归类，不仅可以培养学生的归类分析能力，而且能使教师的教学更有效率，用精练的语言，让学生有更多的时间锻炼语篇的自我阅读能力，通过这种简单、清晰的任务以及学生完成任务的成就感以及喜悦感，增强他们对于语篇阅读理解的信心。

四、利用思维导图及表格发展学生的批判性思维

要想提高学生的英语思维品质，在学生阅读英语材料后，理解是关键，尤其是对题目以及选项的斟酌与推敲，更能反映一个学生的语言思辨能力。

笔者在教授必修一Unit 4 Earthquakes时，设计了一个时间表格，如下表所示：

Information

Time	Event
For three days	
At 3：42 a.m.	
Soon after the quakes	

  学生通过思维导图及表格理清震前、震中、震后的脉络后，提出问题：发生在1976年的唐山大地震至今已过去40多年，我们都不熟悉。为何不用发生在2008年影响更大、更能引起师生共鸣的汶川大地震作为文本材料呢？

  在教授必修二Unit 2 The Olympic Games一课的Reading 时，笔者通过思维导图和表格让学生对古代奥运会及现代奥运会进行对比分析后，鼓励学生根据课文内容进行自主提问。比如，有一名学生勇敢地提出质疑：现在已经是2018年了，为什么文章中这句话"And after that the 2012 Olympics will be held in London."用的却是一般将来时？

  笔者在面对这些问题时，为了培养学生的思维品质，发展他们的阅读批判性思维，将问题抛还给学生，希望他们通过讨论来解决。最后师生达成一致意见：教科书多年未改版，用的是过去的文章，教材的编写者未能及时对教材内容进行更新。笔者接着让学生思考：如何看待教材中存在的问题？学生的意见分成两派：一派认为应采取包容的态度，因为每个人都会有由于疏忽而犯错的时候；另一派主张不应该包容，希望教材再版时编者能纠正这些问题，以使教材与时俱进，或者在文章中标注写作日期，以使读者有更清晰的概念。这种语篇教学方法不仅能让学生对篇章内容产生兴趣，还能有效地锻炼他们的批判性思维，对学生思维品质的发展有着长期的、积极的影响。

五、思维导图及表格在英语语篇教学应用中的反思

  在期末进行的总结调查问卷中，超过半数的学生对思维导图和表格感到新鲜有趣，他们认为这种教学模式的主要优势是"表达内容和形式丰富""图形形象直观，易于理解""图案及颜色丰富多样，吸引眼球""能加深记忆"等。85%的学生赞成老师把思维导图和表格应用于语篇教学中，他们认为通过这种方法，自己的语篇阅读理解能力得到了提升，英语成绩稳步提高。

  教师在英语语篇教学中应用思维导图及表格要注重过程、形式与内容的结合。就教学本身而言，这种教学模式符合"以学生为主体"的教学理念，直观

形象、可操作性强，便于普及推广。然而，笔者认为，无论是传统模式、思维导图还是表格模式，英语教师应该坚持的理念是：尽可能为学生提供自我创新的空间，让学生充分发挥其主观能动性，从而培养并发展其思维品质，并最终提高他们运用语言的综合能力。

差异性教学的实践研究
——以高三英语词汇复习为例

广东高州市第二中学 罗英群

华南师范大学评卷组组长在2018年6月完成2018年高考英语试卷评卷工作之后所做的总结中有这样引人深思的两段话。一段是："从目前评卷情况反映出，考生差异较大，发展不均衡，部分考生存在语言综合运用能力不足和文化知识欠缺等问题，包括审题能力、题目中的语境理解、语言的选择、语用知识的运用等。"还有作为最后总结的一段话："结合上述考生答卷情况，建议中学教师在教学过程中注意加强语篇教学意识，把语言知识、关键能力、学科素养和核心价值的培养融入语篇教学中完成；改良教学手段，提升利用资源和信息技术辅助教学的能力；强化规范意识，注重审题和书写等细节要求，提升答题质量。对于考生来说，需要注意：夯实语言基础，注意辨析词性和词形变化、句子和篇章结构等问题；加强阅读训练，丰富语言输入；注重文化知识学习和思维能力培养；重视答题细节，做到审题认真、书写规范、格式正确。"

读完这两段话后，再结合自己在高三多年的教学实践以及粤西相对落后的实际情况，我主要受到两点启发：一是学生的英语成绩差异性非常大，发展非常不均衡；二是考生务必要夯实语言基础，词汇尤为重要。因此，我主张在高三的英语词汇复习中，英语教师必须考虑学生基础差异较大的因素，不能再继续搞"一刀切"，应该既要面向全体学生，又要充分照顾学生的个体差异，采用较科学的教学方法才能帮助所有学生较有效地提高词汇量，以达到最后能提升学生的英语学科核心素养的目标。

一、理论依据

本研究项目以三方面的教育理论为支撑和依据。一是《基础教育课程改革纲要》指出："在课堂教学过程中，教师应该尊重学生的人格，关注个体差异，满足不同学生的学习需要，创设情境，引导学生主动参与学习，激发学生的学习积极性，培养学生掌握和运用知识的能力与态度，让每名学生都能得到全面、充分的发展。"差异性教学正是体现了新课程改革中"为了中华民族的复兴，为了每一名学生的发展"这一理念。二是根据最新的《普通高中英语课程标准》，英语学科核心素养包括培养学生的语言能力、思维品质、文化品格和学习能力。差异性教学既能体现改革的思想和提升高中学生的英语学科核心素养，又能体现教育的真谛，使每一个生命个体得到充分的发展，使每一个人的潜能得到充分地发挥，使每一名学生拥有一片希望的蓝天。因此，本课题对高中英语教学有一定的抛砖引玉的作用。三是维果茨基的"最近发展区"理论，是介于儿童自己实力所能达到的水平（如学业成就）与经别人给予协助后可能达到的水平之间。两种水平之间有一段差距，即为该儿童的可能发展区。教师应该根据"最近发展区"，让学生看到每一名学生经过教师的帮助都有成功的希望，如此才能增强学生学习英语的信心，使他们明确努力的目标，获得前进的动力，一步一步地发展自己，一点一滴地完善自己，以提升他们的英语学科素养。

二、教学实践：关注学生差异，帮助全体学生提高词汇量

1. 深入研究高三学生，做到"带眼识人"，分层优化

孔子与子路曾经有这样一段对话：子路对孔子不满，说："老师，你是不是老看我不顺眼，每次分任务给我和颜渊，无论我做得多好你都要给我找出毛病，批评我，而颜渊错了，你不仅不批评，反而安慰他，让他不要难过等，你这不是鞭打快牛吗？"孔子于是笑着给子路解释这么做是因为他与颜渊性格、脾气等方面不同，所以自己才采用了不同的方法。子路恍然大悟。我们的学生不正是也有子路和颜渊之别吗？可见，学生的个体差异是客观存在的。因此，教师必须增强差异性教学的意识，必须尊重学生的个体差异，深入调查了解学生的具体情况（包括他们的家庭情况，在高一、高二的英语学习情况，以及对英语学习的态度等），做到因材施教，分层教学。高三英语复习时间紧，任务重，效果期望值高，所以高三英语教师接手新的班级之后，最重要的是先深入研究学生的分班成绩，摸清学生的底并同时进行词汇量的测查。根据测查结果可以分为以下三个层次：100分以上、70~99分、70分以下，即偏好、中等、偏差。分成三类后，再具体逐一调查研究他们的具体词汇学习情况，例如是否会拼读单词，是否理解词性，是否掌握背诵单词的方法，等等。在访谈以及进行词汇测试之后，因材施教，根据学生的实际学情分别制定提高他们词汇量的策

略。毕竟"巧妇难为无米之炊",没有材料建不起高楼大厦。而单词就是学英语的材料,记好单词是学好英语的首要条件。但是需要注意的是不能直接宣布好、中、差三等,因为这样会严重伤害学生的自尊心,会打击学生学习英语的信心和兴趣。在教学实践中,我是根据学生的词汇量多少公开宣布把他们分为"荔枝""香蕉"和"龙眼"三个种类。这样分类既增加了趣味性,保护了他们的自尊心,又能使学生清晰了解自己目前暂时的词汇量等级以及他们努力的目标。

2."荔枝"要全红

"荔枝"类是相对优秀的学生,他们词汇基础较好,对英语词汇感觉较好,接受能力较强,他们的高考目标是120~140分。对他们要求自然应该更高,那如何才能帮助他们首先实现词汇的目标呢?

(1)注重积累一词多义、熟词生义的知识。实施的办法是:遵循"词不离句,句不离篇"的教学原则。每次在文章中出现的一词多义或者熟词生义时,我都会孜孜不倦地引导学生有意识地去积累。例如,在阅读到2017年全国I卷的第一篇阅读文章第二段时,我会提醒学生需要重点关注mind和specials这两个词,这两个词在此语境中有了新的含义,分别是"满足"和"特色菜"。第二段内容如下:

◆ **Hungry**

Our exhibits will feed your mind but what about your body? Our cafe offers a complete menu of lunch and snack options, in addition to seasonal specials. The cafe is located upstairs in Building 1 and is open daily until one hour before Pacific Science Center closes.

经过多次在课堂上提醒后,"荔枝"类学生可以自主关注并有意积累一词多义、熟词生义的知识,这使得他们能更加灵活地在语境中理解英语词汇,不仅避免了死记硬背词汇,还能提升他们自学英语的能力,这正是英语学科核心素养的一个方面。

(2)注重培养用英语解释英语的能力。"荔枝"类学生有较丰富的词汇知识,因此,英语教师应该相信他们而且还要使他们相信自己具有用英语解释英语的能力。在信心满满之后,教师在高三的第一学期就应该开始设计英英解释的相关练习。例如:

① _____: if you are attracted by sth., it interests you and makes you want it; if you are attracted by sb., you like or admire sb..

② _____ : knowing or realizing sth.

③ _____ : making you feel embarrassed.

④ _____ : a situation in which different things exist in equal, correct or good amounts.

⑤ _____ : the lowest part of sth., especially the part or surface on which it rests or stands

参考答案：①attract ②aware ③awkward ④balance ⑤base

在平时的阅读课中，要经常训练"荔枝"类学生用英语来解释与理解英语生词的能力，以真正培养他们的英语运用能力。坚持一段时间后，他们就能全红了。

3. "香蕉"要全黄

"香蕉"类学生是指中等生，也就是70~99分的学生，这一类学生人数较多，对大多数的英语词汇是似熟非熟、半生不熟。也正是因为如此，他们的进步空间和潜力是最大的，他们是最应该受到关注的，可是在教学实践中，这类中间生并没有受到应有的关注，甚至有时受到冷落。所以，如果重视他们并采用有效策略帮助他们提高词汇量，则"香蕉"会全黄，并且有可能变成"荔枝"。

（1）在文章中反复循环记忆单词。由于"香蕉"类学生对单词的感觉是"见过面，但不熟"，因此提高他们词汇量的最好方法是反复制造跟单词见面的机会，直到滚瓜烂熟，所以用文章来帮助他们提高词汇量是最佳选择。可是在实践教学中，教师和学生很难坚持，还是为了方便而孤立地背词汇表、背词汇书。所以在文章学习中提高词汇量，特别需要关注四个关键词，即耐心、反复、循环、坚持。每篇文章都要经过新学、复习、反复循环，这样多次阅读，学生能自然而然地习得其中的词汇、句子结构等语言知识。这也成为一种无意识的隐性学习，使学习者能在相对较短的时间内集中而高效地掌握一些语言知识。在每次的循环阅读练习中，应要求学生始终关注语篇材料中所承载的语言素材，即词汇、短语和句型，尽可能多地在每天大量的循环阅读中自然习得语篇中的词汇、短语和经典句型。由于课文给词汇提供了语境，更有利于帮助学生理解和掌握词的准确意义和用法，识记一些词与词之间的固定搭配关系。如果复习期间能坚持循环阅读训练4个月，学生的语感、阅读能力以及词汇量都会突飞猛进。

（2）背诵课文的精彩段落。"香蕉"类学生由于懒于背诵，而对单词的理解过于片面狭窄，为了克服这一点，建议在进行一系列各种形式的单词复习

的同时，让学生背诵一些课文的经典段落。在背诵之前，可先引导学生学会欣赏文章中的亮点，让他们列出文中的好词好句，并分析其句子的精彩之处和精彩词汇。这些任务本身就是记忆单词的一部分。当学生对文中的好词好句有一定理解以后，再让他们大声地读背，做到能脱口而出。例如，我要求中等偏上的学生背诵下面一段来自Book 4 Unit 1 Using Language 的文章。Suddenly it hit me how difficult it was for a woman to get medical training at that time. That was a generation when girls' education was always placed second to boys'. Was she so much clever than anyone else? Further reading made me realize that it was hard work and determination as well as her gentle nature that got her into medical school. What made her succeed later on was the kindness and consideration she showed to all her patients. There was story after story of how Lin Qiaozhi, tired after a day's work, went late at night to deliver a baby for a poor family who could not pay her. 因为这段文章中有好多常见句型，如it hit sb.的句型，多个定语从句、名词性从句和强调句；还有许多好词，如generation，determination，nature等。所以学生能把此段文章背诵到脱口而出，将是百利而无一害。

4. "龙眼"要全甜

"龙眼"类是指70分以下的这一部分学生，他们词汇量很少，绝大多数的英语词汇都没有掌握，属于"学困生"。"龙眼"类学生有四缺：一缺词汇；二缺信心；三缺方法；四缺恒心。对于此类学生应该从以下两个方面进行培养。

（1）打气鼓励，增强信心。耶鲁大学校长莱文先生把激励学生的能力认定为评价一个优秀教师的三大标准之一，其他两个标准是良好的沟通能力、鼓励学生独立思考的能力，可见激励在现代教育中的重要程度。"龙眼"类学生更需要英语教师的高度关注和鼓励，只要他们有一点点好的表现，教师就要及时献上赞美的眼光和语言。为了我班的"龙眼"类学生对英语能不放弃，保持一定的兴趣，我要求他们每天测试或者听写单词，只要他们能掌握一半，就给他们满分，如此他们既开心又信心满满，我深信只要他们能坚持，一定会有长足的进步。

（2）手臂上的英语。心理学认为，记忆是靠外界环境对大脑进行刺激并形成痕迹的，大脑神经受到的刺激越深，记忆的持久性越强。因此，在学生努力记忆单词的过程中，我要求他们把不会的单词精心抄写在手臂上。开始时他们因为新鲜而兴奋不已，但是，不久有学生觉得麻烦而放弃或者忘记。此时，我会耐心地督促他们继续把英语单词"文身"到手臂上。手臂上"文"英语成了我班学生的特色。坚持一段时间后，他们的词汇量增加了，对学习英语更是满怀信心了。"龙眼"变得更甜了。

三、结 语

"教育的基本功能是使个人获得发展。"素质教育要求面向全体学生，促进学生生动、活泼、主动发展，其目的不是消灭差别，而是在承认个体差异基础上鼓励个性发展。苏霍姆林斯基曾经有十分精彩的比喻：要像对待荷叶上的露珠一样，小心翼翼地保护学生稚嫩的心灵。晶莹透亮的露珠是美丽可爱的却又是十分脆弱的，一不小心露珠滚落，就会破碎，不复存在。学生的心灵，如同露珠，需要教师加倍呵护。所以，教师要让学生明白，我们对班中每一名学生的爱都是一样的，对大家都是一视同仁的，这些分类并不是绝对的，是相对而言的，而且是存在变数的，"香蕉"随时可以转变成"荔枝"。教师在高三复习词汇时需要对基础不同的学生制订不同的复习策略，但是，目标都是想方设法地帮助学生提高词汇量，打好基础，以提高学习英语的能力，实现全面提升学生的英语学科核心素养的目标。

谈如何搞好高三阶段的英语复习教学

广东高州中学　梁冠华

一、以学生自学为主，教师讲解为辅

"自学"为主的方法是指教师就某一项复习内容或某一复习范围给学生下达任务，如下发编印好的练习等，讲清楚复习目标和要求，然后给定时间（可以是课外或课内时间）让学生自己做分发的练习，归纳、提高，然后教师进行简要的讲解。教师的讲解是重要的，但过多的讲解或归纳不能代替学生掌握知识。雨下多了，也会把禾苗淹死。时间和内容不允许教师把所有的知识详细地再讲一遍，各种能力的培养更是教师讲解无法全部代替的。讲解要简洁、扼要，提纲挈领，要讲出解答问题的思路和方法，找出学生易产生错误的原因，让学生自己的时间自己用，他们才能"出人头地"！所以，我主张，高三复习的主要方法应是"以学生自学为主，教师讲解为辅"。

二、分阶段复习，各个击破

确定了复习方法之后，我们就对中学的全部内容进行分阶段复习。我通常采取的是"三轮复习法"。

1. 第一轮复习，是对教材内容和语法知识进行集中复习

例如，在复习中我引导学生归纳过以下内容：常用动词（如make, take, go, get, give, keep, look, call, do, put...）组成的词组或短语；介词（如at, in, on, for, with, off, out...）、副词组成的词组或短语；多义词（如leave, reach, run, keep, set, hold...）及其词组释义；相似词语辨析等。

对语法知识的复习，我通常的做法是以练带讲：先让学生做一定量的语法练习，然后我再根据练习对语法现象和规则进行总结、归纳、对比，加强纵横联系。如语法中的动名词、分词和不定式是学生感到头痛的问题。试看一道高考题：

The missing boys were last seen _____ near the river.
A. playing   B. to be seen playing
C. play   D. to play

不少学生对A、D两个答案举棋不定。现在分词作宾语补足语或主语补足语，强调动作正在进行，不定式则强调全过程，分析上下文情景，答案应为A。这就要求我们将不定式以及分词和动名词放在一起加以对比，找出它们的异同点，在学生脑中形成清晰的概念。又如在复习时态时，如果还像原来初学时那样，照本宣科地复习其构成、形式和意义，学生就会感到厌烦，复习起不到应有的作用，应将各种时态放在一起进行对比，找出异同。例如，我曾列出这样几个句子：①They will put up a tent beside the lake. ②It is going to be dry and hot in the future. ③We are to have an exam next week. ④The train leaves at 4：00 this afternoon. ⑤How are you going? By ship or by train. ⑥The man is about to retire. 这六个句子都表示将来时，但形式不一样，具体含义也各有侧重，而且还有一般现在时表将来的情况，如不进行这样的总结归纳对比，学生就不能了解它们之间的细微区别，在使用上就有可能出错。所以，我们教师应该教导学生不应该把语法条文的记忆放在首位，应该学会对具体语言环境的分析以及语法知识的综合运用。

2. 第二轮复习，是对高考题型进行集中复习和训练

第一轮的复习目的在于巩固学生的基础知识，学生在掌握了一定的基础知识和具备了一定的能力以后，我们就应不失时机地进行高考英语题型的集中复习训练，以使学生实现由知识向能力的转变，促使学生能力的释放。比如说，完形填空题，试题文章趋短，挖空密度增大；文章逻辑性强，结构严谨；语言环境具体，情境考查增多；试题设计巧妙，选项区分度小。做题时要分四个步骤：①通读全文，浏览选项，掌握大意。②细研首句，弄清情境，推测意图。③瞻前顾后，带入选项，确定答案。④复读全文，斟酌推敲，核查答案。在具体做每一道试题时，要从上下文的角度考虑，从词汇意义和用法的角度考虑，从逻辑推理、常识等角度考虑，从惯用法和搭配的角度考虑。

3. 第三轮复习，是利用高考模拟题对学生进行集中训练

教师要求学生认真对待每一道试题，做到用考试之心对待训练，用平常之心对待考试。训练或考试后，教师要对试题进行充分的讲评，做到对试题本身价值的再挖掘。在讲评时，不要限于试题中一题、一词、一句的知识获取，要把精力放在学生的能力提高上，要拓展思路，总结方法，找出问题，以利再练。

三、突出阅读理解和英语写作，突破重点难点

阅读理解和英语写作题在高考英语试卷中所占的比例很大，也是多数学生的薄弱环节，而且，阅读理解能力是学生英语能力的基础，英语写作能力是学生英语运用能力高低的体现。因此，我把它们单独立项，列为复习的重点和难点。让学生了解题目的设计规律，教会学生正确的解题技巧，进行长期的训练是突破这两项重点难点的关键。

1. 阅读理解题的类型

阅读理解题一般可分为三种类型：直接信息题、主旨归纳题和推理判断题。

（1）直接信息题。主要考查学生对文章具体事实和细节的理解能力，属表层理解范畴，难度小，但在整个阅读理解题中所占比例最大，一般占总分值的60%~85%。这种题多从文章的某个具体事实或细节出发来设计题目，其题目设计方式一般有：①以who，what，when，where等疑问词开头，提问短文的具体内容。②猜测文中画线词或短语的意义，或句意转换理解。③就文中具体内容进行简单计算、排序、识图等。④以According to the text, From the text开头，考查某一细节。

这类题目的信息一般在文章中可以直接找到，学生只要抓准文中与题目有关的信息词、句，稍加分析，便可得出正确答案。

（2）主旨归纳题。意在考查学生对全文或某一段落的整体把握能力，即对整个语篇、段落的抽象概括能力。可以是文章和某一段的中心，也可以是文章或某一段的写作目的。这种题属于中等难度，近几年有所增加，应予重视。其设计方式一般有：①What is the best headline（title）of the passage? ②What is the main idea of the passage? ③What is the whole passage mainly about? ④What is the topic of the text? ⑤The main purpose of this article is _____.

要做好这类题应注意，不同体裁的文章，其表达中心思想的方式也不尽相同。新闻报道往往用第一句来概括全篇内容，然后再详细叙述，因此新闻报道的首句即是其中心内容。叙事性的文章往往没有主题句，要弄清文章的线索脉络，才能概括出文章所表达的中心思想。

（3）推理判断题。着重考查学生的逻辑思维能力，即要求学生根据文章的逻辑关系进行推理判断。此类题目难度大，设计面广，如人物的性格、心理，故事的结局、寓意、文章的出处、体裁、作者的倾向、态度等，其设计方式一般有：

① We can infer from the passage that _____.

② The story suggests that _____.

③ We can conclude from the passage that _____.

④ Which of the following might happen later?

⑤ The passage is probably taken from a _____.

⑥ The writer of the passage considers it _____.

⑦ Which of the following best describes the character of _____?

做这类题时，必须透过文章的字面意思，领悟隐含在字里行间的内涵、哲理，体会作者的言外之意、弦外之音。

2. 英语写作的关键

英语写作既考查学生语法知识和语言知识的运用，又考查学生审题和布局谋篇、组织成文的能力，从而传递信息，交流思想。为了写出符合要求的好文章，获得高分，审题和紧扣要点就成了做好英语写作的关键。审题要做到审文体、审要求和审人称。紧扣要点要做到把题目要求的内容都写进去，保证内容的完整性，不遗漏也不添加任何与考题要求无关的内容。

除了讲清楚这些，教师还要在整个高三阶段想方设法地对学生进行英语写作训练。讲而不练或讲而少练都不会有好结果，要让学生在"游泳中学会游泳"。训练的方法多种多样，我的做法是：

（1）从词与词组入手，训练学生组句能力。

（2）围绕同一语境组句，扩句为段。在日常生活中，有很多语境是学生十分熟悉的，引导学生用两三个或稍多一些的句子表达某个语境，就形成了一个小"语境段"。教师根据学生情况精心设计语境，启发学生用恰当的句子表达语境，就会达到预期效果。

（3）介绍一些常用表达，形成学生正确的表达习惯。例如，写书信常用 I hear from... /There is a letter from.../Give my regards to your parents. Remember me to... /Best wishes!等；发布通知时常用Pay attention, please! There is some news to tell you. You are asked/invited to do sth. 等。

（4）以课文为范文，进行写作实践。课文体裁广泛，内容涉及面广，难易程度适中，适合学生做改写、缩写、写中心思想以及仿效作文等练习。这些练习既训练学生的写作，又巩固已学的课本知识，不但加深对课文的理解，还有助于学生用英语思维考虑问题。

（5）按问题的不同，进行分类作文训练。仅仅仿效课文作文是远远不够的，教师要根据不同的文体，如书信、通知、日记、记叙文、描写文等，设计恰当的内容，让学生进行综合写作，使学生逐渐学会使用一些基本的写作技巧和懂得布局谋篇，以此来提高写作水平。这种综合写作的量要大，因为没有足够的写作实践，就不可能练就写好文章的本领。

怎样上好英语练习讲评课

广东高州中学　梁冠华

进入高三复习阶段以后,综合练习和各种考试较多。它对学生英语综合水平以及理解、分析、概括、综合、解题等方面能力的提高,起着重要作用。但是,学生从接受信息到达到教学目标的要求,是一个复杂的内化过程,不可能通过几次复习课的教学就能完成。考试后的讲评是一次重要的补救性教学,因而提高讲评课的质量尤其重要。那么,怎样上好英语讲评课呢?

一、备好讲评课

备好课是上好讲评课的关键。在重要或大型考试之后,教师应该首先对试卷进行量的分析,找出最高分、最低分、优分率、及格率和平均分以及各题的得分率,使学生了解自己的成绩和不足,确定自己的奋斗目标。同时,要对试卷进行质的分析,找出学生普遍性和特殊性的错误,分析出现错误的原因:是没有正确掌握语言知识还是对语言知识的运用有问题,是理解错误还是粗心大意,等等。讲评方法也重要。备方法时,既要照顾成绩好的学生,又要特别注意成绩差的学生,要发掘学生学习中的优点和长处。

二、要有正确的观念

传统的讲评课只是简单更正错误答案、教师讲解、给学生重现知识。这些做法已经适应不了高考对学生的要求,我们应从转变观念着手。

讲评课应该是以学生活动为主,培养学生能力的综合训练过程。讲评不只是更正错误,还应分析学生答卷的各种情况。但教师要精讲,让学生有更多的时间进行思考,反复练习,回答教师的提问。而且,教师要引导学生自己动手去改正错误,总结失误的原因和纠正错误的方法,找出答题的正确思路,使讲评课成为培养学生能力的训练课。

三、讲评要抓住实质

1. 研究命题的目的

每一道试题都体现了命题人的考查意图。在讲评的过程中，教师首先要交代试题考查的知识内容和目标要求。目标要求涉及学生对英语语言知识的识记、理解、分析、运用等方面的能力。比如说，对于语法选择题，教师要说明每道题的考查范围，是考查时态、语态还是短语的习惯搭配等。这样，学生就能够明确解答问题所必备的知识，认清自己学习的不足，以便查漏补缺，确定今后的学习目标和努力方向。

2. 探求解答问题的思路和方法

对于典型题和学生普遍犯错误的题目，要师生共同评议。教师要充分发挥主导作用，引导学生分析，然后归纳总结解答问题的思路和方法。例如，高考的阅读理解题常常考查学生对文章深层意义的理解，包括说出文章的主题、寓意、结论以及作者的写作目的、对某个问题的看法和态度等。学生在做这类理解题时常犯错误。教师在引导学生进行分析后，要进行归纳总结：抓文章的深层意义不是瞎碰乱猜，也不能根据个人观点、常识随意而定，而要善于发现文章中的"蛛丝马迹""弦外之音"，按照文中的提示，考虑上下文的联系，通过概括、归纳和推理，理解文章的主旨，从而确定问题的正确答案。

3. 找出学生易产生错误的原因

在外语学习中，出错是普遍现象。学生在考试中出现错误或失误是难免的，其原因很多，根据语言学家的研究，主要是母语干扰、语内干扰、教材教学诱引以及心理和环境因素造成的。教师在讲评中要对产生普遍性错误的原因给予分析和重点强调。例如，不少学生说"I have bought the book for two years."如果教师仅仅说这个句子是错误的，要这样那样更正，而不分析错误的原因，学生对句子的错误就会只知其然而不知其所以然，对知识的掌握就会不牢固。教师应该明确地给学生说清楚：英语动词有延续与非延续之分，像"buy"这类非延续性动词不能与表示时间段的状语（for短语）连用，因为"买"这个动作只需一瞬间即可完成。这是母语干扰所造成的错误。要克服母语干扰、语内干扰造成的错误，非一朝一夕、一两节讲评课所能解决，教师要多次在讲评课中反复进行分析和强调。另外，教师要剖析学生产生错误的心理原因，如因审题不认真、粗枝大叶而造成失误，因畏惧难题干脆不做而丢分，等等，使学生避免技术性失分，具备良好的答题心理素质。

4. 适当引申，注重归纳

在评析题目之后，教师可以这些题为题眼，从试题的深度和广度上加以引申，加强知识的纵横联系，进行归纳，以加大知识摄入量。以短语和惯用法为例，如果考题是考turn on的搭配和用法，在广度方面，教师就可以进一步举出以turn为中心的短语，如turn against, turn in, turn off, turn over, turn to, turn down, turn up...这种归纳列举便于学生集中记忆。在深度方面，教师既要讲该短语的一般意义（本义）和用法，也要根据高考考纲的要求讲它的引申义和用法。如对于turn to，教师要讲它的一般意义"转向……"，还要讲它的引申意义"求助于"，习惯搭配有turn to somebody for help（向某人求助）。

5. 注意讲评的鼓励性

上好讲评课的一个不可忽视的方面是要评出学生的学习积极性和主动性。心理学家证实，"表扬做得好的比惩罚或批评做得不好的更能鼓励学生把学习搞好"。对于每次考试都名列前茅的优秀学生，当然应表扬鼓励，让他们始终充满"百尺竿头更进一步"的激情和决心。对于中差生，要发现他们学习中的闪光点，哪怕他们的答卷中只有一个微小的优点，我们都不能忽略，应当众提出，予以表扬，使他们克服自卑感，树立自信心，调动他们学习的积极性和主动性。

第二章 阅读教学

试析思维导图在高中英语阅读教学中的应用

广东高州中学　梁冠华

英语能力主要包括听英语能力、口语表达能力、阅读理解能力和英语写作能力，其中阅读理解能力在当前我国的应试体制中占据了约60%的比例。学生阅读理解能力的强弱，直接决定了在英语考试中学生能否取得满意的成绩。所以，改变传统的阅读理解方式和教学方法，是亟待解决的问题。本文全面地分析了当前高中英语阅读教学的现状和其中存在的问题，并介绍了思维导图的含义和特点，论述了如何在高中英语阅读教学中应用思维导图。希望教育工作者能够通过本文的创新教学方法，提升学生的英语学习兴趣和学习成绩。

一、高中英语阅读教学现状和问题

1. 教师忽略培养学生英语能力

由于多数教师被传统的教学观念所束缚，导致教师在进行英语阅读教学时忽略学生在课堂上的主体地位，忘记了教学过程的服务对象应该是学生，一味地将自己脑海中的知识和技巧灌输给学生。忽略学生的学习体验，没有考虑学生们能否通过现有的知识量迅速掌握新知识。长此以往，由于学生们越来越跟不上教师的教授进度，自主学习能力不足，逐渐被这种教学模式磨灭了心中的英语学习欲望，导致教学效果迅速下降，学生英语水平再难有效提高。同时，由于我国当前的高考环境，整个社会对于学生自身能力是否足够并不重视，认为只要在高考中得到较高的分数就是个人能力强大的体现，导致无论是学生的水平还是教师的教学能力都通过分数来评判，只要能提高成绩，教师不在乎教学方法是否会对学生造成负担，这种现象更加严重地限制了学生英语能力的提升。

2. 教学方法过于注重词汇教学，难以引起学生的学习兴趣

高中英语阅读教学应该以提升学生自主学习知识、理解知识的能力为主，但是当前的高中英语教师在教学过程中往往忽视学生的自主学习能力，仍然将

大量的教学时间用在各个单词和语法的教学上,只把英语课当成语言知识课来对待。这样导致一堂课下来留给文章阅读和理解分析的时间少之又少,学生很难全面理解文章内容,导致英语课变成了英语单词课,课堂气氛沉闷,学生昏昏欲睡、头疼脑涨,最后失去英语学习的积极性,丧失了学习兴趣和学习欲望,甚至放弃学习英语,对英语学习产生抗拒心理,拒绝提升自己的英语能力。

3. 忽略教学方法的改变,轻视阅读技巧的提升

在当前阶段的英语阅读教学中,教师主要通过文章阅读传授语言知识,忽略了阅读技巧和阅读策略的传授,一字一句都映射着教师自己的细节理解方式。长此以往将导致学生的思维模式固化,在阅读其他文章时也不自觉地学习教师的阅读理解方式,导致阅读方法出现思维定式,没有变通,无法全面理解文章的内涵。由于高中学习的主要目的是为了迎接高考,所以在教学进度上会有大量的题目练习和教学任务,教师在完成正常教学任务后就已经没有其他时间,导致无心进行新型教学方法的开发,使教学方法迟迟得不到更新。开发新的教学方法虽然会耗费时间和精力,但是使用新型教学方法可以有效提升英语阅读教学的教学效果。

二、思维导图的含义和特点

1. 思维导图的含义

思维导图最早在20世纪60年代由英国学者提出,与其共同提出的还有放射性思考。通过将思维导图应用到实际教学中,发现多数成绩较差的学生使用思维导图后成绩得到了提升,而本身成绩较好的学生也明显感觉到学习更为轻松,并且智力和思维能力得到提升,所以思维导图也被称为心智图。它主要是一种通过图像来表达具体思维象征的共组,是一种立体的思维机构,能够有效提高学生的自主学习能力和发散思维空间。通过一个知识点的扩散,将多个知识点以发散思维串联到一起,并且将它们互相联系起来,从而将散乱的知识变成一个整体组织,更加方便学生记忆,通过更加具象化的方式来刺激学生的感官,达到记忆深化和发散思维的目的。

2. 思维导图的特点

经过多年研究对比,我们发现思维导图具有以下几个显著的特点。其一,它有一个中心点来进行思维的发散,而这个中心点随着决定者的想法而发生改变,并引发出更多的分支;其二,从复杂的知识点中找出一个中心点,并将整

个知识点通过转化的方式变成更加具象化的事物，比如图片或者视频等形式，从而让学生更好地记忆；其三，知识形式更加多元化，从传统的文字形式可以转化为图片形式、符号形式和更多的颜色，能对学生的感官产生更加强烈的冲击；其四，随着学生运用思维导图的能力更加成熟，思维导图的结构感也更加分明。

三、思维导图如何应用到高中英语阅读中

1. 思维导图如何在课前进行应用

首先，在每堂课开始之前，教师都要进行备课，包括使用何种教学策略、教学进度如何进行、教学目标如何实现等来厘清课堂程序。通过思维导图的构建将每个英语概念、句式结构或者单词短语之间的区别罗列清楚，帮助同学们分清相似概念之间的区别，让学生能够正确地理解相似知识。在构建思维导图的过程中，要注意不能脱离教学大纲，并且要体现出教学内容中较难的部分，并且在思维导图构建完成之后要注意是否能够达到本堂课的教学目标，然后将要学习的知识点归纳之后记录在备课本上，从而更好地为课堂教学开展做准备。其次，在构建思维导图的过程中，教师应该注意结合本班学生的实际学习状况，并且根据班级的学习氛围和学生的学习特点来调整思维导图中的内容，以便让学生更好地接受思维导图，从而让思维导图的作用更好地发挥出来。比如在教学inside时，由于它和in这个单词相近，in和inside虽然都表示静态，但是它们之间存在着较大区别，inside是语气很强的介词。它常用来强调某人或某事所在地含有某种特殊情况，比如：Inside the castle we'll be safe from the enemy. 除需要特别强调以外，通常都用in。例如，用于建筑物或建筑物内的房间：in the house, in the office等，教师在构建思维导图时可以将in作为中心点，通过发散思维的方式，将inside作为in的分支进行讲解，详细地向学生阐述in和inside的区别，从而让学生加深对这两个词的记忆，并且将它们有效地区分开。

2. 思维导图在课堂上的应用

教师在课堂教学的过程中，通过自己在备课阶段事先构建好的思维导图将学生脑海中的旧知识充分地调出来，让学生回想起与本节内容相关的曾经学习过的知识，然后阅读解决即将要学习的新文章。教师引导学生将新文章的题目或者讨论主体作为思维导图的中心点，从中心点出发，提出相关问题，让学生向着问题方向思考，在思考过程中发现文章中隐藏的知识点，和文章的构成等问题。教师在这个时候再次引导学生，将这些问题分类之后帮助学生构建起思

维导图，让学生根据自己所发现的问题以小组形式展开讨论。总结之后由小组带头人向教师汇报，教师再为学生答疑解惑，加深学生的知识记忆能力，培养学生的自主学习能力。

比如在高中阶段的教学中，有一个单元主题与New media有关。既然提到新媒体，就不可避免地会提到Internet，此时教师可以根据Internet这个关键词开展更加深层次的教学。比如学生在日常生活和学习当中是如何应用互联网的、通过互联网能够获取哪些便利，以这种方式构建思维导图，发展学生的思维能力。这个话题对于学生并不陌生，可以提升学生的学习积极性，在学生了解相关故事之后，对文章的内容也会产生兴趣，从而引导学生展开课文学习，学习效率也大大提高。

又如人教版Module 5 Unit 3 Reading "First impression"，主要讲述主人公Li Qiang在时空旅行前、时空旅行中及时空旅行后的所见所想，可以让学生认识现在，展望未来，通过探索、发现和分享，创造美好未来。

在设计这节课时，笔者首先让学生通过下面的"鱼骨图"图，梳理故事的time，place，characters，cause，process，result等，注意who，when，where，what，why和how几个关键要素，帮助学生整体理解篇章内容，归纳课文的主题大意。

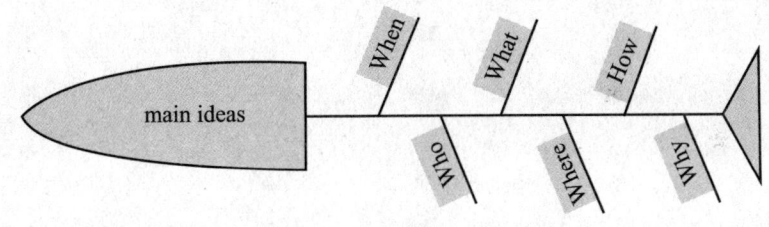

鱼骨图

如果所要学习的文章篇幅较短，教师可以让学生从一开始就自行构建思维导图，从而有效提升学生的学习能力。教师可先将文章中较难的单词挑选出来，然后让学生进行标注，之后让学生自行阅读整篇文章。在多次阅读之后，教师引导学生找出文章的中心点，从而让学生发散自己的思维，构建属于自己的思维导图。通过不同颜色的标记或者不同符号的标记，学生可将自己无法理解的地方或者感兴趣的地方标注出来，从而提升学生的思维导图构建能力和自主学习能力，养成良好的学习习惯，并能够在以后的学习中自行学习英语阅读，有效提升学习效率。

3. 思维导图的课后应用

思维导图在课后的应用主要是教师结合在课堂上使用思维导图的效果，观察学生是否通过思维导图得到了学习能力的提升或者是记忆能力的提升，并从中发现思维导图中存在的缺陷，参考学生们的想法进行优化，让思维导图更加完善，从而在使用过程中能够更加方便且高效完成教学的目标。学生可以使用思维导图评价自己在课堂上的表现，完善自身的学习方式，教师可以通过学生的自我评价来构建以后的教学框架，从而让教学跟上进度，结合学生个人特点和心理状态教学，提高教学效果。

四、结 语

综上所述，可以得出结论，思维导图可以有效提高学生的英语阅读能力和学习兴趣，帮助学生发散自己的思维空间，让学生学会自主学习，更加熟练地掌握知识并且将其应用到今后的学习当中。教师应该掌握这种教学手段，从而在今后的教学过程中创建一个和谐优秀的学习环境，让学生的学习效率得到有效提升。

浅谈高中英语阅读教学中的情境创设

广东高州中学　梁冠华

阅读教学在高中英语教学中的重要性是不言而喻的，阅读理解不仅在高考英语中占有很高的分值，更是学生运用英语的重要途径。但是，我国现阶段大部分的高中英语阅读教学都存在着诸多的弊端，比如过于重视英语语言知识的教学，而忽视了英语教学情境的创设，导致英语的教学变得枯燥乏味，大大挫伤了学生英语阅读的积极性，所以学生对英语的学习往往提不起兴趣。其次，英语阅读教学方式单一，且一成不变，这样的教学和学生的认知规律背道而驰，导致学生的英语阅读能力一直很难得到提升，从而限制学生英语综合能力的提高。因此，在进行高中英语阅读教学中，我们要重视教学情境的创设，营造良好的教学氛围，重视学生英语学习兴趣的培养，切实提升高中英语阅读教学的质量。

一、根据教材创设情境，加强新旧知识的联系

在进行高中英语阅读教学的时候，教师要仔细地研读英语教材，充分挖掘教材中所蕴含的情感价值或能力价值，从而构建新知识和旧知识的联系，让学生能够从已有的知识出发，进行新知识的学习，从而降低阅读学习的难度。在开展阅读教学时，教师可以根据教材的内容和情景素材，从中提取所需要的情感因素，进行教学情境的创设，从而激发学生的阅读兴趣，使得学生更加积极主动地参与阅读的学习中。例如，在学习"Working the Land"这一单元时，有一篇题为"A Pioneer for All People"的阅读文章，教师可以将教材的内容分为图片、标题、文章结构和文章内容四个方面。教师可以制作多媒体课件，通过互联网搜集一些正在饱受饥饿之苦的小孩的图片，在教学的过程中展现给学生，让学生有一个视觉和心灵的震撼，认识到世界上还有很多的人温饱得不到保障。这个时候，教师可以趁热打铁，提出问题："There is one important person in China, and he is called the father of super rice. Do you know who he is？"听到问题后，学生马上不约而同地说："He is Doctor Yuan Longping." 在听到学生的回答后，教师可以顺势布置阅读任务："Read the passage quickly on page 10, and complete the following notes about Yuan Longping in 6 minutes." 在学生完成任务的时候，教师可以根据学生完成的情况，进行任务式的阅读教学：Suppose Doctor Yuan is going to make a speech in our school next weekend, and you are his assistant. Since Doctor Yuan is very busy, you are required to write an introduction to him. You may write according to his resume in 7 minutes. 这样的阅读教学和传统机械式的阅读教学完全不一样，学生是在一个比较真实的情境中进行阅读学习，所以积极性会高涨，学习的效率自然会得到提高。

二、根据生活进行情境创设，丰富阅读学习的内容

英语作为一门语言，是和实际生活息息相关的，最终也需要运用到实际生活中去。所以，在进行英语阅读教学的时候，教师要加强阅读教学和生活的联系，从生活中进行教学情境的创设，实施生活化的阅读教学方式。众所周知，学生并不只是带着一个空容器来学校接受学习的，他们有自己的生活经历、情感价值和思想。所以，在开展阅读教学时，教师要从学生已有的生活经历和知识经验出发，将其作为新知识的生长点，让学生能够从已有的知识经验中进行新知识、新经验的学习。这需要教师及时转变教学观念，树立一个大的语言教学观念，将英语阅读教学和学生的生活紧密地联系起来，这不仅可以激发学生英语阅读的兴趣，也能够极大地丰富阅读学习的内容。例如，在学习"Earthquake"这一单元时，有一篇阅读题为"A night the earth didn't sleep"。教师可以联系近年来发生的大地震，比如汶川地震、日本地震，设计这样的生活情境：When you are working in the factory and the earthquake happens, what will you do and what will you see? When you are studying in the school and the earthquake happens, what will you do and what will you see? If you are trapped in ruins, what will you do to survive the earthquake? 通过设计这样的一个生活场景，让学生结合自身的生活经验，回答一下地震前可能出现的征兆，以及地震发生时如何进行自救。这样的阅读教学，不仅紧扣教学的目标，也能够结合学生的生活经验，充分发挥学生的创造力，拉近学生与阅读的距离，在一个相对真实的情境中进行阅读学习。在这样的阅读教学情境中，学生不仅可以用英语进行表达，也可以运用自己的肢体语言和动作语言进行表达，使得阅读教学变得丰富多彩，充分运用学生已有的知识解决问题，切实提升学生学以致用的能力。

三、根据活动进行情境创设，激发学生的阅读兴趣

在传统的高中英语阅读教学中，教师习惯于按照英语教材进行照本宣科式的教学，使得阅读教学变得非常单调乏味，不仅达不到预期的教学效果，更是种对学生英语学习积极性的挫伤。所以，在新形势下进行英语阅读的教学，教师要丰富阅读教学的形式，借助各种教学活动来创设特定的教学情境，使英语阅读的学习更加丰富多彩。活动是学生能力形成的一个重要中介，它的设计和组织本身就是一项创造性的教学活动。因此，在高中英语阅读教学的过程中，教师要尽量减少直观的教学手段，采取语言描述带入情境式的教学方法。教师可以根据阅读教学的内容，创设一个生动的、适合学生表演的教学情境，不仅可以让学生对阅读的内容进行全身心的感受和体验，深化对阅读内容的理解，更能够有效地激发学生的阅读兴趣。例如，在学习"Festivals Around the World"这一单元时，有一篇题为"Festivals and Celebration"的阅读，主要介绍国内外的一些重大节日以及如何庆祝节日，同时文章也将各种各样的节日进行了大致的分类：festivals to honor people，festivals of the dead，harvest festivals以及Spring Festivals。教师可以根据阅读内容，将学生分为不同的小组，让学生以小组的形式开展活动。要求学生在特定的时间内，根据文章的内容，制定节日画报，要求画报上要有节日名称、时间、由来、庆祝的方式等。教师可以不规定画报的内容和形式，让学生自由设计、自由创作。在画报设计结束之后，进行展示和解说，最后评选出最好的，给予相应的奖励。这样的阅读教学，让学生脱离了枯燥的语言知识学习，而重视学生对语言知识的运用。又如，在学习"The Million Pound Bank-Note"这一单元的阅读"The Million Pound Bank-Note"时，在复习巩固的环节，教师可以设计这样的教学环节，让学生按照电影进行模仿表演，让学生结合阅读的内容以及对相关人物的理解，给相关的电影片段进行配音，学生在表演的过程中不仅局限于对声音的模仿，也可以对人物的表情、动作等加以仔细地揣摩。这样不仅能够增强表演的感染力，让观看的学生能够感同身受，更重要的是能够加深学生对文章的理解，从而让学生对金钱有一个正确的认识，树立正确的财富观。

四、结合问题进行情境创设，提高阅读教学效率

在高中英语阅读教学中加强互动，重视学生主体性的发挥，也是阅读教学改革的一个重要方面。因此，在高中阅读教学情境中进行情境创设，教师可

以从问题着手，进行情境的创设，从而打造一个高效的英语教学课堂。课堂是教师教学和学生学习的重要阵地，也是教师和学生思想相互碰撞的地方。因此，在进行阅读教学的过程中，教师可以将阅读知识问题化，根据学生的实际情况，创设合适的问题情境，来激发学生的探究欲望和思考欲望。教师可以充分利用和阅读内容相关的问题，来创设一个教学情境，并根据学生的认知规律和学习能力对这些问题进行一些细化，营造一个层层递进和步步为营的问题解决方式。将英语阅读知识问题化和情境化，能够营造一个轻松民主的阅读氛围，丰富学生的情感体验，激发学生的学习动机，让学生在分析问题、解决问题的过程中，掌握相关的阅读知识，提高学生的实践能力和思维能力，从而切实提高高中英语阅读的教学效率。例如，在学习"Healthy Eating"这一单元中的"Come and Eat Here"这篇阅读时，这一单元的主题就是围绕健康饮食展开的，讲述的是两个餐馆相互竞争。于是，教师可以根据阅读的内容设计以下几个问题：There are two restaurant-owners in this passage, who are they? Why do people come and eat in Wang Peng's restaurant? Why do people come and eat in Yong Hui's restaurant? What's the main problem of these restaurants? If you are prepared to open a restaurant, what factors will you take into account? 在刚开始接触文章的时候，学生一看篇幅这么长，会对文章产生畏难的心理，导致阅读欲望不强。所以，在开始阶段，教师可以提一些比较简单的问题，循序渐进地进行提问，对学生进行引导，让学生在回答问题的过程中进行文章的阅读，不仅可以激发学生的好奇心和求知欲，更能够提高学生获取信息和解决问题的能力，促进学生归纳能力、推理能力的提升。

综上所述，在高中英语阅读教学中进行教学情境的创设，是对传统教学模式的一次重大突破，能够丰富阅读教学的内容和形式，提高阅读教学的效率。教师在进行阅读情境创设的过程中，可以充分根据英语教材、教学问题、教学活动、生活场景，使得阅读教学的内容更加丰富多彩、形式更加多种多样，从而营造一个良好的阅读学习氛围，吸引学生的注意力，让学生更加积极主动地参与到阅读课堂教学中去，进行积极的思考和积极的表达，切实提升自己的阅读水平，促进高中英语阅读教学质量的提高。

山区高中英语课外阅读的问题与对策

广东高州中学　梁冠华
广东高州市第二中学　罗英群

教育部颁布的《英语课程标准》关于语言技能目标中所提到的高中学生在阅读方面的八级目标是："除教材外，学生的课外阅读累计量达到36万词以上。"这明确提出了高中学生只有进行大量的英语课外阅读以提高英语的阅读能力和理解能力，才能达到真正掌握英语和使用英语的目标。该《标准》对高中学生提出的课外阅读目标充分体现了课外阅读在高中英语教学中的重要性及必要性。但笔者在教学的过程中发现，如今的高中学生学习科目多，学习任务重，课外空闲时间少，在这样的条件下要他们实现课外阅读累计量达到36万词以上的八级阅读目标是非常困难的，尤其是对经济比较困难、学习条件比较艰苦的农村高中学生，要实现此目标更是难上加难。因此，详细了解山区高中生英语课外阅读情况及充分利用其非常有限的教学资源来正确指导高中学生进行较大量的课外阅读就尤为重要了。

以下是笔者对本市的一所山区中学高二学生进行的一次问卷调查，共发放250份问卷，回收240份有效问卷。问卷调查采用了无记名课堂即时完成的方法，保证了调查结果的有效性。

一、问题表现

1. 阅读态度不端正

山区高中学生课外阅读的态度和动机

认为英语课外阅读	很重要	比较重要	一般重要	不重要
	40%	23%	25%	12%
是否主动进行课外阅读	从来没有	有时	一般	经常
	35%	58.3%	3.3%	3.4%

续表

进行课外阅读的目的	应对高考	将来的事业	增强语感	自己感兴趣
	79%	4%	16%	1%

从上表中可以看出：

（1）只有40%的山区高中学生认为英语课外阅读很重要，12%的学生认为不重要，这说明只有不到一半的学生能正确认识英语课外阅读的重要性。这种对英语课外阅读的态度是极其不端正的，有待英语老师的正确引导。

（2）在是否主动阅读方面，能经常进行阅读的学生只有3.4%，然而却有35%的学生是从来没进行过英语课外阅读的。说明山区高中学生因客观或主观的原因根本不重视英语课外阅读，以为学英语就是学学单词，上上英语课就能学好。

（3）在阅读动机方面也很功利化，绝大部分学生只是为了高考而阅读，并不是出于兴趣。综合表1的数据可知：山区高中学生对英语课外阅读认识不足，态度不够端正，缺乏强烈的阅读动机，还只是停留在被动的"要我读"而远非主动的"我要读"的状态，这种不良的阅读态度势必会影响阅读效率及效果。

2. 阅读时间和数量不充足

山区高中学生英语课外阅读的数量及所用的时间

每天用于课外阅读的时间	一点也没有	10分钟左右	20分钟左右	30分钟左右
	76%	20%	3%	1%
每学期所读英语读物的本数	0本	1本	2本	2本以上
	68%	30%	1.5%	0.5%

上表所显示的数据令人大为惊讶。

76%的山区高中学生用于英语课外阅读的时间为零，20%的学生能每天用上10分钟左右，能读上20分钟或是30分钟的就寥寥无几了。在调查的学生中能每学期读完1本的也就只有30%的学生。由此可知，山区高中学生用于英语课外阅读的时间极少，阅读的英语读物数量极少，山区学生这样的阅读时间和阅读数量恐怕很难达到大纲或《英语课程标准》所要求的阅读能力。

3. 阅读范围不广

山区高中学生喜欢的英语课外读物的类型及阅读材料的来源或途径

课外喜欢读哪些英语读物	简易的英文故事书	原版小说或当代故事集	一些报纸杂志	以上都喜欢	以上都不喜欢
	33%	1.8%	22%	1.7%	41.5%
通过哪些途径进行课外阅读	上图书馆借阅	去书店购买	通过上网查看	向老师或同学借阅	
	16.7%	25%	28.3%	71.7%	

上表的调查数据显示：

（1）山区学生比较喜欢阅读简易的英文故事书，如名著的简写本等；但不喜欢读的却有接近一半的学生，他们严重缺乏兴趣。

（2）在阅读材料的来源方面，学生主要是借阅，自己买来看得非常少。此表的调查结果表明学生的阅读范围狭窄，阅读的材料来源单一。

4. 良好的阅读习惯未形成

山区高中学生英语课外阅读的习惯

在课外阅读遇到生词时	查词典	根据上下文猜词义	不影响理解就跳过去	问老师或同学
	51.7%	16.6%	27.5%	4.2%
在进行课外阅读时有哪些不良习惯	出声读	用手指着读	复视	心读
	20%	25.8%	42.2%	70%

从上表的调查数据可知：

（1）遇到生词时，有大约一半学生是过于依赖词典的，其实过多地查词典是在浪费时间，同时也阻碍对文章的整体理解。另外，只有不到20%的学生能根据上下文猜测生词的意思。

（2）在不良的习惯方面，习惯于心读的学生高达70%，而且还有学生不自觉地出声读或用手或笔指着读，回头读的学生就接近一半了。由此可见，相当多的山区学生阅读技巧不高，同时伴有许多不良阅读习惯。

二、原因分析

综合以上山区高中学生英语课外阅读的问卷调查及详细的数据分析，笔者认为山区高中英语课外阅读存在这些问题的主要原因有以下三点：

1. 学生不想读

不想读主要体现在农村高中学生对英语课外阅读缺乏兴趣，缺乏强烈的阅读动机，再加上学校或家庭都没有形成一个良好的阅读英语读物的语言环境，因此，他们未能主动或有意识地在课外安排时间进行阅读，结果造成学生阅读量小、阅读范围狭窄的现状。而且，调查的数据还表明绝大多数山区学生只限于教材或试题上的阅读，很少学生能自发自主地进行课外阅读，这样对他们来说要想提高阅读能力或扩大词汇量也只是纸上谈兵。另外，许多学生由不想读而导致少读，由少读而导致阅读能力差。因为读不明白，就更提不起阅读的兴趣，这样一来学生接触地道真实的英文材料的机会大大减少，也减少了学生了解外国文化知识和风俗人情的机会，学生的英语整体水平也难以提高。这种恶性循环就是由学生的不想读而引起的。

2. 学生想读却不能读

笔者在调查时发现，有些山区的高中学生异常渴望进行英语课外阅读，但却因客观条件的限制而无法进行。其一，受到经济条件的限制。有的学生因家境贫寒，能继续留在学校读书已经是万幸，根本无法得到多余的钱来购买英文报纸或书刊，只能向老师或同学借阅。其二，受到时间的限制。高中学科多，学习任务繁重，竞争大，山区学生各学科基础相对薄弱。因此，他们需要用更多的时间来学习其他科目的内容，那样就更难保证将时间用来读"无用"的英语读物了，这就出现了学生想读而不能读的局面。

3. 想读而不会读

从以上的数据分析可知，有些山区学生想读英语课外读物，却苦于不会读。不会读包含两个方面的含义：一是读不懂，因为这部分学生英语基础太差，词汇量小，想读却读不懂，受到打击而不能坚持；二是学生在阅读过程中忽略阅读策略及技巧，只是凭一时的兴致而进行阅读，未能养成良好的阅读习惯。

三、实施对策

笔者通过对这次问卷调查的分析，结合山区英语教学的实际情况，就如何加强山区英语课外阅读提出以下对策。

1. 激发学生阅读的兴趣

心理学家布鲁纳提出，学习的最好刺激乃是对所学材料的兴趣。可见，激发学生英语课外阅读的兴趣非常重要，作为阅读指导者的英语教师首先应帮助学生做好选材的工作，应根据现代中学生的心理特点，尽可能多方面、多渠道地选择构思新颖、视野独特，既富有新知识，又能使人心旷神怡的材料。《21世纪英文报》（中学生版）就是一份适合农村高中学生阅读的报纸。此报纸有多种题材和体裁的文章，所选内容难度适中，内涵丰富。既有报道国内国际大事的《时事之窗》，又有《校园热点》《运动休闲》《科技英语》《开心驿站》等多种多样的栏目，内容贴近中学生的学习和生活，很容易激发他们强烈的参与欲望及持久的兴趣，使其能坚持到底。另外，英语教师可以隔一段时间在课堂上开展报评或书评活动，提供一个良好的平台给学生分享他们喜欢的文章或小说。这样让学生进行阅读后的交流，可提高学生的阅读兴趣，还可提高学生阅读、判断、推理、分析等各方面的能力。

2. 培养学生良好的阅读习惯

阅读习惯的培养，特别是克服不良的习惯养成良好的习惯是一个艰辛的过程。因此，英语教师一定要积极鼓励学生广阅博览，指导学生灵活运用扫读、略读和跳读等阅读技巧，克服复视、心读和指读等不良习惯，逐步形成一定的语感，培养学生的阅读能力，提高阅读技巧，丰富阅读经验，充分调动自身的知识、思想、情感、经验与作者一起完成审美的过程，达到快速、准确阅读和理解的目的，最后形成个性化的认识和自己的心得。

3. 扩大阅读范围

从调查的数据可知，山区高中学生因受到各种条件的限制，阅读范围不广，阅读材料来源有限，因此，英语教师要多方面协助学生。例如，可以在班中举行捐赠图书活动，让有英文书的学生捐赠一些出来，进行资源共享。这样可以让贫困学生有更多机会接触不同的英文书籍。另外，可通过与班主任协商后组织家庭环境较好的学生捐赠部分零钱，以班级的名义订购英语报纸，以此促使全班学生支持并越来越热爱英语课外阅读。

浅谈高中英语阅读技能的培养与提高

广东台山市华侨中学 方小兰

在高中阶段，阅读教学放在了相对突出的位置。高中英语教学的目的，是在初中英语义务教育的基础上，巩固和扩大学生的基础知识，发展听、说、读、写的基本技能，培养其在口头和书面上初步运用英语进行交际的能力，并侧重培养阅读能力，为继续学习和运用英语打好基础。阅读是理解和吸收书面信息的手段，有助于学生扩大词汇量，丰富语言知识，了解英语国家的社会和文化。从某种意义上说，阅读能力的提高是听、说、写能力提高的关键。通过阅读，扩大知识面，增加了语汇量，交际时就不会因为知识或词汇贫乏而言不达意，写作时也能随心所欲，使语言地道，内容丰富。

阅读能力的培养和提高不是一朝一夕的事情，而是需要长期的努力，一步步提高，那么，如何培养和提高阅读技能呢？

一、注重提高学生学习英语的动机，加强阅读兴趣的培养

动机是一种驱策力量，是愿望改变为行为的动力。动机越强烈，发起行动就越坚决，维持行动也越长久。动机对英语学习是至关重要的。

1. 要让学生有明确的目的

在教学过程中，让学生懂得自己为什么要学习英语、为什么要进行英语阅读。从大的方面来说，外国产品越来越多地进入中国市场，我们与外国的合作机会越来越多。我们的生活已经走向了世界，社会对英语的需求程度越来越高，英语已作为地球村交流的通用语言，是21世纪的基本生存技能之一。从小的方面来说，英语是高中课程的重要组成部分，要想进入大学院校深造，英语是必考的，阅读理解在高考中又占了相当大的比重。学生只有有了明确的目的，学习才有动力。

2. 加强阅读兴趣的培养

爱因斯坦说："兴趣和爱好是最好的老师。"兴趣不是天生的，是培养

的结果，自信是增加学习兴趣的前提。很多学生因为成绩不好，认为自己"缺乏能力""脑子笨""学不会"。培养兴趣就应先拿这种自卑感开刀，要让学生相信自己一定行，增强他们的自信。教师要经常告诉学生，学英语就好像我们小时候学说话、学写字一样，要慢慢积累，只要不放弃，就一定能行。要培养学生的阅读兴趣，还要迎合学生的兴趣。高年级的学生对异国文化风情很感兴趣，都想多了解一些，我让学生自己去找关于西方国家文化背景的材料，课前10分钟，轮流在讲台上把他们知道的讲给其他同学听，英语或汉语表达都可以，每周一次。平时，我印发有关这方面的文章给学生阅读，课余时间抽空提供一些名片、名曲给学生欣赏。这样，既迎合了学生的兴趣，又训练了他们的阅读能力和听力。

二、通过课内精读与课外泛读，培养和提高学生的阅读能力

在阅读能力培养和提高的过程中，课内精读和课外泛读都很重要。一方面，只强调精读课本，不进行课外泛读，就无法扩大知识面，无法提高阅读速度，就只能是逐词逐句爬行式的阅读；另一方面，不重视精读课本，一味强调课外阅读，势必造成基础不扎实、对所读材料理解不透的结果。因此，必须在精读课文的基础上，进行一定量的课外阅读。

1. 在课文教学中指导学生精读技巧

精读课文是以提高学生理解能力和阅读速度为目标，主要指导学生把注意力放在词句的意义、抓段落大意和全文大意等方面，并教授一些阅读技巧。根据阅读理解能力要求，国家教委颁布的《普通高等学校招生全国统一考试说明》对阅读理解能力测试提出了以下要求：①掌握所读材料的主旨和大意，以及说明主旨和大意的事实和细节。②既理解具体的事实，也要理解抽象的概念。③既能理解字面意思，也理解深层含义，包含作者的态度、意图等。④理解某句、某段的意义，并能把握全篇的文脉，即句与句、段与段之间的关系，并据此进行推理，判断生词和短语的含义。

根据这些要求，可以归纳为四种基本阅读理解技巧：①理解主题（或中心思想）（Understand the main idea）；②理解文章的细节（Understand the details）；③猜测词义（Guess the word meaning）；④做出判断（Make a judgement or inference）。

课文是培养学生阅读能力的主要材料。课文教学的成败，直接影响学生阅读能力的培养和提高。下面，就课文阅读教学谈谈我的看法和做法。

（1）首先让学生略读一遍（skimming），抓住主题句（一般出现在段首或段末，有的主题句出现在段中，但有的段落没有主题句，只有靠学生自己归纳和总结）。主题句往往是对全段的概括、归纳、总结，有明显的提示作用。抓住了主题句，学生对文章就有一个大概的了解。然后快速阅读，有针对性地去浏览（scanning）或略读（skimming）。了解文章大意后，再把与老师提出的问题有关的词语、句子画出来，为答题做好准备。

（2）细读（careful reading）。首先，对段落中一些难句和重要语段进行仔细阅读。我会发给学生阅读理解练习题（学案），让学生带着问题去阅读。只有心里装着问题，才能做到心中有数，有的放矢，有针对性地去阅读。其次，正确分析难句及长句，如并列句、名词性从句、定语从句等复合句。引导学生正确分析句子的主干及附加成分，凭借上下文、构词法、语法点和标点符号等，帮助学生理解和揣摩句意。只有正确理解整个句子，才能扫清阅读的障碍。

（3）对作者的意图进行判断推理。推理活动，就是在对文章整篇把握的基础上，对深层问题的理解与推断。它是阅读理解的核心，贯穿整个语篇阅读的始终。判断推理可分为以下几种形式：针对文章中某些具体事实或细节的推断；针对主题思想、作者意图的判断；针对作者思路的判断；等等。这种题型的提问中含有infer、imply、suggest等词。面对这种题型，学生不仅要弄懂表面的意思，而且要搞清深层含义，才能对文章的含义和作者的暗示做出合理的判断。在推理时一定要忠于原文，将间接证据和推论的前提联系起来，从中推测。引申出未知的部分，绝不能把自己的观点当作作者的观点妄加评论。

2. 加强课外泛读

培养阅读能力，必须课内外结合。进行课外泛读，不仅可以使学生巩固所学的语言基础知识和阅读技能，而且还能使学生熟悉各种文章体裁和风格，拓宽学生的知识面，提高他们的阅读能力。课外阅读是课堂教学的延伸。然而，选好泛读材料对培养学生的阅读兴趣和提高阅读能力很关键，若做得不好，会适得其反。所以我在精选泛读材料时坚持以下原则：

（1）思想性：内容健康，使学生在阅读中得到启迪和净化。

（2）可读性：选材要按循序渐进的原则，由浅入深、由易到难，严格控制生词量；难度应略高于学生的当前水平，生词量一般为2%~3%，让学生在阅读中体验成功的快乐与满足，让他们觉得阅读是开阔视野、锻炼心智的活动，而不是枯燥乏味的应付。

（3）趣味性：选材要生动、活泼、形象、感人，贴近生活，寓兴趣于阅读之中。

（4）多样性：所选题材要丰富多样，尽量涉及政治、经济、文化科普及社会生活等诸方面；要让学生多接触记叙文、说明文、议论文等各种体裁。

配套练习：在每篇阅读文章后配以适当的练习，如回答问题、单项选择、填词题（missing words）等，让学生来巩固对文章的理解，以了解学生的掌握情况。

三、善于运用阅读教学的相关策略，提高英语阅读技能

阅读教学策略包括以下几个要素：
（1）把握阅读材料的体裁特征。
（2）明示所教的阅读微技能的教学目标。
（3）预测和诊断学生的阅读难度。
（4）开展有针对性的阅读教与学的训练活动。

下面以2015年人民教育出版社《普通高中课程标准实验教科书英语必修一》第13页的阅读材料Standard English and Dialects为例，贯穿和实施上述4个阅读教学策略。

这篇阅读材料是一个书面语篇，体裁是说明文，其功能是介绍性。该语篇结构首先是解释standard的含义，然后介绍dialect的概念，最后讲解dialect的形式。全文以一般现在时为主，反映常态的情况，其中穿插过去情况时，才出现一般过去式。

首先，关注材料的体裁特征，而不偏重语法和词汇的讲解。在课堂上，我会引导学生用直观图或者表格，总结该材料的体裁和篇章结构，用以作为篇章框架指导学生进行练习。语法特征：全文多处出现定语从句和状语从句；有几处用代词it；有常用句式There's no such thing as standard English. 词汇特征：方位形容词用法（the eastern, southeastern, northwestern, southern, Midwestern）；国家地名用法（Britain, the US, Canada, Australia, India, and New Zealand）；语言和民族形容词（African, American, Spanish）。

其次，明示阅读教学微技能目标。把课本要求的画出每一段的主题句作为教学目标；知道该项阅读目标是训练"掌握段落大意"的微技能。我会在课堂上向学生明示所训练的阅读策略或者微技能。例如，"我们今天训练一个阅读微技能——抓段落大意，它们通常在课文三个段落中哪个位置，大家注意其是否起到概括本段主要意思的作用，它与该段其他句子之间是一种什么关系？"

第一段的第三句：Believe it or not, there is no such thing as standard English. 第二段第一句：When people use words and expressions different from the "standard language", it is called a dialect. 第三段第一句：Geography also plays an important part in making dialects.

此外，预测学生阅读中的学习难度。课文内容包括大量的定语从句，句子较长，有相当部分学生不太习惯阅读长句，对长句有畏难情绪，故预测部分学生会感到一定难度，我会组织他们先学习从句的用法。

最后，合理设计阅读教学活动。读前，首先，我把学生熟悉的话题或句型引入教学，有利于学生读前在头脑中建立相关的内容图式和语言图式。又比如针对即将出现的方位词、国家名称词，我有意识地进行英语单词的复习，为后面的学习进行铺垫。其次，在话题、相关语境中教授生词，不会脱离语境教生词。如果这些单词不影响对语言材料的整体理解，可以留待学生在读的过程中去猜测，比如play a part in，expression，recognize。让学生带着问题默读材料，以便集中注意力。问题控制在2～3个。读时，根据课文的长度和难度，控制所需的默读时间，形成连贯完整地获取信息的习惯。读后，我会运用一些图表形成直观的内容，通过对材料多重意义的挖掘和提问，训练学生多种思维能力；帮助学生理解了材料意义之后，着手对默读材料的各种语言特征进行点拨，例如语篇知识（体裁、篇章结构），词汇特征（关键语言点、词组搭配、语法）等。我还会让学生模仿本课的篇章结构、重点语法、词汇或者语音。最后，在学生已经充分理解材料意义的基础上，组织学生听录音和朗读，增加对阅读和听说的练习。

四、结 论

以上的方法，经过这一年的探索与实践，取得了良好的教学效果。这种模式的教学，既使学生把握了阅读文章的主旨，获取了大量的信息，了解了文章的体裁及结构，又使学生掌握了阅读文章的方法，提高了阅读技能及综合运用语言的能力，更为学生将来的学习和运用英语打下良好的基础。

英语阅读教学KWLH模式的探究

茂名市第十六中学　刘伟锋

在我们英语教学中，阅读教学是相当困难的，有些教师甚至不知道如何上英语阅读课。下面将分析阅读教学中存在的突出问题，并根据图式阅读理论提出英语阅读教学KWLH模式。

一、图式阅读理论

读者读懂了一篇文章，说明读者具备与该文章相关的图式，这个图式提供了对于文章各个方面的一致的解释说明。

图式（schemata）是心理学中应用颇多的术语。20世纪70年代后期，美国人工智能专家鲁梅哈特（D.E.Rumelhart）等提出了"图式阅读理论"。该理论认为，图式是人脑中先前知识的结构，是一种背景知识。阅读对象即文章本身不具备任何意义，意义蕴藏在读者的脑海里，取决于读者阅读过程中对大脑中相关的图式知识的激活程度。如果读者大脑不具备相关的图式，或者读者虽然具备了相关图式，但由于种种原因未能激活它，那么对文章的各个方面就得不到解释说明。新的语言与已有知识无法沟通，文章对读者来说是不连贯的，并且是不可理解的。有效的阅读理解过程是一个读者头脑中相关图式不断被激活、充实，并形成新图式的心理语言过程。

二、图式的激活模式

图式阅读理论认为，图式的激活存在两种情况，一种是自上而下的（也称为概念驱动）。它是一种预期驱动，也就是顶层的图式知识可以用来对读物进行预测。如一篇文章的题目，从表面上看只不过是几个字，但从心理上它唤起了一系列关于该文章所述主题的图式知识，从而激活了一系列低层次的图式。另一种是自下而上的（又称为材料驱动）。这些低层次的图式活动又可以引起高层次的图式反应。如果说概念驱动是一个整体到部分的过程，那么材料驱动则是一个由部分到整体的过程。当文章的信息与读者的图式知识相吻合时,自上而下的概念驱动可促进两者的同化。当文章所提供的语言与读者的心理图式不相吻合时,自下而上的材料驱动将发挥作用,帮助读者利用已有的知识,选择合理的解释。这两种运作的相互补充、相互作用对于读者的阅读理解有非常重要的意义。读者丰富的图式知识可以弥补其低层次的字面解码能力的不足;相反,若读者缺乏相应的图式知识则可通过对字面的解码来获取意义以丰富其图式知识。

三、英语阅读教学KWLH模式

通过以上关于英语阅读教学中存在问题的研究,结合图式阅读理论,提出KWLH模式对英语阅读进行教学。

（一）KWLH

K stands for helping students recall what they KNOW about the subject.（回忆已知,激活先导）

W stands for helping students determine what they WANT to learn.（决定想要的未知信息）

L stands for helping students identify what they LEARN as they read.（识别提供的信息）

H stands for HOW we can learn more（other sources where additional information on the topic can be found）.（探寻新的方法、渠道、资源以扩展信息）

根据KWLH代表的意义,KWLH策略可以帮助建立和激活图式,创设阅读的信息沟,形成阅读的原动力,激发学生阅读的兴趣和主动参与的积极性,把阅读的过程变成一个主动地探寻知识和信息的过程,同时实现文章与读者的互动。

（二）KWLH模式的应用

下面就以《英语（新目标）Go for it》八年级下册 "Unit 4 Reading: She said helping others changed her life"为例,谈一谈KWLH模式的应用。

根据图式理论的原理和KWLH的内涵可把阅读教学分为读前（Before reading）、读中（While reading）和读后（After reading）三个教学段设计各种任务活动,让学生在小组中交流、合作、探究、竞争。每个任务都存在一定的"信息差",这样易于激发学生的表达欲望,使他们在活动中努力表现自己,做到最好。

1. 读前教学任务活动的设计

（1）进行头脑风暴（brainstorming），充分联想任何与主题相关的信息。这些信息可以是语言知识、文化知识或语篇结构知识，可以以数字、图表、文字的形式呈现。

展示两张关于徐本禹的图片，让学生回忆图片中的人物并介绍他的事迹：Xu Benyu, a Huazhong Agriculture University graduate was a volunteer teacher in a rural area in Guizhou。在互动交流的过程中，学生既记起徐本禹到山区支教的事迹，又了解到教育部号召大学生到边远山区支教这一文化背景，更学习了语言知识，如新词汇graduate、volunteer teacher和a rural area，为理解新课文扫除了基本的文化知识和语言知识障碍。

（2）根据文章提供的图表等辅助材料和标题进行预测。

对文章进行预测是图式理论应用于阅读的核心。提高读者的预测能力是十分必要的。预测是一种十分重要的阅读技巧，有预测的阅读优于无预测的阅读。可以让学生根据文章的标题、文章中的插图、文章的首尾句、文章段落的主题句，预测文章的内容。在预测的基础上进行阅读，这样就在一定程度上改变了学生阅读时的被动局面，调动学生的阅读积极性。

任务：What can we learn from the picture and the title? 让学生根据图片和标题预测课文的内容，诱发学生对课文文化知识背景思考和新词汇的学习，为学生理解课文做好铺垫。

2. 读中教学任务活动的设计

阅读活动的目的是使学生在阅读中学会积极思考，掌握阅读方法和技巧，其方法和技巧有以下几方面：

（1）略读——即以尽可能快的速度进行阅读。学生通过浏览文章的标题、图片，文章的开始段和结束段以及每一段首句或结尾句来了解文章大意。

任务：让学生快速阅读整篇课文并寻找课文的主题句。由于前面激活了背景知识，学生能快速地找到课文的主题句：However, it changed the life of Yang Lei from Beijing.

（2）寻读——寻读又称查读，同略读一样，是一种从大量的资料中迅速查找某一项具体事实或某一项特定信息，如人物、事件、时间、地点、数字等，而对其他无关部分略去不读的快速阅读方法。

任务：判断Yang Lei, a Peking University graduate是否在文章中谈及。

（3）意群阅读法——为了提高阅读速度，应该鼓励学生按照意群来读，不要逐词逐句读。这种做法不仅能够提高阅读速度，也能加强学生对文章的整体理解。同时，通过各种任务对每段进行验证预测。

任务：

首先，阅读第一段，通过完成以下练习来验证所做的预测：Listen and judge the statements true or false.

然后，阅读第二段材料，通过完成以下练习验证所做的预测：Listen to the tape and fill in the blank.

接着，阅读第三、四、五段材料，通过完成以下练习验证所做的预测：Read and fill in the chart.

（4）猜测词义——为了使阅读顺利进行，应让学生明白不是每个生词都要查词典的，应根据上下文猜测词义。

任务：Put the words into the correct space as you read.这有利于培养学生在具体的语境中猜测词义的能力。

每一段都通过不同的任务内容来进行质疑和验证，既调动学生的学习积极性和趣味性，又不断地补充完善新的图式知识。

3. 读后教学任务活动的设计

阅读后，提炼方法，扩展思维。探寻新的信息资源和渠道，进行扩展性阅读训练。

（1）围绕课文内容开展一些诸如复述、角色扮演、缩写、改写、续写、听写、完形填空等口笔头交际活动。

任务：Write a summary of the reading according to the following information. 在有明确目标和一定学习策略的指导下，进行小组合作，写出summary。

（2）对课文中的语言形式进行一定的分析，加深对课文的意图层次的理解。

任务：Free talk：What do you think of Yang Lei and what can we learn from her? 从德育方面帮助学生树立正确的人生观和价值观，培养学生助人为乐的品质，唤起学生的爱心和对公益事业的热爱。

（3）拓展任务：Homework: Search for some information about Xu Benyu on the Internet and write an article after class.了解外界信息，拓宽知识面，如贫困地区学生的生活、志愿者的工作、他们的人生态度及一些慈善组织、基金会的工作性质，联系自身，增强保护环境、保护动物、扶危济困的意识和品质。

四、KWLH模式对阅读教学的指导意义

（1）KWLH模式不仅注重学生语言能力的提高，更重要的是它促进学生良好阅读认知结构的构建，从而真正培养了学生独立的阅读能力。同时，该模式充分体现学生的主体性。通过在阅读过程中对学生原有图式结构进行激活、丰富和运用，使其始终处于一种积极、主动的语言学习状态，学习潜能得到最大限度的发挥，较好地体现了人本主义教学理念。

（2）KWLH模式体现了系统教学"为学习设计教学"的理念，同时也具备素质教育的英语课堂教学特点。以学生需要为出发点，设计"任务式"学习活动（task-based activity）——即图式的不断充实，组织多样的活动，并在一种民主、和谐、富有激情的气氛中实现以教导学和以教促学。

（3）KWLH模式尤其重视英语语言学习和文化习得的有机结合，体现了现代英语交际法的教学思想，符合外语学习规律。通过教学过程中多途径、多层次文化背景知识的不断渗透，学生的跨文化交际能力日益提高，努力实现英语学习中不断追求知识，不断完善自我，并较好地体现英语教学中人文素质教育的目的，为今后进行更高层次的阅读交际打下了坚实的基础。

KWLH模式教学法能切实提高学生的阅读理解能力，提高阅读课教学效率。该教学法较好地激发学生主动有效地进行阅读，促进文化知识积累，从而提高学生的英语语言素质和人文素质。

建构主义支架式理论在高中阅读教学中的运用

茂名市第一中学 薛海燕

一、问题的提出

《普通高中英语课程标准》（2017年版）（以下简称新课标）提出高中英语教学的具体目标是：培养和发展学生在接受高中英语教育后应具备语言能力、文化意识、思维品质、学习能力等学科核心素养。在新课标的理念下，探索阅读课堂教学的有效性，促使学生在教师指导下构建知识、形成策略、提高技能、活跃思维、展现个性、发展心智和拓宽视野，已成为高中英语教师孜孜不倦的追求目标。但当前的阅读教学仍然过于侧重于语言知识的学习，对阅读材料的处理过于浅显，而忽视培养深层探究的能力，无法形成有效的英语阅读策略，学生的综合语言运用能力得不到相应的提高，更谈不上核心素养的培养。

二、建构主义理论与支架式教学模式

建构主义理论认为教师是意义建构的帮助者、促进者，而不是知识的提供者和灌输者。学生是学习信息加工的主体，是意义建构的主动者，而不是知识的被动接收者和被灌输的对象。简言之，教师是教学的引导者，并将监控学习和探索的责任也由以教师为主转向以学生为主，最终要使学生达到独立学习的目的。

"支架式"（Scaffolding Instruction）教学模式是建构主义理念下的核心教学模式之一，它的提出基于苏联著名心理学家维果茨基的"最近发展区"（the Zone of Proximal Development）理论。维果茨基认为，在儿童智力活动中，对于所要解决的问题和原有能力之间可能存在差异，通过教学，儿童在教师的帮助下可以消除这种差异，这个差异就是"最邻近发展区"。因此教学绝不应消极地适应儿童智力发展的已有水平，而应当合理搭建"脚手架"，让教学走在发展的前面，不停顿地把儿童的智力从一个水平引到另一个新的、更高的水平。

支架式教学模式是一个系统的有计划、有步骤的教学过程，它主要包括以下几个环节：①创设情境，搭建支架。②提出问题，独立思考。③同伴互助，协作探究。④效果检测，提升素养。这几个环节是对传统英语阅读教学三环节（读前、读中和读后）的一种拓展和提升，是培养学生形成有效阅读策略，提高阅读能力的一种模式。

下文以人教版Book 4 Unit 1 Women of achievement 中的Reading：A Student of African Wildlife为例，谈谈支架式教学模式在英语阅读教学中的具体应用。

三、支架式教学模式的应用课例

"A Student of African Wildlife"（《非洲野生动物研究者》）描写了英国动物学家Jane Goodall在非洲原始森林中研究非洲黑猩猩的一个片段，并分别阐述了研究工作的内容、困难和取得的成就等方面的情况，赞扬了她为保护野生动物以及激励女性勇于进取所做出的贡献。

为了实现本课阅读教学目标，培养学生有效的阅读策略，提升学生的认知水平以及培养其高尚的品质，增强社会责任感，教师把学习任务进行分解，一步步搭建支架，引导学生自主思考，合作探究，逐步深入。

1. 创设情境，搭建支架

Task 1: Do you know any great woman? What makes her great?

Great Women and Qualities

Great women	Qualities
Marie Curie（居里夫人）	selfless, intelligent, determined, generous, warm-hearted, considerate, responsible, brave, diligent...
Song Qingling（宋庆龄）	
Lin Qiaozhi（林巧稚）	

这个任务呼应了Book 1 Unit 1 Nelson Mandela—a Modern Hero的热身部分，激活了学生已有的知识，在学习该单元时，学生通过讨论总结出评定伟人的标准，在进行本练习时可以继续沿用，而本练习也为学生后面进一步学习Jane Goodall的伟大成就搭起了支架。

2. 提出问题，独立思考

Task 2: ①Why do you think Jane Goodall went to study chimps in the wild rather than to university? ②What did she have to give up? Was it worthy? ③What do you know from the title "A Student of African wildlife" and the pictures?

依托上面的支架，提出问题，让学生独立思考她从事这项工作的重要性以及她的伟大之处，为实现培养学生更高水平的学习能力以及思维品质奠定基础。此外，通过对题目的理解以及图片的观察，进一步搭建支架，让学生继续攀升，进一步深入学习该主人公的事迹。

3. 同伴互助，协作探究

"协作学习"是建构主义理论的重要内容，应该贯穿于整个阅读教学的活动中，这有利于同学之间建立良好的伙伴关系，更能促进不同个体之间的交流，提高语言运用能力和认知水平，将潜在的发展区转化为现实的发展。

下面这个练习，学生通过协作讨论，加深了对文章的整体理解，掌握了阅读中把握段落大意的技巧，完成了对所学知识的意义建构。

Task 3：Discuss with your partners, find out the topic sentence of each paragraph and write down the main ideas of the four paragraphs.

第1段主题句：Following Jane's way of studying chimps, our group are all going to visit them in the forest.

段落大意： How our group studied chimps in the forest.

第2段主题句：Nobody before Jane fully understand chimp behaviour.

段落大意：What Jane discovered about chimps.

第3段主题句：For forty years Jane Goodall has been outspoken about making the rest of the world understand and respect the life of these animals.

段落大意： How Jane tries to protect the lives of chimps in their natural habitat.

第4段主题句：She has achieved everything she wanted to do.

段落大意：Jane's achievements.

4. 效果检测，提升素养

Task 4：What did Jane achieve? Do you think her great? Will you go if you are asked to study animals in the wild? Why or why not?

这一环节的设计不能是单纯的总结和巩固练习，除了需要检测学生对文章的理解程度，培养学生的语言综合能力之外，还要加强思维的深度和广度，需要体现教学的启发性和延续性，需要提升学生的整体素养。

四、结 语

在英语阅读教学中运用建构主义支架式教学模式，可以让学生在教师创设的情境中，养成自主、合作、探究的学习方式，形成有效的阅读策略，提高英语阅读能力，实现英语阅读教学目标。

高中英语阅读课教学设计、学案设计与课堂展示

茂名市第一中学 薛海燕

广东高州中学 梁冠华

一、教学设计

Unit 3 Travel journal

Journey down the Mekong

（一）教学课题

新课标人教版高中英语必修一Unit 3 Travel journal中的Reading：Journey down the Mekong.

（二）教案背景

（1）面向学生：高一。

（2）学科：英语。

（3）课时：1。

（4）学生课前准备：①预习生词，了解单词的意思。②预习课文，了解课文的大意。③网络搜索关于湄公河的背景知识。

（三）教材分析

本课是新课标人教版高一必修一第三单元的阅读课。文章讲述了主人公王坤和姐姐王蔚想骑山地车旅行，于是选定了湄公河作为旅游地点。他们选择海拔5000多米、空气非常稀薄的高山作为旅行的起点，这注定是一次非常刺激的旅游经历。通过查阅资料，他们知道了河流的特点和流向，沿途所要经过的地形等，增长了地理方面的知识，开阔了视野。通过阅读，教师不仅要让学生学到一些有用的单词和词组，训练他们的阅读技能，还要让学生懂得如何做好旅行前的准备工作，例如选择自己感兴趣的旅行地点、确定旅行路线，通过查地图等了解沿途的相关信息，激发学生旅游的兴趣。

（四）教学重点

（1）提升学生篇章的整体理解能力。

（2）有机整合文本信息，提高学生运用英语的综合能力。

（3）通过课程资源的挖掘，丰富学生的文化内涵，开拓其国际视野。

（五）教学难点

（1）帮助学生利用略读、查读等阅读技巧来确定关键词、主题句，形成阅读策略。

（2）帮助学生运用阅读策略，促进学生自主学习。

（3）以阅读课的教学为依托，全面训练学生的听、说、读、写能力。

（4）帮助学生以教材为资源，实现语言与文化的对接，形成语言输出的语言应用综合能力。

教学之前在百度上搜索关于The Mekong的文字资料和图片资料，给学生了解湄公河提供直观感受。让学生了解湄公河流经的国家，并对主人公旅行的路线以及见闻有一个大致的了解，从而更好地理解课文，也能启发学生关注途经国家的文化信息。

（六）教学目标

（1）认知目标：帮助学生利用略读等策略找出关键词；运用关键词和所预习的生词复述课文。

（2）技能目标：提升的阅读能力，培养学生提取、加工信息和分析问题的能力；提升学生的表达能力，使其学会用英语来表达设计旅游文化的相关话题，学会用英语设计旅游计划。

（3）情感目标：学生通过文本丰富对湄公河背景文化的了解，开拓国际视野，增强在旅游中接受异国文化的能力；通过让学生感受主人公认真谨慎的态度，养成做事充分准备、坚持到底的好习惯。

（七）教学方法

分为情景教学法、任务型教学法、分组讨论法。

（1）通过设置情景和教师讲授，帮助学生了解和学习关于湄公河的背景文化，激发学生的兴趣，扩大学生的视野。

（2）运用任务型教学法，通过课前、课中、课后的任务设计，引领学生理解文章主题，关注涉及主题的关键信息，深化理解语言背后的文化内涵及文化差异。

（3）结合所给信息和图片，让学生分组讨论，在学生用英语进行表达及思维碰撞的同时，让学生学会合作学习、自主探究。

（八）教学理论依据

英语教学是一种教与学的双边活动，教学的实质是交际。只有从组织教学活动入手，使学生得到充分的语言锻炼，才能有效地培养学生运用英语进行交际的能力。新课标提出："外国语是学习文化科学知识，获取世界各方面信息和进行国际交往的重要工具。""……发展听、说、读、写的基本技能，提高初步运用英语进行交际的能力……"笔者结合新课标和本班学生的实际，对教材进行了有效整合，以任务型教学模式贯穿始终，每一部分都设有一定的任务，引导学生自主或者合作完成。阅读活动由整体入手，由易到难，步步推进，层层深入。在此过程中，发挥网络搜索在教学中的应用优势，图文并茂让学生对主题信息有一个直观的了解。整个教学活动以教材为载体，以学生为中心。学生参与活动贯穿始终。学生既有个人活动，又有小组活动和班级活动。在课堂教学中，学生应该紧跟老师的指导，积极用心地投入讨论、表演等小组活动中，以培养自己依托阅读课来提高听、说、读、写的能力。

（九）教学过程

Step 1：Warming Up

Have a free talk with the students. Ask them these questions:

Q1: Do you like travelling?

Q2: Do you have any travelling plan since the National Day is coming?

Present some pictures of beautiful places to arouse their interest of travelling.

Q3: Have you visited any river?

Present some pictures of great rivers and ask them their location: The Pearl River（珠江）， the Yangzi River（长江），the Thames（泰晤士河），Mississippi（密西西比河）.

Q4: Could you imagine travelling down a river by bike?

Step 2：Pre-reading

T: Have you visited the Mekong River? If no, let's learn something about it.

（1）Show a picture of the Mekong River and the brief introduction of it.

Ask students: Can you list the countries that the Mekong River flows through?

湄公河图示

（2）Enjoy the beautiful sights along the Mekong River to arouse their interest of it.

设计说明：采用谈话的方式导入自然亲切，拉近了师生之间的情感，营造出宽松的学习气氛，同时让学生了解世界著名旅游景点和著名河流的有关背景。这一环节，笔者通过百度搜索，了解湄公河的背景图片和相关知识，通过讨论发散思维，激发学生的想象力，极大地激发了学生的兴趣和好奇心，为学生全面的课堂参与做了有力铺垫。

Step 3：Reading

（1）Skimming

Skim the text and choose the main idea for each paragraph.

Para. 1 Wang Kun and Wang Wei's dream.

Para. 2 Their different attitudes.

Para. 3 Their preparation and some details about the river.

学法指导：

① 快速浏览每段的开头和结尾，找到中心句。

② 抓住关键词。

设计说明：设计这个练习目的是让学生通过跳读，把握文章大意，为下文的进一步理解奠定基础。

（2）Careful reading

① Read Para. 1, and answer the following questions.

Who have the journey down the Mekong River?

What is the relationship between them?

How did they travel along the Mekong River? Why?

When did they have the dream and when did they get the chance to realize their dream?

What did they plan to do?

设计说明：设计这些问题的目的是为了让学生弄清楚故事中的人物、时间、地点、事情等要素，为后面故事的展开做好铺垫。

② Read Para. 2 and find out what kind of persons are Wang Wei and Wang Kun.

Different attitudes

Wang Wei is really stubborn and doesn't care about details.	Wang Kun is careful, considerate and cares about details.
1. The proper way is always her way. 2. She gave me a determined look—the kind that said she would not change her mind. 3. Once she has made up her mind, nothing can change it. 4. She even hadn't looked at a map.	1. I kept asking her, "When are we leaving and when are we coming back?" 2. I asked her whether she had looked at a map yet. 3. I told her that the Mekong is in Qinghai Province. 4. I told her that our journey would begin at an altitude of more than 5,000 metres.

设计说明：通过这个表格，学生可以非常直观地比较出王坤和王蔚对待这次自行车之旅的完全不同的态度。

③ Read Para. 3 and find out the information about the river.

The Mekong River which is called the _____ in China begins in a _____ on a mountain in Qinghai Province and enters the _____ at last.

At first the river is _____ and the water is _____ and _____. Then it begins to move _____. It becomes _____ as it passes through _____, travelling across western Yunnan Province.

Sometimes it becomes _____, and enters wide valleys.

After it leaves China and high altitude, it becomes _____. As it enters Southeast Asia, its pace _____. It makes wide bends or meanders through low valleys to the plains where rice grows.

设计说明：这一环节通过填空，引导学生从整体上把握文本的主要信息，达到巩固理解的目的。

Step 4：Post reading—role-play

A reporter from CCTV is interviewing Wang Kun about her plan for the bike trip along the Mekong River. Please make a dialogue between them.

A sample

R: Hello, Wang Kun. I hear that you are travelling along the Mekong River. What made you have such an idea?

W: Well, I have ever watched a film about the life along the river. I was attracted by it.

R: Have you got everything ready?

W: Not yet.

R: What are you taking with you?

W: Clothes, money, camera, mobile phones, raincoats, caps, medicine, compass and so on.

R: So when are you leaving?

W: Next Wednesday.

R: How long are you cycling each day?

W: About 60 miles but it depends on the weather and our energy.

R: Where are you staying at night?

W: Sometimes hotels, sometimes in our tents or in the houses of the local people.

R: How much may the trip cost?

W: About 2,000 yuan.

R: Well, it sounds interesting. I hope you'll have a pleasant journey. Thank you for your time.

设计说明：采访活动的设计目的在于让学生通过语言情境的参与，在进一步巩固所学的同时，培养用英语表达的综合素质。小组讨论环节旨在通过发散思维，进一步加深学生对文本主题的理解，同时进行德育渗透，培养学生热爱生活、勇敢面对挑战的精神。

Step 5: Homework

Group work: The National Day holiday is coming, let's make a travel plan.

A travel plan

Destination: _____
Reasons: _____
Transport: _____
Reasons: _____
Budget: _____
Preparations: _____

设计说明：创设一个真实的场景，让学生们在这个场景中用英语进行思考、表达及交流，力求做到将英语作为一种语言，用来表达自己的思想和与他人交流。该阶段也是学生们在课堂上运用英语的一个真实展示。

Students' presentation

A travel plan	
Destination: <u>Hainan Island.</u> Reasons: 1. <u>We have never been there.</u> 2. <u>We can see many white beaches and sea.</u> 3. <u>It's the second largest island in China.</u> 4. <u>We can eat bananas and coconuts.</u> Transport: <u>By train.</u> Reasons: 1. <u>It's cheap.</u> 2. <u>It's very safe and comfortable.</u> Budget: <u>2,000 yuan per person.</u> Preparations: <u>map, money, identity card, medicine, clothes, sunglasses, mobile phone, clothes, umbrella.</u>	该阶段为学生活动成果的展示。每个小组推选一名代表，就海报中的各个栏目进行说明

二、学案设计

Unit 3　Travel journal
Reading

（一）学习目标

（1）让学生阅读课文，理解课文，掌握一些阅读技能。

（2）让学生掌握课文中一些新单词、短语。

（3）让学生了解湄公河的一些基本信息。

（二）教学过程

Step 1: Warming up

Q1: Do you like travelling?

Q2: Do you have any travelling plan since the National Day is coming?

Q3: Have you visited any river?

Q4: Could you imagine travelling down a river by bike?

Q5: How many great rivers do you know?

Rhine _____ location: _____ Nile _____ location: _____

Thames _____ location: _____ Amazon _____ location: _____

Mississippi _____ location: _____ The Yellow River _____ location: _____

The Yangtze River _____ location: _____ Mekong _____ location: _____

Step 2: Pre-reading

1. If people live along a river, how do they use it?

They use it to: nourish _____; go _____ in it; make _____; _____ along it; catch _____.

2. Which countries does the Mekong River flow through?

China—_____—_____—_____—_____—_____

Step 3: Reading

Scan the text and find out the topic sentence of each paragraph.（这是主旨题，只要稍加归纳就可以做到，请试着在5分钟之内完成，并思考如何可以快速找到主旨）

Para. 1　A. Different attitudes between them

Para. 2　B. The preparation before the trip and details

Para. 3　C. Take a great bike trip along the Mekong River

Learning Tip: _____

_____

（1）Read Para. 1 and answer the following questions.

What is Wang Kun and Wang Wei's dream?

_____

When do they have the idea and when do they have the chance to do that?

_____

Who will join them? Where are they?

_____

（2）Read Para. 2 and answer the question: What do you think about Wang Kun and Wang Wei? Find out the sentences about them and make a conclusion.

Wang Kun:

_____

_____

Wang Wei:

_____

_____

（3）Read Para. 3 and find out the information about the river.

① The Mekong River which is called the _____ in China begins in a _____ on a mountain and enters the _____ at last.

② At first the river is _____ and the water is _____ and _____. Then it begins to move _____. It becomes _____ as it passes through _____, travelling across western Yunnan Province.

③ Sometimes it becomes _____, and enters wide valleys.

④ After it leaves China and high altitude, it becomes _____. As it enters Southeast Asia, its pace _____. It makes wide bends or meanders through low valleys to the plains where rice grows.

Vocabulary building：

Words about the action of a river: _____

Words about geography: _____

Step4：Role-play

A reporter from CCTV is interviewing Wang Kun about his plan for the bike trip along the Mekong River. Please make a dialogue between them.（运用课文中学习过的内容以及下面的问句）

Where are you going?

When are you leaving?

Who are you going with?

How are you going there?

How long are you staying there?

...

R: Hello! Wang Kun, I am Lucy from CCTV. I hear that you are travelling along the Mekong River. What made you have such an idea?

W: _____

_____

三、课堂展示

在优酷中输入"薛海燕(茂名一中)"搜索,即可看到这节课的课堂实录。

第三章 词汇教学

探索高中英语阅读课中的有效词汇教学

广东高州中学 梁冠华 何玉玲

高中阶段是人生中学习的关键时期，英语作为一门主要的高中课程，对提高学生的综合英语素养起着重要的作用。英语词汇学习是英语阅读课教学的一个重要构成部分，没有一定的词汇积累，阅读能力的培养也就变成了空中楼阁，学生的理解能力的提高也会受到限制。由此，如何提高有效词汇教学，是我们需要探索与研究的重点。

一、有效教学的含义

有效教学是指教师在教学中遵循教学规律与学生的认知规律，通过一定的教学策略来促进学生学习的高效化，从而达到预期的教学效果与教学目标。

高中英语词汇有效教学，即从学生的认知特点以及语言学习规律出发，关注学生在教学中的主体地位，通过有效性教学来提高学生英语词汇学习的成效，并提升学生的英语语言综合运用能力，促进高中学生阅读理解能力的提高。

二、当前英语阅读课中词汇教学的现状分析

阅读教学过程中，高中英语教师非常重视学生词汇的积累，只有以大量的词汇作为根基，学生的阅读效率才能提高，阅读质量才能提高。基于此，从当前英语阅读课中的词汇教学来看，总体情况还不容乐观，存在以下一些问题。

1. 教学方法比较陈旧，难以激发学生的学习兴趣

从当前英语阅读课的词汇教学现状来看，不少教师仍在采用传统的英语教学方法，即教师在讲台上讲授词汇含义，将词汇剥离出阅读文本，脱离语言环境进行词汇学习，学生则听得昏昏欲睡。英语语言习得作为一种第二语言习得，缺乏语言环境使得其学习具有一定难度，如果再不讲究教学策略，单纯的灌输很容易使学生反感，从而失去学习的动力。

2. 忽视学生的主体地位

不少英语教师以自己为教学的主体，学生则处于被动的地位。教师教，学生学；教师念，学生写，学生完全处于被动的学习状态，教师在词汇的教学上也是以简单的释义为主。这样的教学方法单一枯燥，不能提高学生的英语学习兴趣，更谈不上培养学生的自主学习能力，也难以取得有效的词汇教学成效。

三、高中英语阅读课中的有效词汇教学策略探讨

针对当前高中词汇教学的现状，笔者结合自己的教学经验，提出了一些提高英语词汇有效教学的策略。

1. 构建词汇学习的有效情境

词汇的教学与习得不能是单纯的灌输与死记硬背，而要讲究一定的教学策略与学习策略，如果只是单纯地释义、拼读，学生也只是死记硬背，习得的词汇很容易被遗忘。此外，词汇的学习如果脱离语言环境，学生很难掌握其真正的用法，也就失去词汇学习的意义。在英语阅读课堂中，要提高词汇教学的成效，就需要教师改变传统的教学理念，以学生为课堂的主体，创设语言学习的氛围与环境。在创设语言情境时，教师需要根据学生的认知水平与具体的课程内容来精心设计语言情境，让学生在有效情境中习得新词汇，同时巩固旧词汇，为提升阅读等英语综合能力打下牢固的基础。例如，笔者在文本中讲授到circulate一词时，为让学生们能加深对该词的理解并掌握其用法，笔者利用多媒体展示了该词包含的三种含义的相关图片：水循环图片、孩子们传阅书本的图片、病菌传播的图片。图片直观具体，学生们能一目了然地了解该词的不同含义，此时再出示相关的句型，如Blood circulates through the body. The report was eventually circulated to all the members. 让学生通过例句能更好地熟悉这一单词的用法，这样可以取得不错的教学效果。

2. 利用游戏与表演让学生加深对词汇的理解

游戏与表演也是英语教学中非常有效的方法，可以锻炼学生的多项英语语言能力。具体到阅读课堂的词汇教学，教师可以根据要掌握的词汇以及文本内容来设计游戏项目，或者根据课文内容来进行分角色表演，以此来为词汇教学服务，让词汇教学更有成效。在创设表演情境时，教师不能本末倒置，让学生闹哄哄表演一番。这样的表演形式大于内容，对学生英语素养的提高作用不大。教师在设计表演时要有明确的教学目的，同时要引导学生在表演时能有意识地应用词汇，加深对词汇的理解。例如，笔者在讲授Wild life protection这一

单元时，根据文本内容，让学生分组自己选择角色，分角色来练习表演小女孩Daisy与羚羊、大象、猴子之间的对话。大家可以用教材中的语句，也可以按自己的理解来创设新的语句。表演激发了学生的学习兴趣。在练习中，学生们之间配合默契，合作交流的积极性也非常高。练习结束后，每个小组派出代表在讲台上进行表演，并由教师做点评，找出学生们存在的词汇、句法等语言问题。通过这种形式，不但激发了学生们的学习兴趣，同时也提高了学生的英语综合应用能力。

总的来说，提高学生的词汇量与词汇应用能力不是一蹴而就的，需要经过长期潜移默化的积累与学习，如何增强词汇教学的成效，也是我们每个一线英语教师需要关注与探索的。

基于人本主义的高中英语词汇教学方法的研究

广东高州中学 梁冠华 何玉玲

词汇教学是英语教学中很重要的一环。新《课程标准》明确提出，高中阶段英语教学要重点从三个方面发展学生的英语语用能力：提高学生用英语进行恰当交流的能力；提高学生用英语获取信息、处理信息的能力；提高学生用英语进行思维的能力。这说明，对词汇学习的要求不仅要辨认和识记，更要理解、运用和表达。本文主要分析了当前高中生学习英语词汇存在的主要问题，并在此基础上进行了基于人本主义的结合课内指导和小组合作词汇教学方法的研究。

一、词汇学习存在的主要问题

笔者在长期的高中英语教学实践中发现，学生普遍缺乏对词汇学习的积极性与主动性，缺乏对词汇学习的安排和计划，不懂得及时巩固和复习。虽然他们也懂得通过实际运用记忆单词，但大多数学生没有良好的记忆单词的习惯，仅靠考前突击背记单词。忽视复习、效率低下也是目前大部分学生学习英语所面临的问题。不难看出，学生大多对单词死记硬背，不讲究记忆方法。

二、本研究的主要理论基础

1. 人本主义理论

人本主义心理学是20世纪60年代兴起的一个心理学流派。人本主义的代表人物罗杰斯强调发挥人的学习潜力。他认为，只有当学习者感觉到所学内容与他个人相关，并积极参与时，学习才是有意义的，这样的学习才能深入持久。罗杰斯认为，许多意义学习都是学生在实际活动中进行的，如果在教学中让学生自主地选择和确定学习的方向和目标，自己提出问题，自己发现和选择学习材料，并亲身体验学习的结果，这将收到最好的学习效果。关于学习的条件，罗杰斯认为，学校与教师应该为学生的学习提供宽松、自由、无外加压力、无讥讽的良好学习条件。

2. 合作学习理论

美国明尼苏达大学的著名学者、合作学习的主要代表人物约翰逊兄弟认为，合作学习就是在教学上运用小组形式，使学生共同活动以最大限度地促进自己以及他人的学习。合作学习有五个基本要素：①积极的相互依赖。学生们要为他们所在小组中其他同学的学习提供支持和帮助，实现小组的共同目标。②面对面的促进性互动。③个人责任制。④小组相处技巧。期望所有学生能进行有效的沟通，对小组的活动提供指导，建立并维护小组成员之间的相互信任，有效地解决组内冲突。⑤小组评估。

三、词汇教学方法的尝试

根据以上的理论，笔者认为，词汇教学的关键在于教学的方法和策略是否恰当，能否调动学生的积极性和创造性，拓展学生的思维，优化词汇记忆的方法，真正帮助学生从苦学变为乐学。所以，笔者在教学当中，通过对学生英语词汇学习策略的指导、课堂模式、教育内容的研究，提供给学生以词汇学习的方法指导，结合课内外词汇学习策略，通过小组合作的形式，使学生加强学习词汇的内驱力，热情高涨，达到愿学、乐学、会学和善学英语词汇的境界，从而使教学质量获得较大提高。为了测试笔者的词汇教学方法是否有效，笔者采用了实验前后测试的办法。在第一学期初，笔者任教的两个班都做了词汇前测试题；第一学期末，两个班都考了词汇后测试题。前后测试题尽量在题型、分值、广度、难度上接近。以下是笔者结合课内指导和小组合作的词汇教学方法的尝试。

1. 教会学生一些关于词汇学习的理论

（1）艾宾浩斯遗忘曲线。德国哲学家艾宾浩斯于19世纪末开创了心理学对记忆研究的先河。他得出了遗忘是先快后慢的规律。艾宾浩斯还在关于记忆的实验中发现，凡是理解了的知识，就能记得迅速、全面而牢固。不然，即使是死记硬背，也是费力不讨好的。因此，比较容易记忆的是那些有意义的材料，而那些无意义的材料在记忆的时候比较费力气，在以后回忆起来的时候也很不轻松。这给我们教学的启示是：要在理解的基础上记忆词汇，遵循遗忘规律，及时进行复习。

（2）图式理论。图式理论认为，人们在理解、吸收输入信息时，需要将所输入的信息与大脑已知的信息（或概念）及背景知识联系起来。换句话说，对新输入的信息进行解码、编码必须与图式网相匹配才能完成信息处理的系列过程。图式理论对我们的一个重要启发是，我们应该注意学生的背景知识，充分利用已有的背景知识能够起到"以旧引新"的作用。所以在教授英语新词汇时，可以启发学生，使他们储存在长时记忆的旧词汇知识与新输入头脑中的词汇联系起来，进而使短时记忆的新词汇经过加工进入长时记忆。

2. 在课堂上引入思维导图理论学习词汇

为了调动学生学习和记忆词汇的积极性，提高他们词汇学习的效率，笔者在课堂中引入了思维导图理论，用直观形象的方法辨析词汇的区别，在短时间内开发学生的思维，对词汇进行密集型记忆。下面以一堂课Book 3 Unit 2 Healthy Eating为例进行说明。

（1）教师简要介绍思维导图的基本概念和用途。在词汇教学中，尽量把同一单元中有相互联系的词组织在一起，用思维导图表示出来，引导学生进行组块记忆。

（2）学生准备好制图的工具：纸片和彩色笔。

（3）根据主题，进行5分钟的头脑风暴。让学生找出与此主题有关的尽可能多的单词。

（4）组成4人小组，收集组员的词汇，在15分钟内进行思维导图的制作。这个过程中教师可鼓励学生发挥想象力和创造力。

（5）用投影仪展示和评析思维导图制作的成果。根据思维导图中呈现的相关词汇量的多少、思维导图的信息传递的清晰程度、思维导图的创意和感染力评出三个最优作品，在班级词汇墙中展出。

（6）引导学生课后修改自己的作品，动手制作成卡片；或引导学生用X Mind、Mind Master或Mind manager等思维导图制作软件进行制作。

3. 运用归纳比较的方法学习词汇

（1）呈现在练习中讲到的例句。

She was surprised at the surprising news.

（2）要求学生观察句中出现的由surprise变化而来的surprised和surprising的意义和区别，向学生讲解它们的不同。

（3）要求学生运用所学知识完成下表。

Information

inspire	inspiring	inspired
encourage		
discourage		
scare		
puzzle		
move		

（4）要求学生用括号内动词的正确形式填空。

① The _____ (disappoint) boy left the _____ party angrily.
② The _____ (terrify) film made the little girl _____.
③ The _____ (excite) news made the children _____.
④ The _____ (frighten) mask made the child _____.
⑤ The teachers were _____ (please) at the _____ news.

（5）运用上面两个练习中提到的形容词组别或其他形容词组别进行小组间的比赛。小组A用到了surprising，小组B则用surprised造句，看哪一小组的句子最多最恰当。

（6）要求学生完成下列词汇拓展，写出下列词的名词形式和"令人……的"短语格式。这个练习可使学生在掌握了形容词组别的基础上，学会名词的用法。引导学生进行合理联想和记忆，实现了新旧词汇的整合。

Vocabulary Development

delight	delighting	delighted	to one's delight
satisfaction	satisfying	satisfied	to one's satisfaction
disappointment	disappointing	disappointed	to one's disappointment
puzzlement	puzzling	puzzled	to one's puzzlement
excitement	exciting	excited	to one's excitement
amazement	amazing	amazed	to one's amazement
fright	frightening	frightened	to one's fright
relief	relieving	relieved	to one's relief

让学生了解一定的词汇知识，掌握基本的构词法，特别是关于词根、前

缀、后缀、同义词和反义词等方面的知识，可以使学生正确理解词义，迅速扩展词汇量，减轻词汇记忆压力。

4. 运用词块记忆策略学习词汇

在学习break这个单词的时候，笔者就设计了如下的教学步骤：

（1）利用学生熟悉的短语复习break的用法。如break the window（碎），break the washing machine（损坏），break the law（违反），break the silence（打断），break the record（打破纪录），break a bill（兑换钞票）。

（2）在此基础上,和学生一起复习break作为不及物动词的用法而构成的常见词组，并要求学生用这些词组进行造句练习。如：

break away 挣脱，背叛；break down 出故障，垮掉；break in 破门而入，打断；break off 断开，停顿，终止；break out 爆发，逃离；break through 冲破，克服；break up 粉碎，结束，解散，期终放假。

（3）要求学生用上述词组进行填空练习。

① Fire _____ during the night.
② The sun _____ at last in the afternoon.
③ The prisoner _____ from his guards.
④ Robbers _____ while we were away.
⑤ Her health _____ after her husband died.
⑥ The meeting _____ at nine o'clock.

（4）组织学生进行2分钟的瞬时记忆，并检验他们的记忆效果。

词块记忆能有效地帮助学生把新旧知识有机地结合起来，协同作用，形成新的或更大组块。

实验结果如下，实验前测的平均分分别是78.1分和77.6分，经过五个月的实验，实验后测的平均分分别是86分和84.8分，差距扩大为7.9分和7.2分。这表明了笔者所做的关于词汇学习的尝试是有效的。

根据人本主义的理论，教师对学生的爱、期望和鼓励能满足学生的心理需要，能激发学生的学习热情，增强学生学习的动力。在教师的督促和帮助下，大多数学生能有意识地把各种方法运用到英语学习中，通过教师课内指导和小组合作学习的方式，改进自己的词汇学习。

阅读中教词汇

——谈高中英语三种阅读模式的课堂运用

阳江市第一中学 敖月华

阅读不但是知识的重要来源，对于高中阶段的学生而言，更是积累词汇的主要途径，高中英语阅读教学在整个英语教学活动中具有极其重要的地位。指导高中学生在阅读中学习词汇，有利于促进他们英语听、说、读、写能力的提高。因此，如何有效运用当前的英语阅读教学模式，扩大高中学生英语词汇量和提高阅读能力，是当下英语教育者需要不断探索的课题。本文主要从三大常用的英语阅读教学模式入手，探讨多媒体条件下高中英语阅读课堂的词汇教学。

一、高中英语阅读教学的总体目标

《普通高中英语课程标准》对英语阅读教学提出了以下要求：能理解阅读材料中不同的观点和态度；能识别不同文体的特征；能通过分析句子结构理解难句和长句；能在教师的帮助下欣赏浅显的文学作品；能根据学习任务的需要从电子读物或网络中获取信息并进行加工处理；除教材外，课外阅读量应累计达到36万词以上。可见，词汇学习跟英语阅读是密不可分的，无论从阅读目的或阅读任务来说，《英语课程标准》都对阅读中的词汇方面做出了具体的说明。另外，随着国际竞争日益加剧，社会对人才的要求越来越高，在新课改的推动下，高中英语阅读从单纯地提高学生阅读成绩，上升到对学生视野的开拓、口语表达能力的提高和健康生活态度的培养。高中英语阅读教学应做到以下方面。

（一）教会学生合理利用工具，增加学生的语言知识，提高学生的语言技能

随着科技的发展，高中生可以利用的工具已经不仅仅局限于书籍、报纸、杂志，还有智能手机、平板电脑等科技产品。高中生可以利用这些工具大量阅

读文章，及时了解信息，提高学习效率。一方面，通过广泛阅读英语材料，增加阅读量，培养良好的语感，有利于提高英语表达能力。另一方面，在阅读过程中，学生接触到大量的单词、句式，在提高他们词汇量的同时也可增加他们的语言知识。

（二）拓宽学生视野

学生通过大量阅读英语文章和材料，了解到关于各国风俗习惯、人文地理、名人事迹等相关信息，极大地丰富学生的文化知识。在这个过程中既能巩固学生之前学习的词汇、语法、句式和相关语言技能，也能提高学生的文化素养，加深学生对其他国家政治、历史、文化的了解，进而开拓他们的视野。

（三）培养学生健康的生活态度

学生在进行大量英语材料的阅读过程中，会阅读到一些励志的故事、感恩的短文、积极健康及有教育意义的文章。这对学生养成良好的情感态度，培养学生正确的人生观、价值观具有积极的作用。同时，阅读还可以陶冶学生的情操，缓解学生的压力，激发学生的学习兴趣，提高学生学习的积极性。

二、高中英语三种阅读教学模式的有效运用

（一）PWP阅读教学模式

所谓PWP阅读教学模式，就是把英语阅读教学的全过程划分为三个阶段，即读前（Pre-reading）、读中（While-reading）、读后（Post-reading）。这种教学模式是在以学为中心的教学过程中，强调"问题的导入、问题的呈现、问题的学习、问题的训练和问题的应用"。

1. 读前教学（Pre-reading）

开展好读前活动有助于顺利导入阅读课。教师可根据课文内容选择一些相关的材料，运用情境式任务阅读教学法来激活学生已有的相关知识，让学生做好阅读前的心理准备，对阅读产生兴趣。例如，教师可以围绕课文话题组织学生进行讨论，做好阅读前的热身。让学生明确阅读的目的，了解阅读话题，预测阅读内容，了解阅读任务，对阅读材料加深了解，进而达到激发学生阅读欲望的目的。

例如：新课标人教版必修一第三单元"Travel Journal"的教学，教师可以通过以下活动进行导读。

活动一：教师用多媒体为学生播放国内几大主要河流的视频或图片，让学生根据提示说出这些河流的名称。之后，让学生回答问题：

A: How do people who live beside a river make use of it?

B: How many famous rivers in the world do you know?

C: Do you want to travel along a river?

让学生分组讨论。通过这个活动可以让学生利用已有知识在头脑中建立关于河流和旅游的相关图式，为接下来的正式阅读做准备。

活动二：让学生根据脑中的图式和单元标题、文章标题猜测文章大意。然后，小组代表给出讨论结果。教师不置可否，让学生带着结果和问题进入下一环节的阅读。

2. 读中教学（While-reading）

教师引导学生进行有目的的阅读，通过"略读""通读""精读"三个步骤，在让学生了解整篇文章的主旨大意、中心思想等相关内容的同时设置情境，引导学生完成任务，进一步理解文章内涵，提高学生的思维能力。在这个过程中教师要辅助学生理解生词。一方面，教师可以提前将可能的生词罗列出来，做出简单的解释；另一方面，教师要引导学生通过词语配对、构词法、根据上下文猜词义等方法解决生词问题，让学生更好地理解文章，养成良好的阅读习惯。教师要根据教学原则引导学生进行有目的的阅读活动，将学生引入特定的情境之中，使学生找准方向，快速获取相关信息，理解文章主旨。在阅读过程中教师要鼓励学生勇敢质疑，主动对阅读材料设定问题、进行阅读评价。

例如，新课标人教版必修一第三单元"Travel Journal"的课文第一部分阅读教学中，在学生略读文章时，教师将文中出现的相关地理名词"glacier、rapids、valleys、waterfall、plains"用图片展示给学生，再让学生选择相匹配的英文注释。

在学生完成第二遍"通读"后，对文中出现的"stubborn"一词，教师可引导学生根据上下文出现的"She insisted that..." "Once she has made up her mind, nothing can change it."等词句猜测该词在文中的含义"be very unwilling to change one's mind"。

在帮助学生理解生词的同时，引导学生根据相关中心句及关键词、高频词等了解整篇文章的主旨大意、中心思想，进而完成课后概括主旨和判断对错的习题，完成最后的"精读"。

3. 读后教学（Post-reading）

通过读前、读中教学，学生对背景知识和阅读材料的相关信息有了很好的了解和掌握。此时，教师可根据实际情况开展复述，让学生通过专题讨论，在设定情境里进行角色扮演等活动，进一步巩固掌握的信息，提高阅读的能力。

例如，新课标人教版必修一第三单元"Travel Journal"阅读部分的读后教学。

活动一：教师引导学生对课文中描写人物语言行为的语句进行回顾，给出若干形容人物性格特征的词语让学生选择匹配：enthusiastic, critical, sensible（Wang Kun）; imaginative, organized, eager, persistent, stubborn, risk-taking（Wang Wei）.

活动二：教师为学生创设情境，并提出如下问题供学生思考：

1. Where do you want to go travelling?
2. What will you prepare for your trip?

让学生参考课文内容，就自己的旅行目的地设计一个简单的旅游计划。

学生通过参与情境、回答问题和完成任务，既能加深对相关词汇的理解应用，又能拓宽知识面，激发学习兴趣。

（二）情境阅读教学模式

刘桂莲（2001）在《高中英语情境教学应用研究——我的教学实录》中说："情境教学法是指在教学过程中，为了达到既定的教学目的，从教学需要出发，通过师生引入、制造或创设具有一定情绪色彩的、生动具体的场景，以引起学生一定的态度体验，从而帮助学生理解教材，并使学生的心理机能全面和谐发展的教学方法。"

情境阅读教学模式，一是可以调动可用教学资源创设阅读教学情境，使学生积极主动参与到高中英语情境阅读教学中来。在阅读训练的过程中，教师可以利用互联网、多媒体等工具创设阅读背景相关情境，并提供相应的阅读材料，为学生指引阅读方向，降低阅读的难度系数，提高阅读的趣味性。阅读结束以后，教师就阅读材料内容和学生展开讨论。例如，在设计完形填空的阅读题时，教师曾通过网络从TED演讲中摘录改编自Amy Purdy的题为"Living Beyond Limits"的讲稿文段：

11 years ago, when I lost my legs, I had no ideas what to expect. But if you ask me today, if I would ever want to change my situation, I would have to say no. Because my legs haven't disabled me, if anything they've enabled me. They forced me to rely on my **imagination** and to believe in the possibilities, and that's why I believe that our imaginations can be used as tools for **breaking** through borders because in our **minds**, we can do anything and we can be anything.

It's believing in those dreams and facing our **fear** head-on that allows us to live our lives beyond our limits. And although today is about **innovation** without borders, I have to say that in my life, **innovation** has only been possible because of my borders. I've learned that borders are where the actual **ends**, but also where the imagination and the story begins.

So the thought that I'd like to **challenge** you with today is that maybe instead of looking at our challenges and our limitations as something **negative** or bad, we can begin to look at them as **blessings**, magnificent gifts that can be used to ignite our imaginations and help us go **further** than we ever knew we could go. It's not about breaking down borders. It's about **pushing** off them and seeing what **amazing** places they might bring us.

在练习中让学生思考特定语言环境下词汇的应用和区别。完成练习后让学生观看演讲视频，在真实情境下体会词汇的含义及阅读材料的内容和作者的思想。

二是通过课堂互动交流构建教学情境，提高学生的阅读理解能力。教师根据阅读内容创设相应情境。例如，在讲到新课标人教版必修三第二单元"Healthy Diet"话题时，教师通过影视作品和视频短片，让学生直观地了解、认识西方食品的相关词汇，鼓励学生就中西方饮食差异、地区饮食习惯进行讨论交流，从而加深他们对相关词汇的内化记忆和对阅读文章的理解。

三是根据教材内容结合学生实际生活环境设置不同的教学情境，通过设置阅读背景情境、舞台情境等情境教学法使学生快速融入情境，以情促境，以境带学，从而轻松达到教学目的，使学生积极、主动地投入英语阅读教学中来。例如，在讲述新课标人教版必修五第二单元"The United Kingdom"一文时，教师可以利用画面型情境再现阅读教学法，组织学生通过各种渠道查阅相关信息，然后通过投影，向学生展现大不列颠地图的形状、组成部分，包括"苏格兰""爱尔兰""英格兰"，并通过多媒体或录像向学生简单介绍大不列颠的文化、习俗以及历史等知识。在这个过程之中，画面抓住了学生的眼球，画面型情境再现阅读教学模式激发了学生学习的兴趣，提高了他们的积极性，教师只需适时点拨，学生便能轻松学习与英国著名景观、地理环境等相关的词汇，并能快速理解文章的主旨和中心思想。

为了提高学生的阅读能力，教师还可以创设舞台型情境，如设置借阅书场景、校园里的生活场景、逛街购物等虚拟场景，让学生通过角色扮演，自主交流，加深对阅读对话的理解，提高阅读能力，达到教学目的。这种方式可以提高学生学习英语的积极性，也激发了学生学习英语的兴趣。情境教学法是一种较为活跃的教学方式，它适用于不同的教学环境。在高中英语教学中，使用情境教学法可以增加英语学习的趣味性，使学生在一个轻松愉悦的环境下习得英语词汇，拓展英语知识。

（三）任务型阅读教学模式

鲁子问在《任务型英语教学简述》中提出："任务型教学途径在教学实践中应该首先设计出真实生活的任务，然后在课堂上将任务呈现给学生，学生通过学习教学内容获得完成任务必需的知识与能力，然后完成任务，从而在完成真实的生活任务的过程中学习知识，培养能力。"

任务阅读教学模式要求教师在教学过程中根据教学目标，分析、设计具体的教学任务，组织学生积极完成任务，提高学生运用英语的能力。

任务型阅读教学模式采用"阅读准备""阅读理解""语篇分析""课文的巩固及深入""课文阅读延伸"5个步骤进行。一是"阅读准备"。由教师组织活动、提出任务，引导学生激活头脑中的已有知识。二是"阅读理解"。教师通过设置问题引导学生进行泛读、速读、精读，通过学生对问题的回答来检测他们阅读的效果。三是"语篇分析"。教师引导学生结合阅读材料的内容和结构，对语篇的结构和内涵进行整体把握、深入理解。在此过程中学生以小组的形式合作绘制课文的结构图。四是"课文的巩固与深入"。教师设置现实场景，学生以小组或集体的形式，在场景中运用所学知识（高中阶段主要是词汇、句型）进行交流，使所学知识得到巩固。五是"课文阅读延伸"。由教师设置题目，学生讨论、交流，成果共享。

例如，在高中英语人教版必修二"Who am I"一文的教学中：

首先，教师确定教学目标。

（1）Get the students to remember some information through the task.

（2）Guide the students to guess the meanings of some important words and phrases in the text.

（3）Teach the students how to make a dialogue according to the situation and given words.

（4）Let the students discuss the computer, using the words and phrases learned in the text.

其次，教师精心设计导入，向学生提出问题。

Do you know Bill Gates?

Do you want to learn more about the history of the development of the computer?

再次，教师根据实际情况制定相应任务：

Task 1: Read the passage quickly and answer the following questions.

Task 2: Develop computer development schedule.

Task 3: Discuss in groups: How computers have changed our lives? The computer is a double-edged sword, how do we make good use of it?

最后，根据本文内容布置课后任务，要求学生利用课余时间阅读与计算机有关的文章、材料，积累与计算机话题有关的词汇，了解一些随着互联网而生的网络交际用语，巩固课堂所学。

任务式阅读教学模式是切合学生实际，紧密联系教材，有目的、高效率的教学模式，有利于激发学生的潜能、兴趣，提高其学习的主动性和积极性，加强他们的团队合作意识。

当然，除了上述三大阅读教学模式外，各种各样的英语阅读教学模式及教学方法均可作为词汇教学的重要渠道，尚待我们广大英语教育工作者探索和实践完善。"阅读教学模式的选择应该视教学对象、教学目标、教学内容而定，教师没有必要机械地套用某种教学模式。"（王笃勤，2012）总之，教无定法，在高中英语阅读教学中，我们应结合教学目标的具体要求，合理选择有效的英语阅读教学模式，灵活运用多种教学方法才能帮助学生积累、扩大词汇量，从而提高学生的阅读理解能力。

词块理论在高中英语词汇教学中的应用探讨

湛江市第七中学　李园园

一、词块的定义及分类

当前，对"词块"的定义尚未形成统一的认知。该术语最早由Becker提出，他把词块定义为一些固定的、模式化的结构，单独存在人脑当中，可以直接被提取利用，不需要二次加工。相比其他单位，词块的出现频率更高，文化内涵更丰富。教育学者对词块做了进一步研究，Lewis从结构和功能上把词块分为三类：第一类为聚合词语，如in fact, by the way, as a result；第二类为限制性词语，如two years ago, see you later, as far as I know；第三类为句子构造型结构，如When it comes to...和It is reported that...由此可以看出，词块已经突破了单词的罗列，并发展为词组、短语、句子等。

二、词块教学的理论基础

本文主要从语言学（语言习得理论）的角度为词块教学找到理论依据。

很多语言学者对语言习得都有论述。Lewis认为：

（1）语言不是通过学习单个的音、结构及其组合学会的，而是通过提高对整体进行分析的能力而学会的。

（2）语言的习得是一个观察、假设和实验的过程。

（3）我们可以有效地整体使用短语，而无须理解其组成部分。

从上面的第一条和第三条可以看出，在语言习得的过程中，词块起着很大的作用，学习者可以凭借词块轻松学会并使用语言。因此，在Lewis看来，"语言知识的获得和交际能力的提高是通过扩大学生的词块、搭配能力和有效掌握最基本词汇和语言结构而实现的"。

三、词块理论在高中英语词汇"学习任务清单"中的具体运用

通过以上理论可以看出,词块理论运用到高中英语词汇教学是有助于学生提高英语学习水平的。为将词块理论切实落实到日常词汇教学中,本人根据高中英语教材(人教版)必修一Unit 5 Nelson Mandela—a Modern Hero的阅读文章Elias' Story进行了词块"学习任务清单"的设计。

(一)课题名称

Unit 5 Nelson Mandela—a Modern Hero—Lexical Chunks of Elias' Story

(二)学习目标

引导学生通过课前自学,掌握本文词块的用法,做到会读、会认、会写、会用、会听。

(三)学习重难点

(1)掌握词块的用法。

(2)熟练运用所学的词块。

(四)学习方法和建议

(1)通过反复阅读课文,在语境中了解词块的用法。

(2)通过预习、自学《新高中英语词汇》关于本文章词块的讲解并完成相对应的练习,掌握词块的用法。

(五)学习任务

Step 1:自学任务,提取词块

自学教材P34,标出文章中出现的词块。(上课时,每个小组展示他们所找到的词块。然后,教师列出课文中出现的所有词块。)

这一环节的目标是词块的辨认和提取,目的是让学生树立词块意识,提高学生词块辨别的能力。

Step 2:词块的理解

(1)词块造句。

① out of work... ② be sentenced to... ③ What do you think of...? ④ as a matter of fact... ⑤ I think/ I don't think... ⑥ To my understanding, ... ⑦ I feel that.../ I don't feel that... ⑧ blow up.

(2)根据课文内容填空。

Elias is a _____ in South Africa. He studied only _____ in a school. He had to _____ because of his family's _____ to _____ and the bus fare.

When he was 12 years old, he was _____ , and he first met Nelson Mandela, a black lawyer who _____ to poor black people on their _____. Nelson Mandela gave him so much help that he didn't _____. When Mandela organized the ANC Youth League, he joined it as soon as he could. When Mandela saw _____ in a peaceful way, he changed to violence, and Elias helped _____ government buildings. Although he did not like violence, he was happy to help because he knew it would help them _____ of making black and white people equal.

这一环节的目标是词块的探索，主要是通过设计各种词块练习，加深学生对词块的理解。

Step 3：词块的巩固

（1）Role play：Each group has six students to play the roles in the story.

（2）Retell：Retell the passage according to the lexical chunks.

（3）Writing：Write an essay about your adventure by using the lexical chunks we have learned.

这一环节的目的是巩固所学的词块知识，加深学生的记忆，要求学生利用所学词块进行各种分组活动。

Step 4：问题探究

完成上面的练习，通过与小组成员合作探究，解决在练习中遇到的问题。

Step 5：展示准备

上课时通过抽签随机决定各小组所要展示的学习任务。

Step 6：我的疑惑

在完成本课时的学习任务过程中，将自己存在的疑惑记录下来。小组长在课前把小组内的普遍性疑问或错题汇总到科代表处反馈给教师。

四、结 语

（一）教师要加强自身学习

新时代对人才提出新要求，这对学生是一大挑战，而教师个人的素质和修养不提高也难以培养出符合社会需求的人才。因此，要培养出人才，教师必须是人才，不仅会育人，还要会学习。如今是日新月异、知识爆炸的时代，要成为一名合格的知识型英语教师，我们必须终身学习。由于英语是一门语言，具有浓烈的生活气息，因此英语教师应尽可能多地观察生活，在生活中提高自己。此外，英语教师应不放过任何一个提升自己的机会，多参加培训、网络学习，多听讲座，等等。

（二）教师要有团队合作精神

词块理论运用于英语词汇教学是一种较新的高中英语教学模式。在竞争日趋激烈的今天，要想此教学模式成为一种较成熟的教学模式进而上升到理论的高度是很难的，仅凭教师个人的能力很难处理、解决教学或学术上的技术问题。因此，团队合作尤为重要。此外，团队合作精神是教师个人业务水平高低的一种表现，也是教师必须具备的一种能力。我们应多与同行合作，搞好集体备课，集思广益，扬长避短，共同进步。

（三）要注重培养学生的词块意识

人的正确意识能加深其对客观事物的认识，因此在词块理论运用于高中英语词汇教学的过程中，教师须将培养学生的词块意识贯穿始终。在社会日新月异的今天，培养学生正确的词块意识，能使学生轻松掌握词块理论并把其运用于高中英语词汇学习中，从而实现扩大学生词汇量和提高其英语学习能力的最终目的。

基于语篇的高中英语词汇教学探索

岭南师范学院附属中学　刘茜茹

一、引言

2016年9月我担任高一两个班的英语,经过一个月的学习我发现学生的各项能力都没有提高:上课听英语依旧困难。听写单词两个班均有一半甚至更多的学生不及格;学生阅读写作能力等依旧十分欠缺。笔者对所教班级的110名学生进行了有关高中英语学习态度、策略及教师词汇教学现状等的问卷调查。参加问卷的学生列举了许多词汇学习的困惑,包括词汇记忆、词汇量不足以及听说读写过程中碰到的词汇理解和运用的困难。以往教师教授词汇的方法主要是列出所教词汇然后举例讲解,一味按照传统模式进行,英语学习枯燥乏味,学生没有兴趣学,教学质量不升反降,因此进行词汇教学策略的革新迫在眉睫。

词汇学习的最终目的是运用。索绪尔认为,语言符号的价值不是通过简单的符号相加而实现的,其交际价值的实现完全依赖于在线性组合体中与其他要素的相互作用关系,而与特定语言符号相互作用的各种要素及其关系就是该符号的语言环境。这从理论上说明了词义对语境、语篇的依赖性,也强调了语篇在词汇教学中的重要作用。因此,只有以语篇为依托的词汇教学才能充分关注学生的学习过程,让学生在阅读中观察、思维、体验、理解、总结,在实际运用中提高语言知识的综合应用能力。为此,笔者结合自己的教学案例,对如何进行基于语篇的词汇教学进行研究,以解决在课堂教学中面临的实际问题。

二、语篇综述

语篇又称为篇章或话语等。不同的语言学家对其有不同的表述。戴维·克里斯特尔认为,语篇是指"一段大于句子的连续语言(特别是口语)……是一些话段的集合,构成各种可识别的言语事件……是人们语言互动过程中支配其行为表现的一个表达和理解的动态过程"。Halliday&Hasan把语篇定义为使用中的语言，具有功能的语言，是语义单位。唐青叶认为语篇没有大小和长短之分，能表达一个完整的意义，具有明显的语篇特征；其主题意义相对完整，一脉相承，结构井然有序，功能相对独立；依赖于语境能完成一种可识辨的交际功能。席晓青认为，语篇通常指一系列连续的语段或句子构成的语言整体。也就是说，一切能够在一定的语境中发挥作用或实施一定功能的语段都可以看作是语篇。

有些语言学家认为语篇既指书面语言，又指口头语言；有些则认为，语篇只指书面语言，不包括口头语言；有些试图把语篇和话语区别开来，用语篇指书面语言，用话语指口头语言。我们赞同语篇或话语既指书面语言又指口头语言，是社会活动中语言运用的基本单位，是运用语言进行交际的过程和结果；它依赖于一定情境，结构完整，表达一定的意图或意义，或提供一定的信息。但语篇并非都大于句子，有时候可以是一个词或句子。语篇可长可短，一句问候、一个独白、一次谈话、一场论文答辩、一次讲话或演讲、一次记者招待会的问答以及一张便条、一份科研报告或一首诗歌、一篇小说及一篇散文等都是语篇。只要所表达意义达到交际目的，哪怕是一个手势、符号或者图片也是语篇。

三、基于语篇进行词汇教学的理论依据

（一）心理学原理

教育心理学认为，为使学生获得感性认识，产生清晰的表象，就要指导学生对学习对象周密细致地进行整体观察，然后再观察它的各部分及它们之间的联系，最后形成有关学习对象的清晰表象。随着学生学习的知识不断丰富，学生的求知欲也愈加强烈，尤其是遇到新的内容，他们往往希望一口气学完全部内容。

（二）认知理论

从广义上来讲，认知即人的认识活动；从狭义上来讲，认知指知觉的理解性，即领会、理解、意识到的东西，指思维、记忆、感知、知识分类等心理过程。认知理论认为，学习是对客观事物之间关系的认识，强调刺激与反应之间产生的各种可变因素。它还认为学习是对环境的适应，是一个积极主动的过程。学习是指通过学习者的认知，获得客观事物的意义和意象，它是由一系列过程所组成。根据这一理论，课堂教学必须以学生为中心。

（三）图式理论

图式是认识或心理或智力结构，这种结构把有机体所察觉到的事物按照一般的特性组织到"群体"中去，可以把图式简单地看作概念或类别。认知心理

学家把构成特定情况的事件和行动的发展顺序的意义单位称作图式或框架。图式是认知构架,它使信息有条不紊地储存在长期的记忆中,给预测提供依据。语篇理解是一个双向的心理过程,要正确理解作者的思想,就需要运用学生自己脑子里储存的知识。因此,图式理论是语篇教学的心理学基础;学生图式理论的不断增加,又能促进对语篇的整体理解。

(四)语境交际理论

人类一切的活动都是在一定环境中进行的,并受环境的制约,言语交际也不例外。言语交际过程中语言使用的环境,称为语境。语境是言语交际理论中的一个基本概念,言语交际是一个认知过程,其交际的效果与言语主体对语境因素的认知程度有关。语境在交际中对言语信息传递起着重要作用。只要言语交际存在,就有语境存在,任何话语的产生都离不开特定的语境,话语信息只有在特定的语境中才有实际价值。在人际交流中,只有充分利用话语言谈的语境,交际活动才会成功。

四、基于语篇的词汇课的课堂实践

词汇教学的有效开展应该立足于教材语篇,培养学生语言综合运用能力,如果孤立起来,语音、词汇、语法任何一项都不是语言,也不能起到语言作为交际工具的作用。笔者立足于教材的阅读文本并合理开发拓展相关内容,按照新词汇的导出、新词汇的学习、巩固和课后作业四个环节探索开发以符合学生实际需要,在语篇中涉及能调动学生积极性、促进学生思维、推动学生勇于体验的各种技能训练项目,始终让学生参与其中。

(一)新词汇的导出可以改编已进行过阅读理解的教材文本来构成语篇

通常词汇教学在阅读理解教学之后,因此任何一课词汇都离不开阅读话题。在新词汇的导出环节中,笔者适度改编缩写教材内容,设计突出本课新词汇的新语篇,并以语篇填空的形式引导学生在已阅读过的文本中对要学的重难点单词、短语、句型进行初识回忆和在语境中进行初步应用。下面以人教版必修一Unit 3 Travel journal的新词汇导出为例。

Wang Kun and his sister Wang Wei have _____(梦想)taking a great bike trip. After _____ from college, they finally got a chance to take action. _____ Wang Wei _____ first had the idea to cycle along the Mekong River from where it begins to where it ends. She was _____ to begin their journey at an _____ of more than 5,000 meters, where the air is hard to breathe.

From the atlas they knew that the Mekong River begins in a glacier on a mountain in Qinghai Province. It is small at first. Then it begins to move quickly. It becomes rapids _____ it passes through deep valleys, and sometimes it becomes a waterfall. After it leaves China and high altitude, it becomes wide, brown and warm. As it enters Southeast Asia, its pace slows. It makes wide _____ or meanders low _____ valleys to the plains where rice grows. At last, the river delta enters the South China Sea.

参考答案：dreamed about；graduating；It was...who；determined；altitude；as；bends；through。

参考答案中的词汇是这节课中的重点单词、短语、句型。这些词分布在整篇课文的五个段落中，知识点比较分散，学生在阅读中面对篇幅较长的课文不能很好地把握重难点词汇或将注意力集中在重点词汇上。教师在不改变原文意思的基础上改编缩写课文，旨在将重难点词汇直观地呈现在课文的主线中。学生在熟悉的语篇中通过填空练习自然地掌握了这些词汇在课文里的基本用法。dream about和graduate from属于固定搭配。bend和through在语篇中表现出地形特点。同时还要掌握其使用要点：bend指蜿蜒；through指在valleys的内部穿过。as作为介词、连词时的用法多，在语篇中学生可以辨别出它是时间状语从句的连词"当……的时候"。在语篇中，学生通过分析句子结构和意义得出强调结构的句型模式It is/was...that（who）...在句子中强调的是主语，继而得出其他成分被强调的情况。

总之，这样的词汇导入环节旨在突出语境，引起学生的注意，激发学生的认知图式。学生不仅从中复习了文本内容，而且还明确了本节课要学习的重难点词汇，大大提高了课堂效率。

（二）在指导学生学习新词汇的过程中也应以语篇为依托

课本里提供的和教师设计的各种词汇练习活动，通常都有明确的学习目标和教学意图。按照词汇法原则，教师在设计时应当有意识、清晰地阐明每个词汇练习的目的。如有的是训练辨认区别近义词汇，有的是学习从语境中猜测词义，有的是关注前后语言搭配，有的是记忆单词的多种词形转换，有的是强调使用功能……目标不同，语篇设计则不同。

（1）将有多个意思的单词或短语编入一个语篇中，学生通过真实的语境可清晰地体会出它们不同的意思。以下是人教版必修一Unit 3 Olympic games中的重点短语stand for和必修四Unit 1 Women of achievement中的重点短语refer to的例子。

例1：Guess the meanings of "stand for" in the following passage.

What does the letters UK stand for (   )? UK stands for (   ) the United Kingdom. Many people want further study in Britain. I stand for (   ) their ideas, but their parents can't stand for (   ) the expense of going abroad.

参考答案：代表；代表；支持；承受、忍受。

例2：Choose the right meaning of "refer to" in the following passage.

Since UN was established in 1945, the UN has been active in a wide range of areas which refer to (   ) peace and security, development, international law and human rights. It is the spirit of mutual respect and cooperation that brings all member states together. So all the member states must avoid using force and try to settle their differences by peaceful means, as is referred to (   ) in the UN charter, signed by the original 51 member states and referred to (   ) as the fundamental law of the UN.

If you are interested in the history of the UN, you may refer to (   ) its website for more information.

A. look at sth. for information

B. mention or talk about sth./ sb.

C. see / think of... (as)

D. be about / related to sth.

参考答案：D；B；C；A。

例2的文本是由课外阅读材料改编而成，难度较大。这种语篇的提供既可以拓宽了学生的阅读面，又可以学生在自然的语境中掌握refer to这个短语多义的用法，训练了学生借助上下文猜测词义的能力。坚持词不离句、句不离文的整体性原则，把词汇放到典型的语境之中讲解。这既有利于学生在英语语言实践中正确运用所学词汇，又有利于他们养成用英语思维的习惯。

（2）区分近义词或短语时，将该词或短语的易错点编进语篇中，通过上下文学生会明辨它们的不同，不须老师讲解过多。下面是人教版必修二Unit 2   English around the world词汇课中辨析近义短语的实例。

例1：Can you tell the differences between "the number of and a number of"?

There _____ people walking in the park after supper. But many of them throw the paper and other rubbish around. We know _____ the population in the city _____ increasing rapidly, making the environment seriously damaged, so the government should take some measures to solve the problem.

参考答案：are；the number of；is。

近义词的难点多在构成和应用上。通过对语篇的理解，学生看清了number前冠词不同的用法决定了短语后的谓语动词的单复数不同；通过语篇学生同时解决了记忆问题。

有一些意思很接近的代词、介词，单个区分比较难以长期记忆，但通过编一个迷你完形填空，让学生独立完成后小组探讨，发现问题，借助词典相互讲解，还有无法解决的问题再找老师答疑，效果就不一样了。下面以人教版必修四Unit 1 Women of achievement的相关内容为例。

例2：Finish a mini-cloze test and focus on the differences between eight groups of words.

Apart from the ___1___ problems caused by wars and conflicts, the UN helps countries with other problems such as ___2___ of education, starvation, disasters, AIDS and ___3___ diseases. At a UN meeting in 2000, all of its members agreed to try and ___4___ eight development goals by the year 2015. One of the goals is to ___5___ that clean water is available to everyone, as in many places water is not safe to drink ___6___ it is boiled. ___7___ is to ensure all children complete primary education. For more information, you may like to look it up on the UN website. So you see, ___8___ the work of the UN the world has been brought closer together.

(　) 1. A. important　　B. urgent　　　C. desperate　　D. extreme
(　) 2. A. lacking　　　B. lack　　　　C. short　　　　D. less
(　) 3. A. the other　　B. other　　　 C. others　　　 D. the others
(　) 4. A. win　　　　　B. satisfy　　　C. meet　　　　 D. live
(　) 5. A. swear　　　　B. enable　　　 C. secure　　　 D. ensure
(　) 6. A. unless　　　 B. if　　　　　 C. once　　　　 D. despite
(　) 7. A. The other　　B. Other　　　　C. Another　　　D. One
(　) 8. A. because　　　B. as　　　　　 C. since　　　　D. for

参考答案：B；B；B；C；D；A；C；D。

高考完形填空的意图就是要考查语篇理解中词义和近义词的语义应用，在完形填空的选项中可将需要学生掌握的词按高考的考点放进去（例2参考答案中的词就是高考考点中的高频词，其他三个选项为参照辨析词汇），学生要正确理解命题者的意图，就需要运用自己脑子里储存的知识。语篇理解是一个双向的心理过程，在语篇中产生的词语之间进行区分才有立体感。

（3）一个单词，它的后面可以和很多介词、副词或其他词搭配；也可以由一个词根派生出多个词性、词义的新单词，相近又相远。学生在没有背景的情况下记忆这些单词和短语自然容易忘记，把这些词或短语用在语篇中，像一句顺口溜，像一支歌，像一首诗，自然就会流淌进学生的脑海。以人教版必修一Unit 2 Olympic games和必修二Unit 3 Computers为例，教师将词形转换的词及变换搭配的短语放在不同的语篇中让学生翻译，学生要译好这些内容就得先了解它们不同词性单词的拼写、意义及使用。（画线部分是要求学生掌握的词汇）

例1：（情境）所有参加奥运会的参赛者都要同其他国家的运动员为祖国的荣誉而赛。但我们还是要发扬"友谊第一，比赛第二"的精神。（掌握compete的词形转换及用法。）

All the competitors who compete in the Olympic Games will compete with the athletes from other countries for the country's glory. But we should carry forward the spirit of "Friendship first, competition second".

例2：（情境）我问了老师一个问题但是他没回答我；相反，他让我在网上查一查自己解决问题。结果我在网上看到政府要解决好多争端啊！（掌握answer, solve, settle宾语搭配的不同。）

I asked my teacher a question but he didn't answer me. Instead, he let me search some information on the Internet to solve the problem. As a result, I saw on the Internet there were so many issues for government to settle.

语篇是一个以上的句子构成的语言整体，或长或短。Skehan认为，只有实际参与语篇交际，才能真正理解语篇。要让学生在自译中体验语篇的力量，捕捉单词的变化规律，经历意思接近的动词所搭配的宾语不同而带来词语的微差别，从中体会不同的词语组合。学生在学习词汇的同时，进行了写作的基础训练，训练学生在写作中注意词性、词义的基本功。

（4）词汇学完后，学生掌握得如何？教师可以设置一项写的任务或复述课文让学生在语篇中复习所学词汇。

例1：教师改写必修一Unit 2 Olympic Games的第一篇课文内容构成写作内容。

假设你是学校英语沙龙的主持人，下周活动的主题是"现代奥运会"。以下是你让参加的同学准备发言的内容，就此写一篇发言稿。

写作要求：

1. 现代奥运会发展简史（重点讲述时间和两季奥运会）；

2. 现代奥运会的规模（包括参赛者、项目、举办频率、奖品等）；

3. 用现代奥运会的motto表达对奥运会不断发展和改进的祝愿。

写作提示：

1. 词数100词左右；

2. 可以适当增加细节，使行文连贯；

3. 发言稿的开头和结尾已给出，不计入总词数。

Dear students,

　　It's my turn to talk about "The Modern Olympic Games". _____

_____.

　　That's all. Thank you.

学生习作：

Dear students,

　　It's my turn to talk about " The Modern Olympic Games". The Modern Olympic Games started on April 6th., 1896. In 2016, the 31st Olympic Games were held in Rio de Janeiro, Brazil. There are two main sets of Games—the Winter and the Summer Olympics, both of which are held every four years on a regular basis. The Winter Olympics are usually held two years before the Summer Games.

　　The athletes who have reached the agreed standard for their event will be admitted as competitors. They may come from anywhere in the world. There are skiing and ice skating which need snow and ice in the Winter Olympics. And in the Summer Olympics there are running races, together with swimming, sailing and all the team sports and each one has its own standard. The athletes can not only compete for the glory of their own, but also for their homeland. If someone wins the games, he will get the Olympic medals.

　　We know " Swifter, Higher, Stronger" is the motto of the Olympic Games, so I hope the the future Olympic Games will go smoothly and get better and better.

　　That's all. Thank you.

　　因为相关文本内容已在阅读中学过，重点词汇、句式也已学完，学生写作只用了10分钟。让人惊喜的是，学生在写作过程中既能充分利用课文中出现过的词汇以及句式（如two main sets of, every four years, on a regular basis, athletes, reached the agreed standard, will be admitted as, compete for, motto以及由who和which引导的定语从句等），又联想到了一些不同的表达法（如get, smoothly, together with, glory以及由if引导的状语从句等），更注重了语篇的内在逻辑性（如not only... but also... , so等词语的使用），真正提高了词汇在语篇中的准确性。学生学习知识不断丰富,学生的求知欲也愈加强烈,尤其是遇到新的内容,他们真的是一口气学完。

例2：检查词汇学习的效果还可以利用课文复述。常用的课文复述方法包括图片复述法、表格复述法、关键词提示法、流程图复述法等。其中，流程图复述法适用一些文章结构复杂、脉络结构不明了的文章，教师可借助于流程图来帮助学生复述课文。例如，教师在检查必修二Unit 3 Computers一课词汇学习效果时，设计了下面的流程图：

Try to give a brief presentation on the development of computer technology with the help of the chart below. Your presentation should be less than three minutes.

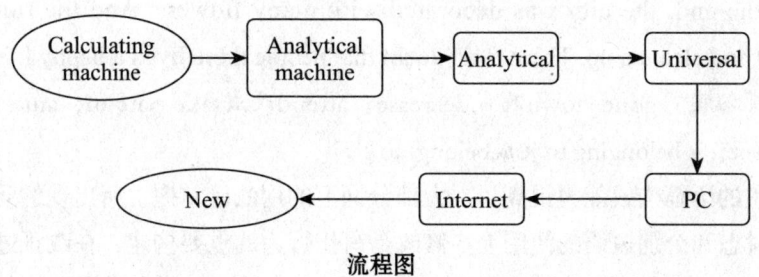

流程图

教师可根据文本框架结构或不同的体裁，借助时间顺序或其他逻辑关系的流程图，引导学生用核心词连词成篇来复述课文。有了之前词汇的学习，学生复述能力提高了，很大程度地提高了口头表达能力。

（三）课后作业要与训练学生在篇章中的识辨能力紧密联系

课后分组布置作业，将当天所学的词汇让一半的学生连词组篇，然后将其交给另一半学生来修改。第二天作业交上来后，教师根据作业所反映出的问题将学生所编的语篇加工成改错题，并在当天的课上作为复习资源再次出现。下面以人教版必修二Unit 1 Cultural relics为例。

例1：Presentation（观察并改正）

One day, I went shopping with my mother. She wanted to buy a necklace. We went into a shop. Trying again and again, we selected a beautiful one which decorated with jewel. I was amazed at the price of the necklace. It worth 6, 000 yuan. When my mom was going to pay for the necklace, she found her wallet was losing. There is no doubt that it was stolen. We called the police at once. And the policeman in search of the wallet here and there. At last, they caught the thief and found the wallet. We said thanks to them in return.

参考答案：which后加was；It后加was；losing改成lost；is 改成was；in前加was。

例2：观察并改正

Once upon a time, there was a time when two cities in Asia were at war. After the war, few persons managed to survive. Because the number of the two cities' population had gone down. The king selected the young to attend the war. So the old and the children stayed at home and their life was very hard. People's jewels that were worth too much were searched out by the army. To their amazing, the king won the war in return for his people. The king said, "The victory is belonging to everyone."

In the end, the city was decorated with many flowers. And the ruins were removed and cleaned up. There is no doubt that people there lived a happy life again.

参考答案：gone down改成decrease；attend改成take part in；amazing改成amazement；is belonging to改成belongs to。

学生的语篇构成能力提高了，大部分词汇的用法已掌握，所出现的问题主要集中在时态和个别短语的使用上。修改是写作行为的重要构建，在改正过程中学生更容易发现问题，更清楚犯错的原因，这样大大减少了再次犯错的概率。

五、结 语

本文通过对目前高中学生学习英语词汇和英语词汇教学的现状分析，列举了基于教材内容的词汇教学设计及如何利用语篇培养学生词汇运用的综合能力。体现"以教材内容为根本，以语篇为依托，以开发训练项目为手段，以训练阅读、写作、口头表达等综合能力为目的"的词汇教学理念，提高了学生在语篇中理解语言和运用语言的能力，大大改变了学生学习词汇费力、教师词汇教学费时低效的现状。正如心理学格式塔理论所言："部分相加不等于整体，整体比部分的总和大，整体优于部分并决定部分的性质和意义。"因此，在词汇教学中教师必须重视语篇的价值，打造精湛的生态课堂。

高中英语单元词汇集中教学的课例设计

广东化州市第九中学　周碧颜

英国著名语言学家D.A. Wilkins说："Without grammar, one can not express many things; without words, one can not express anything.（没有语法，人们不能表达很多东西；而没有词汇，人们不能表达任何东西。）"由此可见词汇教学的重要性。一般来说，词汇的"质"（词汇掌握的深度）和"量"（词汇的广度）是反映高中学生英语水平的标志之一。但目前很多高中学生对记单词兴趣欠浓；记单词不够牢固，容易遗忘；词汇量少，做阅读理解时"供不应求"；对单词变体不熟悉，达不到词汇活用的要求；等等。针对学生以上存在的问题，我在单元词汇教学时，采用"集中教学法"，收到了一定的效果。

一、理论背景

张思中教学法是张思中教授提出的一种外语教学理念，其核心是"十六字教学"理念，即"适当集中，反复循环；阅读原著，因材施教"。所谓"适当集中"，就是"集中识词，集中讲授语法"。

二、教学流程

结合张教授的理论和学生的学习情况，我将"集中识词"放在高中单元课文前开展。一个单元课文8个课时，"集中识词"占3~4个课时。现在我以人教版高一必修一Unit 3 Journey down the Mekong为例，用"集中教学法"具体演示单元词汇的4个教学流程。

（注：Unit 3 Journey down the Mekong 课标词汇，如下：journey, transport, prefer, disadvantage, fare, flow, ever since, persuade, cycle，graduate, finally, schedule, be fond of, shortcoming, stubborn, organize, care about, determine, determined, change one's mind, journey, altitude, make up one's mind, give in, valley, pace, bend, attitude, boil, forecast, parcel, insurance, wool, as usual, reliable, view, at midnight, flame, beneath, temple, cave, Laos, Laotian, waterfall。）

阶段1：表层感知词汇

语言的终极目标是交流。刚接触课文词汇，首先要处理的是单词的语音。

（1）分组：把上面所列的单词分成5组，把全班同学分成5组，每组学生1组词汇。组长负责给组内的9个单词划分音节、重音，标明音变、失去爆破等读音规则。

（2）语音验收：每组推荐一位同学将组内的9个单词的语音知识和全班同学交流，我逐组对学生的答案进行评讲，奖优纠错。

（3）演示读音：各组学生分别齐读组内单词，其余4组负责监督其读音，找出错误的发音，我写在黑板上并纠正。

（4）跟读：播放录音2次，让学生跟读，模仿各个单词的读音。

（5）比赛：小组交换单词朗读之后，进行读单词比赛，奖励读音正确和发音地道的小组。

（6）挑出重点单词和词组，引导学生背诵，包括其读音、词性和中文意思。课堂即时验收，奖励背诵优胜和进步快的学生。

阶段2：多维编码词汇

记忆单词一直是英语词汇教学的难点。现行人教版的英语教材大幅度地增加词汇量，学生面临着巨大的挑战。因此，我们最好探索一些巧妙的记忆策略，帮助学生牢固快速地掌握课标词汇。

（1）字母增减法：在一个已学的单词前面加上一个字母，构成一个新的单词，例如：

A. prefer（*vt.* 更喜欢）= p + refer（*vi.* 提到；提及）

→ Referring to make a tour on holiday, I prefer to stay at home.

B. fare（*n.* 费用）= f + are（be 是）

→ What are the bus fares to four cities in Britain?

C. flow（*vi.* 流动）= f + low（*adj.* 低的；矮的）

→ The flood flew down the low ground.

D. bend（*vt./vi.* 使弯曲）= b + end（*n./vi.* 末尾；结束）

→ It is hard to bend the end of the bar.

E. boil（*vi.* 沸腾）= b + oil（*n.* 油；石油；燃料油）

→ The hot oil boiled away above the water.

F. flame（*n.* 火焰，光芒）= f + lame（*adj.* 瘸的；跛的）

→ The house was in flames and the lame man couldn't run away.

（2）形近词对比法：把两个书写近似的单词进行对比，寻同求异，加深记忆。例如：

journal *n.*日记　　　　　　journey *n.*旅游

→She kept a journal when she had a journey.

attitude *n.*态度　　　　　　altitude *n.*海拔高度

graduate *vi.*毕业　　　　　gradual *adj.*逐渐的

→The students had made gradual progress before they graduated.

rapids *n.*急流　　　　　　　rapid *adj.*迅速的

pace *vi.*缓慢而行 *n.*一步；速度　　face *n.*面；脸

wool *n.*羊毛；毛织品　　　　cool *adj.*凉爽的

cave *n.*洞穴；地窖　　　　　save *vt.*拯救；挽救

→The soldier saved a man in the cave.

（3）形象记忆法：对抽象的单词，尽可能地赋予一定的图像，可以是真实的图片或者简笔画。通过视觉，使它们变成看得见、摸得着、认得到的东西。活生生的图片能提高学生的记忆效果。例如：

cycle *vi.*骑自行车　　　valley *n.*山谷　　　temple *n.*庙宇

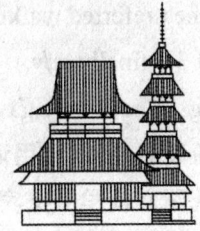

骑自行车　　　　　　　　山谷　　　　　　　　庙宇

（4）构词记忆法：通过合成、转化、派生这三种方法学习新单词，学生很容易快速掌握一系列的生词。例如：

① 合成法：shortcoming=short+coming　　waterfall=water+fall。

② 转化法：transport *n.*运输工具 *vt.*运送（含名词和动词双词性的单词，重音在第一个音节的为名词，重音在第二个音节的为动词。）

③ 派生法：

前缀。

disadvantage *n.* 不利之处；缺点（dis-表否定）

forecast *n.* 预测（fore-表前；预）

insurance *n.* 保险（in-表加强）

midnight *n.* 午夜（mid-表中）

后缀。

final *adj.*　finally *adv.*（副词后缀）

determine *vt.*　determined *adj.*（动词变形容词后缀）

rely *vt.*　reliable *adj.*（形容词后缀）

organize *vt.*　organization *n.*（动词变名词后缀）

阶段3：深层储存词汇

对课文的重点单词和短语的用法进行深入剖析，包括词性的变体、时态、数、人称和习惯用法等，鼓励学生在做翻译题和写作文时，尝试用新词代替旧词，增添句子的表现力。比如：

（1）be fond of：like sth. very much

eg：I like singing very much.=I am fond of singing.

（2）prefer.（prefer，preferred，preferred）：like sth. better / choose sth. rather than sth.，常用 ~to do sth. / ~sth. to sth.

eg：He likes to be alone at home.= He prefers to be alone at home.

She preferred walking to cycling.

（3）finally *adv.*：in the end /at last

eg：The enemy gave in at last.=The enemy finally gave in.

阶段4：提取活用词汇

德国心理学家艾宾浩斯著名的艾宾浩斯遗忘曲线理论显示，信息在大脑中登录后，一开始遗忘量很大。学生在记忆结束后20分钟至1小时内及时进行精确抢救性的复习，就能大量地保存刚学到的知识。所以，单词教学是一个教与练的过程。而且在设计练习复习单词时，我们要遵循从词到句到篇、从简到繁、从易到难的规律。另外，篇章练习最好能为单元课文的导入做铺垫。比如：

Task 1：单词填空。

① 说服_____（*vt.*）　　说服；劝说_____（*n.*）

② 毕业_____（*vi.*）　　毕业_____（*n.*）

③ 坚决的_____（*adj.*）　决定_____（*vt.*）　　决心_____（*n.*）

（旨在帮助学生掌握重点单词的各种变体形式。）

Task 2：短语互译。

① 从那以后

② 关心；忧虑

③ change one's mind...

Task 3：完成句子。

① Finally he used the fact _____ （说服）her to give up her plan.

② Since she _____ （毕业）Harvard, she has been working in that factory.

③ Once she made up her mind, nothing will _____ （改变主意）...

（旨在引导学生灵活运用课文中词组，包括单词的数、人称、时态、语态等。）

Task 4：翻译以下小语段。

Wang Wei和Wang Kun梦想做一次伟大的自行车旅游。Wang Wei是个固执的女孩，一旦她拿定主意，任何事情也动摇不了。Wang Kun很在乎细节，他在书上查了许多关于湄公河的资料。

Wang Wei and Wang Kun have dreamed of taking a great bike trip. Wang Wei is so stubborn that she won't change her mind if she has made up her mind. Wang Kun cares about details and he gets more information from books.

（旨在引导学生大胆使用课文中的词汇来表述，同时引出本单元阅读理解的话题。）

三、集中识词的反响

单元词汇集中识词可以针对前面章节出现的所有单词，对接下来的课文阅读提供了理解基础，提高了学生对课题的兴趣；而且根据记忆规律和遗忘规律，也提高了学生记单词的效率。但是，4个阶段的集中识词，课堂气氛难免会沉闷，我们可以在课堂上进行拼词游戏、小组唱歌、讲英语故事比赛等活动来活跃气氛。还有，英语基础好的学生可能在集中识词阶段就能完全记熟并掌握本单元的新词汇，但基础薄弱的学生或许几节课下来只能学到几个单词。这时教师不要着急，"因材施教"，及时给这些学生额外补补课；对进步快的同学，及时表扬。只有这种分层次的教学，才能更好地帮助全体学生"能飞的飞，能跑的跑，能爬的爬"，最终实现共赢。

第四章 写作教学

高考英语写作强化训练模式探索

广东高州中学 梁冠华 何玉玲

随着高中英语课程改革的推进，英语课程标准越来越注重语言综合技能的功能，即运用语言做事情。考查语言运用能力的比重越来越大，英语写作在高考试卷中占25分，其作为一项产出性技能，在英语教学中的地位毋庸置疑。但是，一线教师却发现英语写作教学最难进行，而且收效甚微。究其原因，首先，教师对写作不够重视，没有安排专门的写作教学。其次，有些教师对写作教学的新理念接触不多，写作教学基本上是按照学生写、教师改的固有模式进行。而学生由于对写作缺乏兴趣和信心，欠缺系统的训练，导致写出来的文章内容结构松散，语言单一，毫无亮点。如何改变这一局面是当前中学英语教师所面临的一个主要问题。笔者利用任教高三英语之机，探索高考前英语写作强化训练模式，利用多媒体课件、结合词块、背诵、同伴反馈等方法来进行系统的作文话题训练。时间从2017年2月中旬开始到2017年3月底结束，持续一个半月的时间。

一、理论基础

1. 多媒体课件辅助

教师在课堂上利用多媒体课件辅助英语写作教学，通过刺激学生的感官来调动学生对写作的积极主动性，激发学生的写作欲望，帮助学生快速掌握写作词块与模式，规范学生的写作用语。

2. 词 块

词块是固定或半固定的语言结构，具有特定的表达功能，它们的大量积累有助于学生克服英语学习中的障碍，提高词汇搭配能力和用英语思维写作的能力，使写作更为流利连贯，语言更地道。所以，词块的学习对写作至关重要。Nattinger和DeCarrico从语篇功能上划分了词汇短语：①社交功能。②话题功能。③语篇功能。这三类是针对口语及写作语篇的。

本文将与写作有关的词块进行分类，并做了较为细致的分类：①惯用语词块。主要指学生可以整体储存的，绝大多数是规范的、形式固定的谚语、格言等，如"Where there is a will, there is a way."②短语架构词块。指习惯性的以同样方式一起出现在句中的单词的组合，具有相应的语法结构，如"The more, the better."③句子框架词块。它为整个句子提供框架结构，可根据需要填入相应的词、短语或从句，具有较强的可变性，如not only... but also...；hardly... when...等。④语篇衔接功能词块。主要指表明语篇的整体走向和信息内容的组织，如on the contrary, in addition等。

3. 背　诵

背诵这一传统学习方法在现代英语教学中占有不可忽视的一席之地。Krashen提出了二语习得的可理解性输入理论，他认为，学习者只要接触大量略高于学习者当前语言水平的可理解输入，复用能力便会自然产生，语言也因此习得。Swain认为尽管可理解的输入对语言习得是必不可少的，但是成功的二语学习者更需要可理解的输出。

在写作教学中，背诵既是一种强化输入的方法，更是一种验证输出的办法。学习者通过背诵高质量的语言材料进行输入，而在写作时则把背诵中输入和吸收的重点词汇、常用短语和精彩句子等进行选择性的模仿和运用。

4. 同伴反馈

同伴反馈是"过程写作模式"中重要的一环，它是指利用同伴的力量，观察、模仿、评价同伴的作品，达到学习目的的一种反馈方式。

同伴反馈分为口头反馈和书面反馈两种。口头反馈是学生面对面讨论同伴作文的反馈形式。口头反馈贯穿于写作过程的整个阶段。写作前阶段，学生相互讨论、分析题意、概括要点。写作中阶段，学生各自进行独立写作。写作后阶段，学生以小组为单位，阅读、讨论、修改彼此的作文。同伴以批评的眼光批阅同学的作品，提出关于内容要点、语言表达、高级词汇等方面的具体意见。在课堂时间紧迫的情况下，学生可以在课下阅读修改同伴的作品。反馈的内容以书面形式呈现出来。书面反馈是指学生彼此阅读文章，写出书面的评语和修改意见。

在课堂教学中同伴反馈的益处很多。例如，同伴反馈能够帮助学生发展他们的批判性思维能力和分析能力，学生能了解到自己在写作上的优势和弱点。另外，同伴反馈能够培养学生的团队合作精神。

二、高考前英语写作强化训练模式实验的过程描述

为了利用好多媒体课件、词块、背诵和同伴反馈的优点，提高英语写作教学的效果，笔者在广东高州中学做了关于高考前英语写作强化训练模式在写作课上效果的实验研究。实验试图验证多媒体课件、词块、背诵和同伴反馈相结合是不是一种有效的在短时间内提高学生写作能力的方法。该实验持续了一个半月。为了对学生公平，笔者并没有采用实验班、平行班的做法，而是采用了同一班学生写作成绩的前测、后测的方法，以及分析同一班学生在写作强化训练前后的两批作文。下面简要说明实验的开展阶段——培训阶段和实施阶段。

1. 培训阶段

在利用多媒体课件进行话题作文训练时，教师先让学生清楚并且尽量背熟每一次与话题相关的词块（相关单词、短语、句式），每次同桌之间都要互相背诵，做好记录。无法背诵的要到英语教师处寻求解决方法。作文范文背诵则是教师运用点名器在每节课的前5分钟抽查。在进行同伴反馈培训时，教师要向学生详细讲解高考英语作文的评分标准（内容是否充实，要点是否齐全，语言是否丰富得体，行文是否连贯），修改学生的作文时主要注意：版面是否整洁，要点是否齐全，用词是否规范，是否善用高级词汇，语法结构重点检查是否正确使用时态、语态、非谓语动词、倒装句、复合句等，以及介绍同伴反馈的技巧。经过几次作文的训练，学生能够逐渐熟悉并愿意接受这种新型的学习方式。

2. 实施阶段

每节课包括六个步骤——课前抽查上一节课的范文背诵；多媒体课件展示与本课话题相关的词块，与学生共同学习，学生背诵和相互检查；完成第一稿作文；同伴反馈；教师反馈；学生课后完成终稿。

第一步，范文背诵：课前教师通过点名器抽查学生对上一节课的范文背诵。

第二步，词块学习：词块学习是通过头脑风暴帮助学生熟悉与话题相关的词块，主要模式是展示相关话题词块，学生填空并且背诵，以此来开拓思维，准备相关词汇、短语、句式，做好写作前的铺垫准备。

第三步，完成第一稿作文：学生在15分钟时间内独立完成第一稿的作文。

第四步，同伴反馈：发给学生"同伴反馈量表"。学生按照量表上提示的各项进行反馈。每篇文章根据文体的不同，具体的问题会有所不同。大体上，反馈从以下几个方面进行——基本信息是否完整，文章表达是否流畅，段落层次是否清晰，是否有语法错误，是否能用比较多的从句和高级词汇，版面字迹

是否工整。量表上列有每个反馈项相应档次的分值。小组同伴间先是口头反馈，然后形成书面评语并且给出分数。

第五步，教师反馈：教师先鼓励和认可同伴间做出的合理反馈，帮助学生树立同伴反馈的信心；然后给出教师个人的意见，帮助学生完善终稿。

第六步，完成终稿：学生根据同伴反馈和教师反馈在课后完成终稿。

三、以写一封建议信为例子进行说明

假设你是李华，你的笔友Tony最近转学了，他一时无法融入新的班集体，对此感到很苦恼。请根据下列要点用英语给他写封信。

1. 表示理解和安慰。

2. 给他提一些建议。

注意：

1. 词数：100左右。

2. 信的开头和结尾已为你写好，不计入总词数。

3. 可适当增加细节，以使行文连贯。

首先，教师在多媒体课件上列出与写建议信有关的一些词块，挖空让学生以填空的形式做出来，并且背诵出来。以下是表示话题功能的词块（此处不挖空）。

1. 照应材料

表明写作意图的建议信开头的常用句式：

（1）Reading your letter, I am so sorry to know that.

（2）I am glad to receive your letter asking for my advice on/concerning...

（3）After reading your letter, I know you have some difficulty in...

（4）It's my pleasure to share my advice on/concerning...

2. 表示安慰

（1）I assure you that you will do better next time.

（2）There is really no reason to be worried.

3. 表达建议

（1）My suggestions are as follows. First/Firstly…，Second/Secondly，Meanwhile, What's more，In the end/Finally...

（2）If I were you, I would...

（3）The best way to do sth. is to do.../There is no better way to do sth. than to do sth. ...

（4）Personally, I feel it necessary for you to...

（5）At the same time, I consider it quite easy for you to...

（6）I believe it will be much more... for you to...

（7）What if...?

4. 总结常用句式

（1）I will be more than happy to see improvements in this regard（在这一点上）.

（2）I will highly appreciate your consideration of my proposal.

（3）I strongly believe that, only in this way can you...

（4）I hope you will find these proposals/suggestions/recommendations/...useful/practical/helpful.

按照这样的思路来写作，学生的错误会减少，文章整体层次清楚，语句通顺连贯，得分自然会高。

接着，让学生在15分钟时间内独立完成第一稿的作文。学生完成作文后，相互交换作文，按照以下的反馈量表进行同伴反馈。

反馈量表

思考的问题	分析
文章的要点是否齐全	
段落层次是否清晰、版面字迹是否工整	
是否能用比较多的从句和高级词汇	
是否有语法错误	
文章表达是否流畅得体	

最后，教师根据在巡视课堂中观察到的问题进行反馈，给出范文让学生课后背诵，并让学生课后完成终稿。

四、高考前英语写作强化训练模式实验的结果

经过一个半月的英语写作强化训练，我们通过对同一班学生的强化训练前和强化训练后作文分数的统计分析可以看到，前测学生写作的平均分数是16.2分，而后测写作的平均分数是19.8分。

我们分析同一班学生在高考写作强化训练前后的两批作文时，主要是看前后两批作文使用词块的种类和数量、词汇使用、非谓语动词、倒装句和复合句

使用在数量和质量上的差异。全班共60人，每篇作文是120词左右。

前后测中使用词块的种类及数量

词块种类	前测作文	后测作文
惯用语词块	0	80
短语架构词块	180	245
句子框架词块	116	220
语篇衔接功能词块	40	308

前后测中使用其他的数量和质量

类别	前测作文		后测作文	
	数量	质量（对的数量）	数量	质量（对的数量）
高级词汇	0	0	148	148
非谓语动词	68	60	189	185
倒装句等特殊句型	37	35	136	135
复合句	142	126	264	264

从这两个表可以看出强化训练后惯用语词块、短语架构词块、句子框架词块及具有语篇衔接功能的词块数量均高于训练前，高级词汇总量大于训练前，非谓语动词、倒装句等特殊句型和复合句的使用数量均多于训练前，质量均好于前。由此看来，本次高考前英语写作强化训练模式是有效的。

探讨高中英语写作教学的有效策略

茂名市电白区电海中学 李 玲

高中阶段的英语写作教学十分重要，这是一门综合性很强的实践课程。《中学英语教学大纲》指出，写作是书面表达和传递信息的交际能力。通过科学的英语写作训练，能促进学生更加准确地掌握语音、词汇、语法等知识。因此，我们不应为了写作而教写作，而是要把写作教学贯穿在日常英语课堂的各个环节中，从学生实际水平出发，激发学生的学习兴趣，建立学生的学习信心，并培养他们丰富的想象力、逻辑思维能力，全方位提高学生的写作能力。学生是否能够运用已掌握的英语知识和技能进行思想交流，在写作中就能得到充分的体现。新《课程标准》以及《高考大纲》对高中学生英语作文的要求越来越高，在考试中写作部分占的分值也有所提升。但是学生写作能力与新《课程标准》及《高考大纲》的要求之间存在比较大的差距，这就要求我们教师重视高中英语的写作课教学，对学生进行系统化的写作训练，提高学生的英语写作水平。英语教师在日常教学中应发挥积极的引导作用，以学生为中心，激发并促进他们的英语写作兴趣，并开展自主性学习英语写作的教学活动，从而使学生掌握有效的写作策略。通过科学的英语写作教学教程，遵循循序渐进的教学原则，坚持脚踏实地的写作训练，学生的英语写作水平就一定会有质的飞跃。在高中英语教学中，重视英语写作的教学能全面发展学生英语语言综合运用能力。

一、高中英语写作教学的状况

高中阶段学生的英语写作备受关注。《普通高中英语课程标准（实验）》，强调要在英语教学中要特别注重提高学生用英语进行思维和表达的能力，形成跨文化交际的意识和提高基本的跨文化交际能力，为未来发展和终生学习奠定良好的基础。可见，学生的语言综合运用能力是非常受到重视的。英语写作是普通高中英语新课程改革中的热门话题，也是高考的必考题型，占的分数比例也有所提高。

第四章 写作教学

高中英语教学的目的在于培养学生学会运用英语基础知识来获取信息,处理信息,并进行思维和语言表达,从而提高学生的分析问题和解决问题的能力。要培养学生综合运用英语进行交际的能力,就必须提高学生的写作能力。长期以来,如何有效地进行英语写作教学一直困扰着广大英语教师。在教学过程中,教师要了解目前英语教学实情,从学生的实际情况出发,继而进行有效的英语写作教学。

在现实中,英语写作教学缺乏重视,教学方式过于老套。很多英语教师在教学中就教学材料的要求,为每个单元自行设计一些写作任务。"给出写作题目,提出具体要求,让学生在规定时间内完成写作,上交给教师批改"。这样的传统英语写作训练模式造成写作任务只是一带而过,被布置为课后作业。在正常的教学过程中,绝大部分的课时都被用来讲授语法、语言点等内容,教师缺少对题材的分析和具体的写作方法指导。部分教师只是通过范文展示各类篇章的句法和修辞规则,强调语法、拼写和标点符号的正确无误,忽视学生在整个写作过程中可能出现的问题和遇到的困难。大部分学生对于英语写作是相当被动的,缺乏学习的主动性和写作的热情,只是应付差事。同时教师教学工作任务也繁重,只能埋头批改学生英语作文的语法和词汇等细节性错误,并没有让学生有效地提高英语写作水平,也形成了"学生想到写作就心烦,教师批改习作就头痛"的局面。究其原因,学生的问题是:①词汇量匮乏,短语搭配运用不当。②受母语汉语影响,表达汉语化。③个别句型误用,语法不通。④语言信息凌乱,缺乏合理逻辑。⑤习作言之无物,内容空洞。归纳起来,即是语言运用问题。教师的教法问题有:只注重习作;忽视写前的教学导入,使学生害怕写作。学生英语写作训练很被动,但是写作教学在高中英语教学中又很重要,而教学现状不容乐观,学生对英语写作充满畏惧情绪,结果很少学生在课后认真去按照教学要求完成任务,写出来的习作质量较低。形式的写作训练是无实际效果的。

二、明确英语写作的要求和目的

在强调"听、说、读、写"四项基本技能的高中英语教学中,英语写作被认为是语言综合能力的最集中体现。《普通高中英语课程标准》对于高中英语写作教学的要求是:学生在教师引导下,通过学习英语材料,能得体地正确表述事实、观点、情感、想象力、交流信息,并形成规范的写作习惯。具体的写作任务要求是:①在一定的语境中准确使用英语语法和词汇。②使用一定的句型、词汇,清楚、连贯地用英语词语表达自己的思想。在实际的考试中,高中学生要能根据要求写不少于120个词的短文,而且要意思连贯,语言正确。也就是说,对高中学生的写作要求不仅仅是语法正确、词汇拼写正确,而且还要能够恰当地运用起承转合的写作技巧,使行文连贯流畅。

三、提高英语写作的有效策略

针对英语写作教学现存的问题,结合教学实践,在分析教学实况的基础上,提出以下对策和建议。

1. 加强学生英语书写基本功的实践训练

书写的好坏能直接给人视觉上的影响,书写也能在一定程度上体现个人的品行素养,再影响其思想和情感的表达。若书写不规范端正、字迹潦草、涂改或存在错误,纵然文章内容精彩、文笔流畅,也必然令人心生厌烦;反之,美观流利、规范的书写能给人一种美的享受,能引起读者观赏的兴趣,产生较好的交际效果,就算文章内容平淡,也能因书写而加分。所以英语书写基本功的训练不可忽视。

提高学生的书写水平,教师要做好示范。教师的板书和学生作业本、试卷批改的评语等书写是学生观察和模仿的重要资源,对学生有着潜移默化的影响,所以教师的规范板书是学生的书写典范。必要的时候,教师做些适当的书写技巧的讲解,可以让学生掌握书写的要领。

另外,布置一些有效的抄写训练,对提高学生的书写水平很有帮助。如把抄写和英语书法比赛结合起来,激发学生的抄写热情。抄写训练要注意抄写量,否则会引起学生的反感而适得其反。

2. 发挥学生的主体作用,用兴趣激发学习动机

兴趣是最好的老师。要想学生英语写作水平提高,就要培养他们的写作兴趣。趣味性活动能使乏味的英语课生动、活泼,让学生产生积极主动学习的愿望,使课堂教学达到事半功倍的效果。

教师应该鼓励学生积极地感悟生活、用心感悟时事,把体验和感受尽量用英语表达出来。如果学生对日常生活能留心观察,有所感悟和思考,那么写起来就不会堵塞思路。教师还可以在课堂上根据教材设计一些话题,引导学生思考。笔者曾经给学生一个命题"克隆技术给人类生活带来的好与坏"。学生在现实生活中对于这个话题已有一定的认识,所以他们的反应相当活跃,充分发挥了想象力。有些学生认为克隆技术给人类带来的好处多于坏处,因为克隆能挽救一些濒临灭绝的动植物，甚至可以让恐龙复活；有些学生则持反对意见，因为克隆会有道德伦理的争论，如果一些恐怖分子克隆了自己，那就会造成世界大乱；等等。学生对话题有了兴趣，就能活跃思维、拓宽思路、增强写作信心。他们还会发现写作看似很难下笔，但是只要用心思考了，也有很多内容可以写，写作积极性便逐渐地被调动起来。在一次写作中，我们遇到了一个单词："盲人"blind。这个单词已被好多学生遗忘，笔者引导学生使用其他表达法。例如：can't see anything，without the power to watch，unable to see，再由此词联想到deaf、lame等单词。这种训练能促进学生思考，主动体验到学习的快乐。只要从词句入手，再到语篇，循序渐进地进行扎实的训练，就不怕写不出好的文章来。

教师还可以通过各种课堂形式，如限时作文、优秀作文赏析等来激发学生的写作兴趣。我们应该打破传统单一的课堂教学模式，鼓励学生观看英语电视、电影，收听英语广播节目，如VOA新闻、录音等。还可以组织英语俱乐部English club，让学生有面对面的实践语言交流机会。学生在兴趣支配下可以把文章写得充实并且更加精彩动人。教师要尽可能地鼓励学生，以增强其写作的信心和兴趣，如在班级中举办英语作文比赛，给予优胜学生奖励，把获奖者的作文作为范文让学生广泛学习。

3. 充分利用现有教材，加强英语写作的基本功训练

教材是教师对学生开展英语教授和培养其语言能力的主要资源。教师应该充分利用教材内容，由浅入深，由简到繁，指导学生进行多种形式的写作训练，打牢写作基本功。

写作的基本功包括词汇、短语惯用法、习惯词语搭配、各种固定句型、语法结构等。

（1）扩大英语单词的词汇量，巧记单词。词汇量是写作的前提。没有掌握一定量的词汇，写作寸步难行。"巧妇难为无米之炊"说的就是这个道理。积累词汇量，我们可以从读音、词形变化（过去式、过去分词、现在分词、比较级、最高级等）、词性（形容词、副词）、词义、基本用法和固定用法、固定搭配等全面把握单词。或者把词汇放在课文中去教学，即将重要词汇放在一定语境里，学生理解起来也会更容易，体会更深刻，记忆更牢，掌握更牢。在教学中，笔者常要求学生在平时的英语阅读学习中，将遇到的高频词和罕见词、固定短语、句型及时地记录在一本"个人备忘录"上，以积累更多的词汇量。

（2）注重句型的巩固练习。写作应该从词、句着手。在实际的英语写作教学中，大部分学生对句子成分、结构还比较模糊。英语和汉语存在一定的文化差异，但是在语言结构上是有一定的共性的。通过一些语言的共性，先让学生清楚句子中的主谓宾、定状补等成分分别可以用什么词性的词去充当。然后理顺学生的思路，通过对文化差异的理解，和学生一起探讨句子的构造。在英语写作中，有五个基本句型：①S（主语）+V（谓语）；②S（主语）+V（谓语）+O（宾语）；③S（主语）+V（谓语）+SC（主语补足语）；④S（主语）+V（谓语）+O（直接宾语）+O（间接宾语）；⑤S（主语）+V（谓语）+O（宾语）+OC（宾语补足语）以及一个there be句型。高考的书面表达任务几乎都是要求学生以这五种句型进行扩展、延伸和变化的。让学生抓住这五种基本句的训练，把五种句型记牢，并不断地运用，能为英语写作打下坚实的基础。高中英语教材每个单元中都会有一些重要的词组及句型需要学生去记忆并加以利用；在教材配套的练习中，也有一些类似课文的句子翻译练习。英语中有相当一部分动词在不同的句型里可以表达同样的意思，即一句多译，如"我花了6000元钱买了这台电视机。"①I spent 6,000 yuan in buying this TV set.②I spent 6,000 yuan on this TV set.③I paid 6,000 yuan for this TV set.通过简单直观的句型教学减轻了学生学习英语的心理负担，掌握并巩固了所学句型，就可以收到事半功倍的效果。

英语中的动词时态和语态的变化是有规律的。首先，要帮助学生掌握这些规律，以及和各种时态连用的时间状语。学生必须要掌握构成时态和语态的动词的过去式、过去分词、现在分词、动词第三人称单数形式的规则变化和不规则变化形式。学生记住了时态和语态的基本定义、基本形式和标志，再做相关练习，就能灵活地运用。这样就能减少作文中的语法错误了。

俗话说"冰冻三尺，非一日之寒"。英语写作能力的提高并非是一蹴而就的，在教学过程中必须由浅入深、由简到繁、由易到难、循序渐进，一环紧扣一环地进行巩固训练。如翻译句子："我花了1个小时去购物。"可表达为：①I spent an hour（in）going shopping.②It took me an hour to go shopping. 其中的spend、take都可以表示花费时间做某事，另外花费金钱购物还可以用pay、cost。通过句型的反复训练，教师可以帮助学生逐步克服畏难情绪，降低学生完成作业的难度，提高学生学习英语写作的积极性和主动性。

4. 连接句子，组成文段

学生掌握了一定的句型量，并能较流畅地运用句型进行造句时，就可以把各个句子连接成一个有主题的文段。这又成了学生在进行英语写作中的一大难题。这时候，就需要学会运用各种连接词及非谓语动词等较为复杂的短语或者语言结构。以下是书面表达中常见的一些连接词：表时间——when, while, during, before, after, as soon as, the moment, at the same time, as, until, till；表并列——and, both...and, as well as, but；表因果——because, as, since, for, so, as a result（of...）, thus, therefore；表条件——if, unless, so（as）long as, on condition that；表选择——or, either...or, neither... nor；表目的——so that, in order that, in order to, so as to；表对比——while, however, but, and yet, on one hand, on the other hand。利用这些连接词和短语把句子连起来，组成一段有主题的文章段落，就能让文章有连贯性。

5. 引导学生理顺思路，把握作文各段的大意，写出结构完整、主题鲜明的英语作品

　　高中英语写作一般分三段，即引导段、支撑段、结束段。在引导段中，一般都是对提供的阅读材料概括大意，然后引出写作话题，这样就很好地把泛读和写作有机地结合在一起了。如2008年的广东高考英语作文就是要求考生就所提供的英文材料——Mike关于大学生活的发言，以约30个词进行要点概括，然后以约120个词谈谈自己理想的大学生活。如果考生有相应的阅读经历和背景知识，这种文章很容易下笔。"图式理论"（schema theory）认为背景知识在学生的语言活动过程中起着非常重要的作用，所以相应的背景知识能够给学生的写作带来很大的帮助。引导段的主题句（theme statement）不能只简单地引述原文陈述事实，而是要通过句型、短语的转换，在理解阅读材料的基础上写出来，而且要说明文章的观点，这里考的就是学生的语言概括能力。支撑段即是文章的主体。这一段是围绕引导段中的观点进行阐述，紧扣要点，扩写成文，引导学生运用有力的事实和例子对中心句进行充分论证。同时还要分清主次，把与主题关系最密切、最能体现主题的信息提炼出来进行详写，对次要的信息进行略写。结束段简要重述观点，即是篇尾点睛。

　　最后，对习作反复检查，修正错误。完成写作，把其扩写成文后，检查修改是一个不可忽视的步骤。写好初稿后还要反复修改拼写、标点方面的错误，以免因为小错误而丢分。文章检查时必须要注意以下几点：①文章的主题是否明确；②内容是否遗漏要点；③文章内容的层次分配是否合理；④段落的过渡转换是否清楚自然；⑤句型是否单调；⑥用词是否准确；⑦句子是否缺少必要的成分；⑧主语和谓语是否配合恰当；⑨时态、语态是否准确；⑩大小写和标点符号是否正确。

写作过程是一种复杂的、有目标的、循环往复的活动,包括计划、述写和复查三个过程。写作者在写作前必须对材料进行剪裁、安排、重新组织并确立目标,然后把思维转换成文字,最后对写出的东西加以重审。在写作过程中,教师的职责就是给学生营造一个轻松、自由的写作氛围,并通过多样化的写作活动,让他们在反复的写作与修改中拓展思路、完善文章。

四、英语写作教学过程的苦与乐

英语写作教学是一个循序渐进的过程,每个阶段都有不同的要求。学生从讨厌写作到乐意写作,从无处下笔、内容空泛到有话可写,再到喜欢写,这个过程的实现需要教师和学生付出艰辛的汗水。教师巧妙、周密地安排教学过程,促进教学成果,师生才能共同享受每个阶段所带来的教学乐趣。

谈中学生英语作文的批改

广东高州中学　梁冠华

很多英语教师对批改学生的英语作文感到头痛。对此，有的教师抓住学生的错误不放，有错必纠，改到最后，变成了教师自己的作品，挫伤学生语言表达的积极性；有的教师对学生的语言错误听其自然，认为熟能生巧，只要多写，错误便能自我克服，要求学生一周写好几篇，然后收来写个"阅"字便算"批改"了，时间一长，学生就会得过且过，胡乱凑合一篇上交，有的索性不写了。

那么，如何解决作文批改这一难题呢？下面谈谈我的做法。

学生的语言错误大致可分为三类。

第一类：形成系统前的语言错误。学生在掌握某些语法规则或语言规律之前，常常犯一些毫无规律的错误。这种语言错误的特点有二：一是学生无从解释他为什么要这么写；二是虽经他人指出，他也无法自行改正。

第二类：形成系统的语言错误。学生对语言知识已经形成了某种系统，但又不完整，因而出错。①学生根据第三人称单数现在时的形态概括出加s的规则，进而套用到其他类型的结构中。如He can sings. He did not asks me.这是"过度概括"所致。②学生学了He showed me the book. He said to me.就照此类推而造出错误的句子：He explained me the book. He asked time.这是"忽略了规则的限制"所造成的，句型操练往往是引起这类错误的一个原因。③学生学会了构成特殊疑问句的规则：先要有一个疑问词，然后把谓语动词放在主语的前面。如Where is she? 待他再学复合句的规则时，把"I don't know where she is."说成：I don't know where is she.这是"应用规则不完全"的结果。这类语言错误的特点是：学生能做解释，说明他为什么这样说，但是他不能自行改正。

第三类：形成系统后的语言错误。学生已经掌握了比较完整的语法规则和语言规律，但尚未形成语言习惯，因而犯了错误。例如，知道go的过去时为went，知道动词过去时的规则变化为末尾加-ed，但是由于尚未养成习惯，仍会说goed。这类语言错误的特点是：学生既能解释，又能自行改正。

明确了学生语言错误的类型及其特点后，我就对不同类型错误采取不同处理方法进行作文批改。对第一类语言错误，我采取容忍的态度，不逐个指出和改正，因为这些错误是超发展阶段的。随着学习的进展，部分能被克服，部分将转变成第二类语言错误。对第二类语言错误，我不但要给予改正，而且要做一些必要的解释。因为这是学生正处于形成语言系统的阶段所出现的错误，教师的及时帮助能使他更快地形成正确完整的概念。对第三类语言错误，我在批改中只做些标记，让学生自己去更正。教师不必改，亦无须多做解释，这样既锻炼了学生，又减轻了教师的工作量。

在批改作文的实践中，我觉得对学生的第二类语言错误还可做进一步的处理。我们知道，英语学习是有阶段性的。同样，学生的第二类语言错误在不同的学习阶段，出现的错误也是相对集中的。因此，我针对学生不同的学习阶段，确定不同的语言错误作为批改的重点。例如，第一阶段要防止诸如主谓不一致的严重错误，我就把它作为本阶段批改的重点。第二阶段，提高要求，把时态错误作为批改重点。如此下去，逐步提高要求。这样就做到了对学生的语言错误心中有数，"各个击破"，而不是"眉毛胡子一把抓"。坚持下去，当中学阶段结束时，学生的英语写作就得到了系统的训练。

书面表达中语言错误的统计及教学中要注意的问题

广东高州中学　梁冠华

一、问题的提出

全日制中学英语教学大纲要求学生在有提示词语的条件下，写出100个词左右的短文，意思连贯，无严重语法错误。高考《考试说明》要求考生根据所给情景和要求，包括目的、对象、时间、地点、内容等，写一篇100个单词左右的书面材料，要切中题意，文意通顺，语言准确、得当。然而，目前很多学生达不到这些要求。原因何在？教师经常说学生的书面表达差。差在哪里？一个学生经过中学阶段的英语学习，写起文章来究竟会出现哪些错误？我们有必要对此进行统计、分析和研究，为搞好书面表达教学、提高学生书面表达能力做些基础工作。

二、统计结果和梯次的建立

错误统计要求尽量做到有代表性。为此，我用全国高等学校招生统一考试英语试题第二卷书面表达对我所任教的高三年级的两个班进行了一次测试。参加测试的学生有108人，测试时间是30分钟。测试后，我对试卷的错误进行了详细的统计。列表如下：

统计结果

错误项目	错误个数	错误项目	错误个数
1. 单词拼写错误	339	5. 名词的数错误	53
2. 时态错误	205	6. 分词错误	48
3. 介词错误	102	7. 过去时态形式拼写错误	48
4. 冠词错误	78	8. 动词的数错误	38

续 表

错误项目	错误个数	错误项目	错误个数
9. 动词使用不当	35	16. 代词使用不当	24
10. 多余谓语错误	32	17. 名词使用不当	20
11. 缺宾语	32	18. 动词不定式错误	18
12. 缺谓语	29	19. 缺主语	17
13. 语态错误	28	20. 形容词使用不当	9
14. 主谓不一致	27	21. 其他错误	
15. 副词使用不当	24		

对上表进行归类处理,建立一个倒三角形"错误阶梯",如下所示。

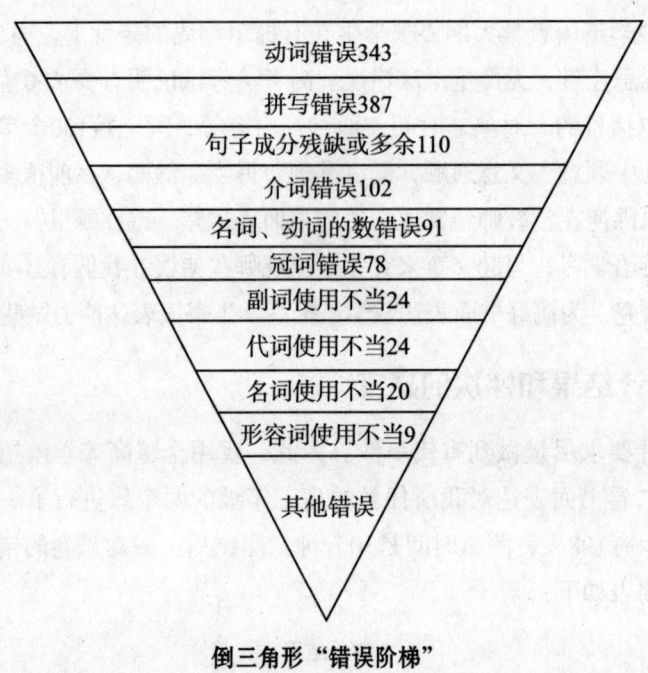

倒三角形"错误阶梯"

三、教学中应注意的问题

上表清楚地显示学生的书面表达具体会出现哪些错误,"错误阶梯"则说明各主要类型错误的数量。在对学生的语言错误做到了心中有数之后,怎样使学生尽量克服这些错误呢?

第四章
写作教学

　　书面表达是学生英语综合水平的体现。所以，在教学中，我们应摒弃旧观念。不应把平时的教学和书面表达训练分开来看待。语法、用词造句、汉译英、改错、阅读理解等的教学和训练，是提高书面表达水平的基础和保证。在整个中学阶段，特别是初、高级阶段，要加强单项内容的教学，在此基础上，中、高级阶段再进行写作训练，到了高考，就会收到水到渠成的效果。

　　学生出错数量最多的是单词拼写。这说明学生的词汇量不大，单词记忆准确度不够。要解决这个问题，我们应强调单词的记忆和加强单词的考核以及教给学生单词的记忆方法。尤为重要的是，要帮助学生归纳总结单词拼写规则。单词拼写的困难主要是由于拼写与读音不一致。学生熟练掌握了拼写规则，就可以大大提高拼写单词的能力和准确度。

　　大量的拼写错误也说明记忆和运用并不完全是一回事。一个单词，如叫学生默写或听写，他可能会很轻松地写出来。但在一篇书面表达中，这个单词学生可能会写错。要实现从记忆到运用，循序渐进的训练是有效途径。不要奢望学生写几篇文章，就会有立竿见影的效果。训练要由浅入深，由低级到高级，一步步进行。比如，可先从训练学生改正句子或段落的错误做起，接着用单词或词组造句，然后连句成段，最后进行整篇写作训练。

　　除了拼写错误，其他如动词运用等的错误也是严重的。要使学生少出这些错误，我觉得，教师对学生写作的具体指导必不可少。我们应提醒学生，在写作过程中，要注意：①每运用一个动词，首先要弄清楚它是作谓语还是作非谓语。接着确定这个动词该用什么时态、什么语态，是用第三人称单数还是复数。然后看看修饰这个动词的是副词还是形容词。如果是形容词，一般来说是错了，应把它换成副词。②写完一个句子后，应检查是否有主语和作谓语用的动词。如果是及物动词作谓语，它后面应有宾语。逐句检查，可以克服句子主要成分残缺的毛病。③名词的使用要先看清楚是可数还是不可数。如果是可数名词，要确定应用单数还是复数。不管是单数或者复数，只要是特指，名词的前面一般要有定冠词。最后，看看是否应有介词与名词搭配。在中学英语中，除了几个特别活用的介词之外，介词与名词的搭配很多都是固定的，或者说是惯用的。学生在日常的学习中应强记介词与名词的搭配。

　　要使学生克服书面表达的语言错误，教师对其文章的快速批改，增加学生写作的次数也是有效的途径之一。学生在书面表达中所出的各类错误的数量不是等同的。据此，在学生不同的学习阶段，我们就可以确定某类语言错误作为某阶段批改的重点。在某一个阶段应确定哪类错误作为批改的重点？遵循的原则应是先易后难。所以，确定语言错误应从倒三角形错误阶梯的底部开始，逐级往上推进。这样分阶段对学生的语言错误"各个击破"的方法，可以减轻教师批改书面表达的工作量，自然就会增加学生的写作密度。学生写作的机会多了，犯的错误就会越来越少。

学生英语作文点评及作文指导

广东高州中学　梁冠华

在最近的一次作文训练中，我在所教的班让学生以 "No Pains, No Gains" 为题写一篇作文。写作提示：解释谚语；举例说明；得出结论。词数：150~250。

我批改后，挑选其中比较好的一篇学生习作，在班上进行点评，并对学生如何写好英语作文进行指导。学生习作如下：

No Pains, No Gains

　　As we all know, "no pains, no gains" is an influential proverb stressing the importance of hard working. It tells us that only by working hard can we achieve our goals, and on the contrary, the one who is lazy will never gain the things he wants.

　　Li Yundi is a famous pianist in the world. Most of us are amazed at his perfect performance, but few of us know how much time and energy he has spent in practising. He started playing the piano when he was only 5 years old. He never gave up practising even though he met difficulties. When other children at the same age were playing games outside or watching TV, he was playing the piano, totally absorbed in the beautiful music. He also took part in many competitions to improve his skills. Finally, he became world-famous when he won the champion in Chopin International Piano Competition, which is one of the best-known piano competitions in the world. And he is the first Chinese pianist to receive such a great honour.

　　Li Yundi would never become so successful if he didn't practise so hard. And we wouldn't gain what we want if we didn't work hard. No pains, no gains.（209 words）

　　这是一篇好作文，好在哪里？在高中阶段，作文是好还是不好，评判标准是这篇文章在考试中是否能拿高分。在高考中，作文是否能获得高分，主要看两方面：一是语言；二是内容。

一、语言表达

1. 句子无错误

通观整篇文章，句子没有错误，或者说评卷老师在几十秒内很难找出错误。避免语法和拼写的低级错误，避免被扣印象分，是学生在写作文时首先要做的事情。语言表达无错误是作文拿高分的前提，是好文章的基本标准。

2. 使用了较多的复合句

这篇文章用了12个从句，从而构成了大量的复合句，下面列举几个。

（1）As we all know, "no pains, no gains" is an influential proverb stressing the importance of hard working.

（2）It tells us that only by working hard can we achieve our goals.

（3）...the one who is lazy will never gain the things he wants.

（4）...few of us know how much time and energy he has spent in practising.

（5）He started playing the piano when he was only 5 years old.

（6）He never gave up practising even though he met difficulties.

（7）When other children at the same age were playing games outside or watching TV, he was playing the piano...

（8）Finally, he became world-famous when he won the champion in Chopin International Piano Competition, which is one of the best-known piano competitions in the world.

（9）Li Yundi would never become so successful if he didn't practise so hard.

（10）And we wouldn't gain what we want if we didn't work hard.

整篇文章共有13个句子，该学生用了12个从句，表现出运用语言的高水平。高考评卷老师有一个默认的倾向，给比较多地、恰当地运用主从复合句的文章打高分。

3. 句式多种多样

（1）有9个词的简单短句：Li Yundi is a famous pianist in the world.

（2）有25个词的复合长句：When other children at the same age were playing games outside or watching TV, he was playing the piano, totally absorbed in the beautiful music.

（3）有分词短语结构：...an influential proverb stressing the importance of hard working./When other children at the same age were playing games outside or watching TV, he was playing the piano, totally absorbed in the beautiful music.

（4）有动名词结构：He started playing the piano when he was only 5 years old./He never gave up practising even though he met difficulties.

（5）有倒装句结构：It tells us that only by working hard can we achieve our goals...

（6）有虚拟语气结构：Li Yundi would never become so successful if he didn't practise so hard./And we wouldn't gain what we want if we didn't work hard.

这位学生采用多样化的句式进行表达，显示出较强的语言功底，大大提高了作文的档次。

4. 使用关联词衔接句子

（1）...and on the contrary, the one who is lazy will never gain the things he wants.

（2）...but few of us know how much time and energy he has spent in practising.

（3）He also took part in many competitions to improve his skills.

（4）Finally, he became world-famous...

（5）And he is the first Chinese pianist...

（6）And we wouldn't gain what we want...

通过使用顺序（finally）、并列（and）、转折（but, on the contrary）、补充（also）、说明、强调、因果、结论等连接词，进行句子和段落的衔接与拓展，使文章流畅、一气呵成，从而获得较高的评分。这位学生娴熟地运用了这些写作手段。

5. 句子平均用词量显示出较强的语言功底

全文13个句子，用词209个，平均每个句子用词16个。据统计，现代英语写作中，专业写作者每个句子的平均用词量是20～25个，而这位学生的平均用词量达到16个，虽然不及专业写作者，但也显示出较强的语言功底，与专业写作者平均用词量的差距并不大。

二、作文内容

这篇文章在第一段"解释谚语"中写道：谚语"不劳则无获"强调勤劳的重要性，只有勤劳才能实现目标，懒惰的人会一事无成。学生对谚语的意义把握准确，解释中肯。

在第二段"举例说明"部分，学生写著名钢琴家李云迪的成长经历：5岁学钢琴，遇困难不放弃，放弃同龄人的爱好而专心练琴，参加各种比赛，获得肖邦国际钢琴大赛冠军，成为国际知名钢琴好手，是中国获此殊荣的第一人。

在第三段"总结"部分，学生言简意赅，以"李云迪如果不如此勤奋努力就不会如此的成功"为铺垫，做出最后总结"不劳则无获"，回应文章主题。

作文，尤其是考场作文，对内容的取舍，一般的处理方法是这样的：不假思索就能想到的东西，绝对不要写；稍加思索想到的也不要写；要花上几分钟，想别人想不到的内容来写。这篇文章选材与众不同，甚至出人意料，说明这位学生阅读广泛，或生活经历丰富，而且深谙作文选材之道。"读书的厚度就是作文的深度""作文是生活经历的反映"。多读书，多参加课外活动，多参加社会实践活动，是得心应手地选材的前提。

总之，在语言表达方面，这篇文章有很多能获高分的亮点。在内容方面，选材独到，符合优秀作文的选材要求，是一篇好作文。

网络环境下的高中英语写作教学探索

茂名市第十中学 任晓玲

《普通高中英语课程标准（实验）》中对写作的要求是：能用英文书写摘要、报告、通知和公务信函等；能比较详细和生动地用英语描述情境、态度或情感；能阐述自己的观点和评述他人的观点，文体恰当，用词准确；能在写作中恰当地处理引用的资料及他人的原话；能填写各种表格，写个人简历和申请书，用语基本正确、得当；能做简单的笔头翻译；能在以上写作过程中做到文字通顺，格式正确。

传统英语写作教学中存在的问题：

（1）教师方面。写作教学方法陈旧，对"成品"过于重视，对"过程"指导不足；对写作教学的重视程度不够；批改方式单一。

（2）学生方面。存在阅读量不足、写作基础较差、写作技巧欠缺等问题。

写作教学一般有教师命题—学生写作—教师批改三个环节，教学流程相对封闭，缺乏多向互动和实质交流。学生只能从教师那里得到少量的单方面反馈信息。作文更多时候是学生的个体行为，学生之间较少沟通借鉴，难以发生思维碰撞，也不好实现资源共享。基于以上种种问题，网络教学在一定程度上可以较好地解决写作教学的封闭状态、被动状态和单向灌输状态等问题，从而增强课堂的开放性、学生的主体性和传授的互动性。

一、网络教学环境的构建

网络环境下的写作教学，是将现代教育思想作为理论基础，把多媒体网络环境作为写作教学的一种辅助手段，注重调动学生们的写作积极性，培养他们的主动性与创造性，挖掘他们的创新能力以及提高其信息素养的新型写作教学形式。网络教学环境有利于学生积累写作素材，有利于教学情境的构建，有利于师生之间、生生之间的互动，有利于减轻教师评阅作文的负担。

在教学中，我们使用Moodle教学平台。Moodle是澳大利亚教师Martin Dougiamas基于建构主义教育理论而开发的课程管理系统，是一个免费的开放源代码的软件,目前在各国已广泛应用。Moodle的全称是Modular Object-Oriented Dynamic Learning Environment,即模块化面向对象的动态学习环境的缩写。Moodle可以作为信息技术与课程教学整合的一个平台。它是一个用来建设基于Internet的课程和网站的软件。Moodle平台依据建构主义的教学思想,即教育者(老师)和学习者(学生)都是平等的主体,在教学活动中,他们相互协作,并根据自己已有的经验共同建构知识。Moodle平台提供的主要功能模块有:课程管理、论坛、测验、资源、投票、问卷调查、作业、聊天、专题讨论、互动评价等。Moodle会将学生登录平台的时间、所学的课程、参加的讨论等学习活动自动地记录下来,并以图形的形式形成报告显示出来,这样既有利于学生及时了解自己的学习成长过程,又可让任课教师全面了解学生的学习状况,以便针对学生的现状对教学进行及时的调整。另外,Moodle课程特别重视多种教学评价的设计与实施。这种评价方式的多样化优势就在于能使教师从整体上把握学习的方向性,及时发现与解决学生在学习中遇到的问题,为更好地开展写作教学提供了有力的支持。

二、网络教学环境下的教学设计

1. 教学设计

Moodle平台下高中英语写作教学的基本结构图如下所示。教师在Moodle课程平台中创设情境、提供范文等素材、明确写作任务、提供写作工具及发表与交流平台。在课程教学过程中,教师的活动包括规划组织、写作指导、提供建议、实施监控和组织协调、评讲反馈等。而学生则通过教学情境和范文,了解相关内容,明确任务,进行写作训练、发表进行互评等。

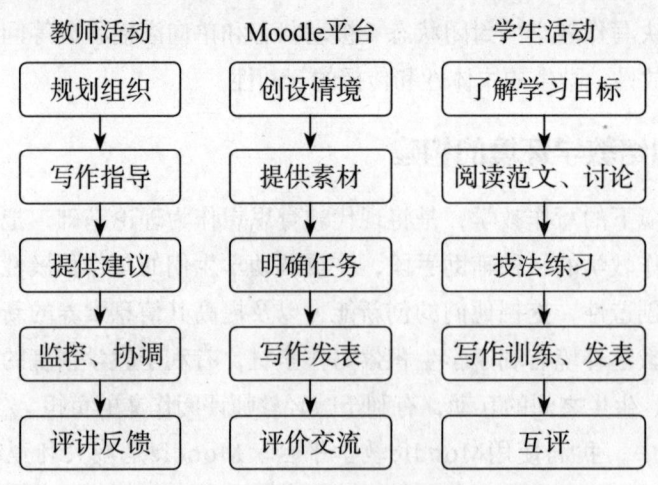

Moodle平台下高中英语写作教学的基本结构图

2. 课程实例

以写作课程How to keep friends为例。

（1）教学设计：采用任务型教学法。①确定题目和任务后，教师启发学生思考，阅读相关材料，回忆写作中所需要的相关词汇，必要时通过多媒体展示相关内容，然后教师在黑板上进行总结或借助多媒体把关键词语呈现给学生。教师可先通过展示一些有关友谊或本班同学相处的图片等，以激发学生的学习兴趣。然后教师可引导学生说说自己的好朋友，尽可能用到本模块所学过的词汇：close，trust，chat，be on good terms，get on very well，keep in touch，get to know，personal matters，be similar to，considerate，warmhearted，honest，等等。②分组讨论（均匀分配不同程度的学生），要求学生围绕写作话题借助有关词汇，根据给出的问题和提供的一些相关材料，人人动口，积极思考和讨论。同时教师提醒学生在讨论中尽量使用正确的时态、语态并用英语交流。这一步也是学生英文写作收集素材的过程。教师可参与到各个组中，帮助学生解决疑难问题，并根据不同的写作内容和各小组的实际水平适当给他们提供一些新的词汇，同时鼓励那些平时不善于言谈的学生开口交流和帮助基础较差的学生。③教师归纳总结，学生完成写作任务。④作文评价与交流。可采用一些评价机制，包括学生自评、学生互评、教师评价、全班反馈、范文共赏等环节。

（2）网络课程的制作。有了好的教学设计，网络课程的制作则十分简单，通过在Moodle教学平台中添加课题、课件、相关资源和活动内容，可以快速生成网络课程。本课例中的课程界面，如下图所示。

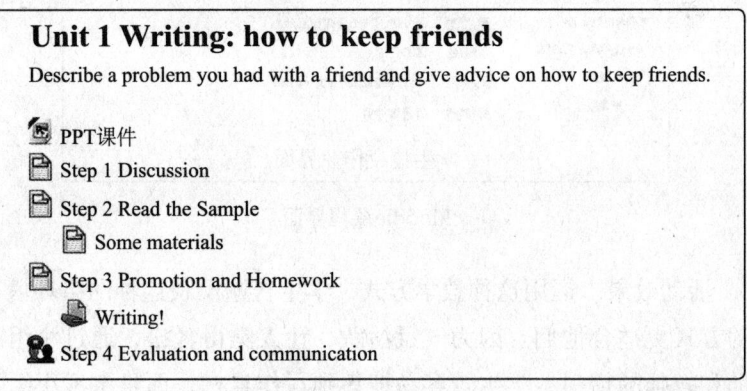

教师编辑界面1

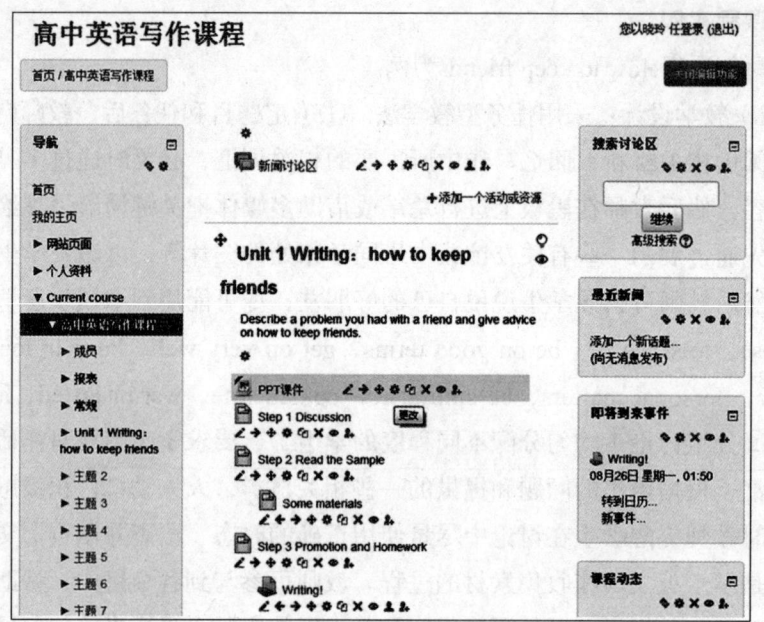

教师编辑界面2

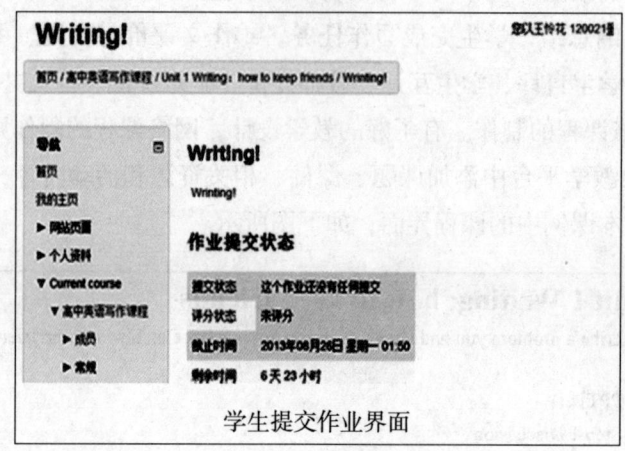

学生提交作业界面

Moodle课程界面

（3）活动效果。运用这种教学方式，学生普遍反映这种网络环境下的讨论和写作的方式更适合他们。因为气氛活跃，让人觉得轻松，通过小组的讨论、互相帮助和教师的指引，学生较容易搜集到写作素材，而且参考小组素材再结合自己的观点，就更容易下手写作了。每个小组都能写出较为优秀的文章，而且，学生完成作业情况非常好，能充分运用课上所讲的相关词汇和表达方式；有些学生的文章写得相当好，可以作为范文展示。总而言之，这种写作教学法既激发了学生的写作兴趣,又提高了他们的口语表达能力,同时还培养了他们的群体合作精神,而且也达到了师生互动交流。

3. 注意事项

开展网络教学,教师需要做好以下工作。

(1)教师要为学生提供必要的指导。在网络课教室中,中学生容易受网络信息干扰,教师必须把握好课堂节奏,巡回指导,以提高学生的学习效率。

(2)教师要以多种形式呈现教学内容,要充分发挥网络平台的优势,提供多媒体的教学材料。

(3)教师要提供合适的拓展阅读资源。基于Moodle的网络教学是充分体现以学生为主体的一种教学模式,教师必须充分备课,提供更多的阅读资源,以防出现部分学生"吃不饱"的现象。

(4)教师要重视开展协作学习和集体交互。基于网络教学平台,可以非常方便地开展交流和协作。教师在教学设计时,必须要充分认识到这一点,并准备相关的活动环节。

三、结 语

在现代教育思想和现代教学理论指导下,通过Moodle可以为学生提供一个自主学习、协作学习的平台,充分发挥网络的优势,拓展课堂的宽度,培养学生的自主探究能力和协作能力。Moodle平台在高中英语写作教学中,对提高学生写作水平具有重要的推动作用,这种整合在很大程度上弥补了传统写作教学中存在的不足。从学生的表现与交流中可以看到,与以前相比,大部分学生的写作热情更加高涨,而且文章的质量也有了大幅度的提升。

浅谈高中生在英语写作中存在的问题与策略

广东高州中学 王晓凤

高考英语读写任务是25分，占有较大的分值，所以其重要性不容忽视。但是在平时的英语教学中，我发现高中学生的写作水平普遍不理想，还存在较多的问题，我将其总结为三大方面：词汇低级，中国式英语思维，句式单一。在此，我结合教学实践和学生的写作实例，对高中生在英语写作中存在的问题一一展开分析，并提供一定的策略。

一、词汇积累不足

高考英语试题中的五种题型：阅读、完形填空、语法填空、改错和写作，虽说都涉及篇章的理解，需要扎实的词汇基础，但是写作却是对学生词汇积累要求最高的一部分，直接测试了学生的词汇再现能力，如果学生的词汇量不足，在考试中的写作部分就会很容易暴露出来。因此，词汇量不足是导致学生写作不能取得高分的直接原因。在平时的教学中，与学生交流时，很多学生都反映每个单元的单词都花很多时间去记，已经记得很熟悉了，但是到考试的时候就是想不起来，甚至记完单词的第二天就淡忘了。其实，他们缺乏的是重复记忆，即没有在遗忘之前反复记忆，刺激神经元。德国心理学家艾宾浩斯（H. Ebbinghaus）研究发现，遗忘在学习之后立即开始，而且遗忘的进程并不是均匀的。最初遗忘速度很快，以后逐渐缓慢。他认为保持和遗忘是时间的函数。根据著名的艾宾浩斯记忆遗忘曲线，时间间隔与记忆量的关系如下表所示。

时间间隔与记忆量的关系

时间间隔	刚记完	20分钟后	1小时后	8~9小时后	1天后	2天后	6天后
记忆量	100%	58.2%	44.2%	35.8%	33.7%	27.8%	25.4%

因此，学生在记单词之后不能记过就完事，应该不断地重复记忆，加深

记忆。比如，根据艾宾浩斯记忆遗忘曲线，记完的单词，我们10分钟后再次复习、记忆，30分钟后再次复习，2小时后再次复习，以此类推，复习的时间间隔可以逐渐增大。温故而知新，如此，就不至于很快淡忘，或者在考试的时候想不起来。有研究表明，如果在学习中重复遇到一个单词7次，就能把这个单词记牢。当然，这个重遇也有时间间隔的要求。除此之外，学以致用是加深记忆的最有效的方法。在教学中，我常常跟学生们强调，学到了新单词，首先我们要注意该单词的读音和音标，通过音标来帮助记忆，把单词记好后，要把它运用起来，用自己已经掌握的单词和新单词一起造句，创造一个意境。因为相比单一的单词，在我们脑海中创造出的一个意境，可以帮助我们更好地把新单词记牢固。

二、中国式英语

中国式英语是指中国的英语学习和使用者由于受母语的干扰和影响，硬套汉语规则和习惯，在英语交际中出现的不合规范或不合英语文化习惯的畸形英语。这种英语往往对英语国家的人来说不可理解或不可接受。同样，在英语考试写作中出现中国式英语，亦称Chinglish，也是不能取得好成绩的另一个原因。因为受母语思维的干扰，很多学生在写作中会把脑海中想要表达的中文意思，一字一词地翻译成对应的英文单词，而忽略英语的句式和语法。比如学生想表达"我来自×××中学"，Chinglish的表达：I from ×× Middle School.正确的表达应是：I am from ××× Middle School./I come from ××× Middle School.出现这样的错误正是由于受母语思维的干扰，英语语法基础不扎实，英语的五种基本句型之一"主语+系动词+表语"结构没有掌握好。当学生的英语语法基础不扎实时，就会容易受母语的干扰，从而直译句子，忽略英语语法，出现错误的英语句子。

另外，汉语语序与英语的五种基本句型存在不一致性。请看下表。

汉语语序与英语的五种基本句型对比

汉语	英语
主语+形容词（名词） 例如，游戏很刺激。 今天星期三	主语+系动词+表语 The game is very exciting. Today is Wednesday

续 表

汉语	英语
大主语+小主语+小谓语 例如，任何一题我都会做。 我任何一题都会做。	主语+谓语+宾语 I can do every question.
（主语缺）+谓语 例如，下雨了！	形式主语+谓语 It's raining now!

再者，汉语修饰成分的语序与英语语序有所差异。修饰成分，是指在句子中起修饰作用的部分，有定语、状语、宾补（主补）、同位语等。其中，汉语和英语在定语和状语的语序方面差异性较大，现在以定语和状语为例，做出相应的比较。

定语和状语对比

定语	状语
挂在墙上的画很美。 The picture on the wall is beautiful.	1970年5月 in May, 1970
他是半夜唯一醒着的客人。 He was the only guest awake at midnight.	南湖二区10号 No.10th., second district, Nanhu.
我们试尽了一切办法。 We have tried every means possible.	我们乘车去上学。 We go to school by bus.
她瘦小憔悴的脸上怒容满面。 Her face, thin and worn, was ablaze with anger.	我早上六点钟起床。 I get up at 6 o'clock every morning.
电脑出了问题。 There's something wrong with the computer.	儿童节那天，孩子们在公园里开心地玩游戏。 Children played game happily in the park on Children's Day.

因此，学生英语语法基础不扎实，就会容易直译汉语意思，忽略语法对句子语序的要求，写出了Chinglish。这是较多英语成绩不理想的学生在写作中存在的问题，也是他们不能取得写作高分的重要原因。在英语学习中，语法非常重要，这是能写出正确句子的前提，所以，学生应该认真学习语法，通过相应的练习把语法巩固好。

三、不会写复合句，句式单一

许多高中生在英语写作中的句式过于单一，也是写作不能取得高分的原因之一，这个问题也是一些写作水平中等的学生无法突破，闯进优等作文行列的绊脚石。英语作文要有所突破，必须要灵活运用多种句式，不能重复出现简单句，如果在写作中简单句较多，就会有"流水账"的感觉，自然不属于优等文章，无法获得高分。因此，学生在平时的英语学习中，应该对虚拟语气、倒装句、强调句型、介词短语、定语从句和名词性从句等句型加以巩固，并且将其运用到写作中。在平时的英语教学中，我会引导学生"升级"他们的文章。比如，我会给学生布置一个写作任务，要求学生在课堂上限定的时间内完成。再要求学生第二天修改一次，有意识地研究自己写的两个或三个简单句能否改写成复合句，句与句之间是否可以使用适合的过渡词等。现以2018年普通高等学校招生全国统一考试英语科书面表达为例。

假定你是李华，你的新西兰朋友Terry将去中国朋友家做客，发邮件向你询问有关习俗。请你回复邮件，内容包括：

1. 到达时间。
2. 合适的礼物。
3. 餐桌礼仪。

注意：

1. 词数100左右。
2. 可以适当增加细节，以使行文连贯。

学生作文1：

Dear Terry,

　　I want to share China customs about supper with you. The owners like the guests to arrive early. You can bring a gift. They will be happy. People in China don't like using knives and forks to eat. They want to use chopsticks. You can learn to use them before you go to the owners' home. It is an easy and interesting thing.

　　I hope you can enjoy yourself.

学生作文2（升级版）：

Dear Terry,

　　It's my pleasure to share Chinese customs about super with you.

　　In China, the owners prefer the guests to arrive earlier at their home than on time.Perhaps the owners have a desire to see the guests who are invited arrive. Besides, to make the owners delighted, you should prepare a proper gift, which will show your respect and honor. It is generally assumed that the guests will be kept having the super.

In China, people would use chopsticks rather than knives and forks. If you want to do as the Romans do, you had better practise how to use them before you visit the owners. It is easy to learn and it is also an interesting thing.

I do hope you enjoy yourself and make Chinese customs' acquaintance.

通过上面两篇文章的比较，不难发现，学生作文1都是简单句，而且句与句之间没有过渡词，也没有适当增加细节，使得文章内容更充实饱满。经过修改、"升级"后，作文2中词汇相对高级，而且避免了较多的简单句出现，使用了形式主语it句型、不定式作状语、if条件句等复合句，另外，使用了过渡词，使得文章更加流畅，属优等文章。

因此，学生应该在平时的学习中多次重复修改和"升级"自己的写作，只有养成这个习惯，通过一定时间的训练，自己在考试中写出的词汇才能更高级，句式才能多样化，避免单一句式。同时，应该注意积累一些常用的过渡词，在写作中多使用，使文章过渡更加自然。至于细节方面的拓展，学生需要多阅读各种题材的作文范文，积累不同话题的论点、观点，拓展个人视野，只有这样才能在考试写作中增加文章细节，使其充实饱满，不至于泛泛而谈，内容空洞。

通过上述的分析，我们可知高中生在英语写作中存在的问题主要有三个方面：词汇积累不足；中国式英语；不会写复合句，句式单一。为了提高写作的水平，写出更优秀、更高级的文章，学生在记忆单词时应该注意重复记忆，避免遗忘；另外，要注意汉语与英语的不同，巩固英语语法知识点，避免因语法基础不扎实，而写出中国式的英语句子；再者，在平时的写作练习中，要养成多次修改和"升级"的良好习惯，做到能使用更高级的词汇，熟练使用过渡词和多种多样的句式，避免文章内容空乏，写出更优秀的英语作文。只要持之以恒，我相信学生们一定能取得更大的进步。

中学生英语写作问题分析及能力养成初探

广东高州中学初中校区　夏国君

一、英语写作能力与水平现状

近年来，中学生英语写作存在的问题主要有：学生不会审题，抓不全写作要点；不会使用主题句和支撑句组段；缺乏语篇衔接与连贯意识；不知如何修改自己的作文；英语写作态度不端正，习作中乱涂乱画现象严重，等等。

一项对我校40位英语教师的问卷调查显示，40%的教师主要还是采用教师讲、学生听的模式上课，只有30%的教师穿插讲授英美文化方面的知识。对我校4532名学生的抽样调查表明：67%的学生希望提高口语能力；学生的语用能力落后于语言能力；语言能力强的学生语用能力不一定强。所以学生学会了语言知识，掌握了一定量的词汇和较好的语法知识，并不表明他们有较强的语用能力。

基于教学经验及以上分析，笔者得出以下总结：

（1）学生对英语写作的重要性认识不足，没有迫切提高写作水平的心理要求。

（2）英语写作训练的量与强度不够，教师对学生写作过程的指导不到位。

（3）作文讲评与反馈低效，学生不清楚自己写作问题的症结所在。

（4）学生不熟悉典型的英语写作范式，英语写作停留在汉译英的层面。

二、英语写作中普遍存在的错误类别及其表现形式

我校教师从平时批改学生作文的过程中总结出我校学生英语作文中经常出现的带有规律性的几类错误，认真研究和分析这些错误，有助于发现导致这些错误的原因，从而找到解决问题的有效对策。

（一）词法错误

1. 用词不当

例如：It only spends us 10 minutes to go to the park from our school.（spends 改为 takes）

2. 选词错误

例如：Peter is 18 age old.（age 改为 years）

3. 动词辨析不清

例如：The cost of living has raised to ten percent last year.（raised 改为 risen）

4. 名词、形容词和副词的词性掌握欠准确

例如：He always studies good.（good 改为 well）

5. 介词短语的固定结构及其搭配欠牢记

例如：He prefers English than maths.（than 改为 to）

6. 动词的谓语形式和非谓语形式欠区分

例如：Study English well is important for us.（Study 改为 Studying 或 To study）

7. 非正规口头语与书面语的误用

例如：The monitor suggested that we get together again next week.（get together 改为 meet）

（二）句法错误

1. 残缺句

句子的一部分从它所属的句子中分离出来，并作为独立的句子，从而出现残缺句。例如：Many people prefer taking subway to go to work. Because it is faster and cheaper.（去掉 work 后面的句点，Because 改为 because）

2. 连缀句

常见的类型有：

（1）两个独立句子连在一起，中间并没有任何标点符号或连词。例如：The girls made the fire the boys cooked the food.

（2）两个独立的句子中间仅仅用逗号分开。例如：He went to class, he got his paper.

（3）把连接副词误用为连接词。例如：She continued teaching; however her heart was not in it.

（4）把转折语误用为连接语。例如：He disliked discipline, that is, he really was lazy.

（5）在直接引语的句子中误用了逗号。例如："Who won?" Jack asked, "What was the score?"（"Who won?" Jack asked. "What was the score?"）

3. 句子成分不平衡

例如：He listened to his teacher with care and attentively.（把with care改为carefully）

4. 一致性的错误

（1）时态不一致的错误。例如：A person who has good friends enjoyed life more.（enjoyed改为enjoys）

（2）语态不一致的错误。例如：He lived in the countryside for two years, and his life there was always remembered by him.（改为he always remembered his life there）

（3）语气不一致的错误。例如：If I were you, I will be a thin.（will改为would）

（4）人称和数不一致的错误。例如：If one tries hard, they can pass the exam.（they改为one）

（三）语篇错误

1. 离题

例如：In Guangzhou as in the rest of China, traffic keeps to the right. Traffic problem is one of the most important issues in our daily life. Each person, especially drivers, should know the traffic rules. Traffic Department is paying much attention to the traffic problem, and traffic system is improving. Every year, however, a few people die or get injured in traffic accidents.

首句是主题句，意为"与中国其他地方一样，广州的交通都靠右行驶"。但段落的主要内容却是广州的交通问题，与段落主题关系不大。整段文字内容不集中，离题现象严重。

2. 段落缺乏连接手段

例如：In the last twenty years or so, some undeveloped countries have increased their food productions. Their populations have at the same time grown faster. The standard of living hasn't improved. The increase in food production has been achieved at the expense of using up marginal lands. There has been no gain in the productivity of land labour.

以上每个句子在意义上是关联的，排列次序也是正确的，但仍然没有完全具备篇章的条件。因为句与句之间并没有用合适的连接手段连接起来，从而看不出意义的重心，把握不住逻辑思维的脉络。试看修改后的文字：

In the last twenty years or so, some undeveloped countries have increased their food production. Their populations, however, have at the same time grown faster, and so their standard of living hasn't improved. What's more, their increase in food production has been achieved at the expense of using up marginal lands. As a result, there has been no gain in the productivity of land labour.

3. 内容缺乏条理性

If you go to big cities like Shenzhen, Guangzhou and Shanghai, it takes quite a long time to wait for a bus. You'll see lots of bikes on the streets. The subway could be fast, but very crowded almost all the time, and a bike is quick to get to where you want to go. It's not expensive to rent a bike. And there are so many other buses and cars on the street that your bus can move very slowly. More and more people would like to travel by bike.

本文想表达人们出行选择自行车的理由，选取的素材正确合理。但句子之间的结构显得不够严谨，欠缺条理性，从而显得"散""乱"，思维模糊不清。修改后的文段则条理分明，脉络清晰：

If you go to big cities like Shenzhen, Guangzhou and Shanghai, you'll see lots of bikes on the streets because more and more people would like to travel by bike. There are lots of reasons for this. Firstly, it's not expensive to rent a bike and it's quick to get to where you want to go. Secondly, it takes quite a long time to wait for a bus. It's often very crowded on the bus, especially at rush hours. What's worse, there are so many other buses and cars on the street that your bus can move very slowly. Finally, the subway could be fast, but very crowded almost all the time.

（四）中式英语

表现形式主要有：

1. 不能正确用词

例如一名学生在表达"自己要加倍努力，否则就要落后"时，将后半句写成："otherwise I would be back ward"，这里的"落后"应该使用"lay behind"，而"backward"则是表示经济、文化落后等。

2. 不注意英、汉习惯用语的区别，生搬硬套

例如把"昨晚我们玩得很愉快"写成"We played very happily last night"。

打球、玩牌、弹琴等用play，但是这里说的"玩"实际是指"度过一段愉快的时光"，英语的习惯用法是We had a good time last night. 或We enjoyed ourselves very much last night.

3. 不能正确选用句式

例如把"不知不觉，夜幕降临了"写成"We didn't know evening had fallen"，而"不知不觉"的含义是起先不知道，后来觉察到了。因此，原来的句子应改为：Evening came before we realized it.

4. 不能正确采用英语的语篇模式

英语习惯把最重要的思想放在首句说出，开门见山，一语中的。而汉语则习惯于把外围的环境与衬托——交代清楚，最后点出话语的信息中心，给人以"画龙点睛"之感。从语篇的语言表达方式来看，英汉两种思维方式的差异也异常明显。例如：

I haven't received your letter for a long time. How are your conditions? Is your work busy? Please reply me early.

Life here is very nervous because we don't have enough time. The teachers give us too many exercises，so we can't read when class is over. We have no method.

三、主要问题的成因分析

（一）教师的问题主要在于对学生的写作训练指导不到位

（1）初一、初二阶段，教师轻视英语写作教学，疏于培养学生的写作意识。

（2）英语写作教学多局限于教材每个单元的写作任务，以讲解语言点和句型为主，写作课变成了语言点讲解课。学生在课堂上没有足够的时间练习，课后对写作任务应付了事。

（3）教师对学生习作反馈的重点局限于语法及卷面，没有对更高层次（如写作技巧、习作质量等）提出要求并进行训练和指导。

（二）学生的问题主要是没有形成良好的英语写作意识

（1）对英语写作的重要性缺乏认识，写作态度不端正，写作目的过于功利。

（2）习惯考前熟读或背诵范文，缺少独立思考及创作，缺乏写作热情。

（3）对英语写作采取顺其自然的态度，学习意识淡薄，考前不训练，考中欠技巧，考后无反思。

四、解决问题的对策

（一）重视学生的积累

指导学生养成良好的语言习得习惯，除平时大量的词、句、段训练外，还应采取以下方法培养学生写的能力。

（1）背诵阅读课文的主旨段落和带有较多短语、句型的段落。

（2）积累短语词汇。将每个模块的重要短语和句型打印成册，要求学生抄写和背诵，长期积累，扩大词汇量。

（3）让学生收集英语写作的各种题型的格式和篇章结构，收集常用的开头和结尾的好句，背诵佳句佳作。

（4）将专项写作训练与学生自主学习的系列练习结合起来，培养写作技能，并在课外加以运用实践。

（5）坚持一句多译练习。在词汇教学中，坚持用英语解释新单词，注意同义、近义词的积累，开发学生的发散性思维。

（6）限时训练，集中精力，一气呵成。

（二）加强写作过程的指导

"过程体裁教学模式"（Process-genre Approach）是 Badger & White 在 2000 年提出的一种综合的写作教学模式。他认为写作应包括语言知识、语境知识、写作目的和写作技巧等要素。写作目的、语言知识和语境知识可以为写作者提供足够的信息输入；写作技巧的训练使写作者知道怎么说。因此，写作既是语言输入的过程，也是学生按一定写作技巧建构体裁、内化知识的过程。笔者认为在"过程体裁教学模式"理论指导下的小组合作学习方式有助于解决以上问题。

1. 小组的形成和组员分工

根据多元智能理论和学生的学习水平及性格特点，笔者将全班学生按座位的就近原则分组，前后4人或5~6人为一组，做到"组内异质，组间同质"。每个小组的组员再根据学习水平的不同进行编号（A，B，C...），编号的目的是在作文评价阶段，便于不同组内同一编号的学生代表自己的小组进行组间比较。每组选举一个小组长，小组长不一定英语学得最好，但要公正、热情、有威信，并愿意为大家服务。

组员的分工由小组长负责（教师协助），根据组员的智能优势和语言水平分配不同的工作。例如，学生A负责主题句、衔接语、过渡句等难度较大的内容；学生B负责要点和内容、段落与层次；学生C负责句式；学生D负责格式和时态；学生E负责书写和卷面整理。具体的任务是：在小组讨论环节，轮到讨论自己负责的内容时，责任人一要担当"发言人"的角色，并在全班汇报时，代表本组发言；二要担当"记录员"的角色，记录每一小组成员在本环节讨论中的发言次数和质量、请教次数、学习态度、倾听和批改的认真程度等，目的是收集评价资料，用于互评时打分；三要担当"检查员"的角色，检查督促小组成员对所负责的内容的修改和背诵。小组长可兼责任人，其责任是分配学习任务，组织小组活动，协调组员关系，协助每个责任人履行各自的职责，统计每个人的评价得分。

合作一段时间后，再轮换职责。分工合作能促使每个学生主动参与，以充分发挥自己的学习潜能，形成有效的学习策略，提高其自主学习能力。

2. 小组合作的方法探究

（1）运用小组合作写作解决作文中存在的问题。写作开始前，教师要向学生提供写作素材，并指出作文中常见的问题。针对这些问题，根据作文的篇章结构、语言知识提出讨论的内容、要求和步骤。

第一，责任人准备。讨论之前给学生留出3~5分钟的独立思考时间，以便责任人对自己负责的内容进行思考和整理，为将要进行的讨论做准备，不明白的地方可以咨询他人或教师。

第二，小组合作写作。教师根据作文的语篇结构和语言知识将讨论的内容分成要点与内容、格式与时态、句式、层次与衔接、书写与卷面五部分，这五部分也是学生作文出现问题最多的地方。学生通过讨论彼此借鉴，相互纠错，由此减少错误的发生。

（2）进行"雕塑式"小组合作互批，强化学生的写作技能。在这个环节中每个学生要对小组全体成员的作文进行批改和检查，每个学生的作文要在所有小组成员面前展示。这不仅能促使每个人认真写作，也为每个小组成员提供了学习的机会。学生可以通过阅读他人的作品学习别人的优点，在给别人指出缺点或错误时，也会巩固和提高自己的写作技能。他们就如同雕塑家在雕塑自己的作品，每一处修改都是发自内心地对质量的追求。

（3）实行发展性课程评价，激发学生的学习动机。首先，进行小组评。可采用对小组成员一起计分的评价。这是小组合作成果在全班的展示阶段。每一个小组推荐一篇作文代表小组参评，同一节课上评析的作文尽量来自不同小组同一编号的学生，这样便于比较；然后由小组的某个成员在全班评析作文，也可以评析自己的习作。本组评析员讲完后，其他组的评析员再代表各组做简单评析。评析结束后，每个小组集体给出一个分数，去掉一个最低分和最高分，算出平均分，作为小组的基本分。其次，进行个人评。组间评完后再进行组内自评和互评。个人评价结束后，组长收集评价表，大致检查一下分数的公正性，然后计算，算完后再加上小组的基本分，就是每个学生的得分。最后的得分还要加上教师课后给出的作文分。

（三）充分认识评语在英语写作教学中的作用

尽管有不少教师怀疑评语在实际教学中的真正价值，但是评语仍然是教师批改学生作文常使用的一种方式。能够引起学生兴趣，并对其写作有帮助的评语都是按照如下步骤构建的。

1. 准备阶段

通读全文，全面了解作文的写作情况，找出值得评述的地方。写评语要有选择性，涉及的内容应该是与作文主题密切相关的问题，而且应该是教师在课堂上反复强调的内容。调整自己所扮演的角色，以读者的身份对作文进行评述，尽量少用或不用批评家或裁判的用语。有时有必要使用称呼，如Mr. Wang，这样学生会把阅读评语当作是读一位朋友的来信，对教师的评语更感兴趣。

2. 写作阶段

首先教师应该找出学生写得好的段落和有说服力的论据，并对其进行充分肯定，提出表扬。通常需要向学生解释或说明教师为什么认为某个段落写得好，要告诉学生教师作为读者，对作文中表述的哪些观点感兴趣。然后列举作文中需要修改、补充和重写的地方，并提出具体的修改建议，指导学生进行修改。结尾时使用鼓励的话语，告诉学生尽管文章中某些地方需要更详尽一些，但是教师对作文中列举的一些事例和采纳的观点感兴趣。

3. 检查与修改

不要认为写评语是一种负担，写完了事。教师应对写好的评语进行检查，看评语是否内容清晰。如有不当之处，需要进行修改。确保评语中有对作文进行中肯评述的语句。不可把评语的重点放在改正作文中所出现的语法错误上，而应该重点评述与作文主题有关的思想和论点。教师千万不可在评语中犯语法错误，否则学生会对教师的英语能力产生怀疑。

4. 对几种作文评语的分析

（1）批评式评语。学生明确表示不喜欢这类评语。因为经常这样做，一部分学生的写作积极性和信心会受到挫伤。可是在实际教学中教师写得最多，而且学生最熟悉的依然是这种评语。例如：The arguments in your composition are not clear. Rewrite your composition.

（2）表扬式评语。学生表示特别喜欢或喜欢这类评语，这至少表明教师肯定了他们所表述的观点。不过多数学生希望教师在评述他们的作文写得好的同时，能够指出哪些地方写得好并解释写得好的原因，这样可以使学生保持对英语写作的兴趣和动机。例如：Well done! In the second paragraph you have listed all the main measures that have been taken to solve water pollution both in developing and developed countries, which greatly helps make your composition more convincing.

（3）指点式评语。在指点式评语中教师首先肯定了学生表述的观点，然后用比较委婉的语气提出自己的看法。学生在修改作文时愿意参考教师的建议，故修改后的作文内容更加完整，论据更具说服力，情节更加详尽。这种评语给学生的写作提供了具体的帮助，因为教师在评语中附有实例或详尽的解释，给学生提供的是具体、详尽的指点。学生知道为什么要修改，怎样修改。学生最喜欢这样的评语：You have done a good job. However, you could make your arguments more convincing if you can list two more examples to show the disadvantages that television has, for example, many of the programs now available show violence and scenes harmful to children.

（4）命令式评语。学生对这类评语所持的态度不一致。特别喜欢和喜欢这类评语的学生认为教师如实地指出了作文中存在的问题。不喜欢这类评语的学生认为教师一点也不尊重学生和珍惜学生所付出的劳动。有时这类评语的内容含糊，学生不知道教师要他们怎样修改作文。例如，学生不喜欢这个评语：You need to make your argument more convincing.

（5）商讨式评语。学生一般会接受这类评语，尤其喜欢内容详尽，且阐述了作文的主题思想的评语。例如，绝大多数学生特别喜欢这样的评语：In your topic sentence you say "Computers have brought about many changes in our world." However, you only write, "Computer is of great help in scientific research." Is computer of great help in financial and industrial activities or even in our everyday life? Can you list some examples to support your idea?

通过分析学生对不同类型评语的反应及对比实际教学效果我们发现，不同类型的评语对学生写作产生了不同的影响。笔者认为，要使评语发挥其应有的作用，教师的评语应该内容具体、详尽、清楚和易为学生理解；要以作文的主题思想、论点或情节为评述的重点，兼顾语法错误的改正。另外，许多教师的评语位置是在学生作文的最后，这种方法不如在作文边上的空白处写评语效果好。

五、结 语

经过一段时间的尝试和不断改进，学生的写作水平有了明显的提高，写作兴趣也逐渐浓厚。主要体现在以下方面。

（一）关注了写作过程

在传统的写作教学中，教师侧重写作结果，写作过程则无人问津，学生得不到及时的帮助和指导，写作能力差。而小组合作则兼顾两者，尤其突出了对学生写作过程的关注。

（二）激发了学习潜能

小组合作中，分工明确，责任到人，使小组成员意识到自己对小组的作用是别人无法替代的，于是产生了主人翁的责任感，竭力做好自己的工作，激发了学习潜能。

（三）学困生受到关注

发展性评价使个人成功与小组成功紧密相连，每个人都体会到小组的成功不是基于一两个人的努力，而是大家同心协力、共同努力的结果。这就促使学生携起手来，互帮互助。学困生不再被冷落在一边，得到了更多的关注，自尊心和自信心增强，成为对自己学习负责的人；课堂中不再是优秀生独享话语权。

总之，在"过程体裁教学模式"理论指导下的小组合作学习方式，有助于解决学生英语写作困难的问题、培养学生的学习兴趣、提高学生综合语言运用能力，是大面积提高教学质量的有效方法。

高考英语书面表达提分策略探究

——基于广东高州中学2018年高三备考阅卷反馈的实践探究

广东高州中学　湛云凤

2018年全国高考I卷英语试题书面表达要求学生回复一封咨询信，告诉新西兰朋友到中国朋友家做客的相关习俗（到达时间、合适的礼物、餐桌礼仪）。命题原则符合《普通高中英语课程标准》（2017年版）在"课程性质"中所提出的"学习和使用英语传播中华文化，增进中国与其他国家的相互理解与交流"。全国高考英语书面表达题会包含"中西方文化及交流"的元素，是各地各校在指导学生进行高考英语备考中都明确的方向，但是该题内容"介绍中国人的餐桌礼仪"，是人们始料不及的。本校在高三备考中也设计了让学生写一封咨询信的相关考题，但未让学生尝试回复一封咨询信。笔者认为书面表达考题或训练中学生出现的问题和教学应当注意的事项其实都是相通的。为此，将笔者负责本校的一次书面表达的阅卷反馈分享于此，希望对各位探究高考书面表达提分策略的同行有一定的启发。

一、试题重现

假定你是李华，得知英国牛津大学面向海外高中生举办暑期夏令营。请你写一封英文信，咨询相关情况，内容包括：

1. 活动安排及费用。
2. 住宿情况。
3. 索取报名表及相关资料。

注意：

1. 词数100左右。
2. 可以适当增加细节，使行文连贯。
3. 开头和结尾已为你写好。

Dear Sir/Madam,

I'm Li Hua, a Senior Three student from China. _____

_____

_____

_____

Yours faithfully,
Li Hua

参考范文：

Dear Sir/Madam,

I'm Li Hua, a Senior Three student from China. Greatly interested in your summer club intended for international students, I'm writing to inquire about the program.

First, would you please tell me the specific time of the program and how long it will last, so that I can properly schedule my time. Second, what core lectures and social activities does it offer to students? Are there any English cultural lessons and cultural tours? Besides, I also wonder how much I have to pay for the program and whether accommodations will be provided for the participants. I would appreciate it very much if you could send me the application forms and some related materials that provide further information regarding the program.

Thank you for your time. I am looking forward to getting your reply!

Yours faithfully,
Li Hua

二、教师阅卷情况分析与反馈意见

（1）阅卷方式：双评+误差重评（误差值>4分）

（2）年级总平均分：13.73分/25分（应届文理+复读文理）

（3）教师阅卷情况分析与反馈意见：

第一，教师的评分松紧度总体趋于一致，各工作量对应的平均分如下表：

评卷教师代号	1	2	3	4	5	6	7	8	9	10
平均分	13.73	14.28	13.78	13.93	14.26	15.13	14.31	14.18	15.09	10.09
评卷教师代号	11	12	13	14	15	16	17	18	19	
平均分	13.88	14.59	14.37	10.33	14.48	12.47	14.09	14.85	13.22	

第二,后台数据显示,本次作文教师单人最高分打到了24分(全年级给出了6个24分),但通过调取部分高分作文样品研究发现,高分作文(这里指最终得分为23分以上)中的不少作文都还存在一些较为明显的不妥之处,例如,①个别高分作文还有较明显的语法错误、语用错误(例如语言不够得体);②文章语言和内容组织各方面虽然不错,但书写较潦草,距离榜样水平还有较大差距;③书写虽然好看,但是文中有多处明显的涂改导致卷面并不美观……以上情形的文章酌情扣分或许对尖子生的备考更有指导意义。因此,建议以后作文阅卷中教师要对高分作文更严格些,确定要给24分时最好认真检查一遍,把好榜样作文关,让更多高分作文成为名副其实的"榜样"优质品。

第三,据部分教师反映,此次作文虽然是双评,但还是出现了少数抄袭阅读的本应得零分的作文"侥幸地"拿到了较高的分数。为保证公平,以后教师阅卷需要更细心,学生也不可怀有投机取巧的心理。

第四,据交流了解,评卷老师给分时比较看重以下几方面的因素:卷面;对所给的写作材料翻译是否准确;文章的流畅度;语言表达的基本功(一旦出现多个谓语动词、破碎句等常见的语法错误,一般不会给高分);文章的闪光点(高分作文中往往会有高级词汇、非谓语、各类从句辅助表达)。

第五,改卷快,给分中庸,集中在16~18分,最吃亏的就是写作能力强却书写糟糕的学生。建议教师作文可以单独打卷面分,或者是就卷面给出等级A、B、C、D,要学生重视书写。

三、学生作文中存在的问题及备考建议

1. 审题方面

文章要求:请你写一封英文信,咨询相关情况。

学生存在的问题:审题不清,导致搞错了自己的角色,把自己当作主办方,写信介绍了活动安排、住宿等相关情况,而不是在询问情况。

备考建议:

(1)对学生而言,要重视审题,阅读题目时可以顺手画出重点字眼(审题要弄清楚背景信息、写作要点、文体、时态等)。

(2)对教师而言,个别情况可以直接面批,班内问题较集中的可以进行审题的专项训练。

2. 结构、内容组织方面

(1)较多学生写作内容混乱,没有按照提纲要求的信息要点进行写作,例

如，没有提及"索取报名表及相关资料"（也有可能是不会表达所以没写）。

（2）年级中还有较多学生整篇文章都没有分段，或者是分段不合理。

（3）内容单一，没有围绕要点展开写作，导致词数不够，或是版面留空较多，得分较低。例如，文章要点1中的"活动安排"，许多学生只是一句话带过了，但其实可以稍微进行拓展询问，比如范文中的：First, would you please tell me the specific time of the program and how long it will last, so that I can properly schedule my time. Second, what core lectures and social activities does it offer to students? Are there any English cultural lessons and cultural tours?

再比如，可以通过对名词进行修饰增加文章的细节：I would appreciate it very much if you could send me the application forms and some related materials that provide further information regarding the program.

备考建议：

（1）对学生而言：①平日多阅读、多积累。②考试作文内容尽量按提纲要求分段写作（构思文章提纲：根据题目的要点，安排好段落和主次关系；要形成良好的分段意识；在行文上，要注意突出要点）。③考试后多研读范文的结构和内容组织，对比自己的作文，找出差距。基础一般的同学可以从模仿写作开始。

（2）对教师而言：评讲作文时要注重学生思维能力的培养，多分析作文内容的构建过程，鼓励学生写作前先拟写写作提纲（注意分段），考试后背诵好的范文。

3. 语言表达方面

（1）单词（词汇）层面普遍存在的问题。

①单词拼写（时态）错误：imformation（information）

②出现较多错误的翻译难点。

第一，误译"牛津大学"（Niu jin College）

参考翻译：Oxford University

第二，误译"面向海外高中生举办的暑期夏令营"中的"面向"（Chinglish：facing）

参考翻译：summer club/camp intended for international students

第三，误译"申请表"

参考翻译：the application forms

第四，误译"相关资料"中的"相关"（relative information）

参考翻译：some related materials（that provide further information regarding the program）

（2）句子层面普遍存在的问题。

① 特殊疑问句的翻译。

② 句子的时态、语态错误：will held（...will hold.../...will be held...）。

③ 没有注意上下文的衔接（没能有效地使用语句间的连接成分，使全文结构紧凑）。

④ 没有注意句式的变化（或者较多生搬硬套的句式）。

（3）整体层面普遍存在的问题。

① 英语基础薄弱同学的通病：不能写出完整的句子。

② 中等层次同学的问题：过多使用"宽泛词"，句子缺乏细节的拓展。

③ 程度较好的同学的失误：a.高级词汇的误用，例如consult sb. with sth.（习惯搭配应该是about）；b.没有注意语言表达的语气，例如表示询问的句子：I would really want to know...

备考建议：

（1）对学生而言：①夯实基础，多积累与写作相关的词汇、句型（尤其是各类书信需要用到的功能词句）；②建立自己的词汇手册、翻译错题集；③考试要时刻保持警惕，细节错误要避免：尽量避免犯一些低级的错误，如单词拼写、动词的时态语态、大小写等。

（2）对老师而言：①可以视班级情况进行针对本次写作问题的专题备考指导：表示询问的句式、特殊疑问句的翻译（语序问题）；②在一轮复习中穿插与各类应用文相关的作文功能词汇、句型点拨；③在复习中可以穿插点拨帮助学生提升跨文化交际意识、语言的得体性、书面表达拓展细节的技巧等。

4. 书写与卷面

（1）书写丢分情况：书写丢分情况，虽说总体是反映在卷面印象上，但是根本原因还是字母书写欠规范或欠工整，书写不压线、字母时小时大、字迹潦草等问题。

（2）卷面丢分情况：除了上述问题，还表现在分段不明显（段前空白标准做法：段前留空约4个字母的位置）、涂改较多。

备考建议：

（1）对学生而言：加强书写（手写印刷体）的训练。

（2）对教师而言：①如阅卷反馈中所述，平时作文可以单独打卷面分，或者是就卷面给出等级A、B、C、D，要学生重视书写；②个别可以面批指导。

（3）对年级备课组而言：①平时报纸、衡水卷的答题卡可以制成跟高考答题卡近似的18行（和这次考试答题卡差不多的行距），让学生习惯高仿真作文答题区；②可以考虑搞个年级书写比赛。

5. 零分作文

本次考试得到零分的学生多数是因为抄袭试卷其他部分的内容（如阅读理解、七选五等），也有少数空白卷。

备考建议：

（1）对学生而言：①不要留空白，即使不会写句子，也多写几个正确的中心词；②多背范文的开头结尾，直接套用；③不要抄阅读理解，自己写几个句子也可以得点分，但是抄阅读理解就是零分。

（2）对教师而言：多关心和鼓励学生，提高他们学习英语的动力和兴趣。具体可以参考微信群上范科提的建议："从英语科自身的特点来说，它的考试总是水平测试，难分章节的，而一段时间的加倍努力不能一下子就提高水平，因此短时间内难以在分数上体现，但学生本人是可以感到词汇积累和语法知识的提高的。"另外，向学生说明量变到一定程度才会发生质变，而量变过程时间的长短因人而异，取决于个人的基础、努力的程度和悟性。有些人的成绩在高考时才发生质变，故高考能考出历史最高分。教师要鼓励学生坚持就是胜利！

四、其他相关的教学（备考）建议

1. 给学生们的建议

（1）教师改卷有松紧偏差，不要只是抱怨作文得分低，提高自己的写作能力才是备考的关键。

（2）平时练习的作文至少要动笔写写提纲。

（3）考前要复习作文，可以回头看看相关摘抄和优秀范文，找找写作感觉。

（4）考完作文要及时研读范文，解决给定内容的翻译难点（也可以查词典），但是对待范文要"取其精华，去其糟粕"（个别范文的句式较生硬，不要盲目背诵套作；对范文有疑问可以和同学讨论或者问老师）。

（5）每周至少背诵一篇范文（如考试范文、《南方》杂志中写作提升点拨的相关素材；早读晚练背诵多分材料）。

（6）高分作文的努力方向：①多看英文杂志、报纸、书籍等以补充词汇量熟悉地道表达方式；②多积累，练习一句多译等。

2. 给教师们的建议

　　除了上述针对本次写作存在问题的备考建议外，日常课堂可以抽空多帮学生分析和点评范文，抓好背诵；对尖子生的作文有空可以多面批；可以引导学生自评作文，让学生了解评分标准（可借鉴高考改卷老师提供的参考课件《作文评分标准及应对策略》），找出自己存在的问题，有针对性地提高写作水平。

不评就是为了评

——我的高考作文互评尝试

阳江市阳东区第一中学　张顺均

一、问题的提出

广东高考写作分值为25分，在试卷的总分中占有举足轻重的比例。笔者曾经参加过两次高考作文评卷，从高考评卷的情况来看，学生的作文非常糟糕，不少考生写出的文章基本上是文不成文、句不成句，甚至有不少的是空白卷。究其原因，并不是写得不够多，而是批改的真正作用没有体现出来。

当前，许多教师处理学生作文一般有以下几种方法：

（1）学生写了作文后交给教师，教师全批全改。

（2）学生写了作文后，教师因太忙，隔了十天半月才批阅完，发回给学生，而此时学生已忘了当初写了些什么。

（3）教师比较认真地批阅几篇学生作文，然后将其当作范文讲评，同时指出学生常犯的典型错误。

（4）学生写完作文后不上交，而是由学生对照教师提供的范文自己找出习作中的错误和差距。

（5）教师及时批阅了学生的习作，但批阅时一目十行，仅在习作最后打个分数，然后将范文发给学生，并要求他们课后背诵。

教师要全批全改完一个班60多人的作文，至少需要三节课以上。教两个班的课，每班的作文都收上来，就成了两座大山。更糟糕的是，有许多学生对教师付出了许多心血批改的作文态度漠然，只看对错或分数，有的学生甚至以后依然会犯同样的错误。

那么，如何才能既减轻教师批改作文的负担，又能及时进行作文反馈，从而提高学生书面表达的能力呢？基于这种情况，笔者做了一些写作批改尝试。

二、学生写作情况分析

根据多年的教学经验，学生写作的常见问题主要有如下几点：

（1）谓语：一个句子出现两个谓语或一个句子没有谓语；助（情态）动词后接的不是动词原形；第三人称单数错误，时态用错。

（2）单词：名词的单复数错误；不可数名词（如information，advice）看成了可数名词；写错或用错单词。

（3）时间：有部分学生在时间的安排上不恰当，任务写作的时间居然比基础写作的时间还要短；有一些学生40分钟也写不出几句话，就算写出来，内容也是乱七八糟的。

（4）信息：没有覆盖所有的信息点，没有完全按照题目要求写。

（5）卷面：书写潦草，涂改太多；字体太小或太大。

三、学生写作应对策略

1. 词汇是基础

犹如土木砖石是建筑的材料一样，词汇是写作的必需材料，也是制约写作能力提高的瓶颈。可以想象，如果要写一个句子，10个单词中有8个单词中拼写错误或拼写不出，有2个单词用法不当，又怎么能清楚地表达自己的意思呢？因此，在平时的教学中强调学生记忆考纲要求的3500个词汇，尤其是一些写作常用词（动词、形容词和副词）。记忆单词是一个长期反复的过程，要长期地坚持下去，才能不断积累大量的词汇，为英语写作打下坚实的基础。

2. 语法是核心

有了词汇基础后，就要掌握一些基本的写作语法。相对而言，写作需要掌握的语法不多，但这些语法都是写作的核心内容，直接体现了写作的水平。根据使用频率，总结为"两个万能句型、三种基本句型和四点谓语用法"。

（1）两个万能句型：非谓语及定语从句，堪称写作万能句型，这从历年的高考范文中可以看出。

非谓语动词的适用范围：中文翻译中有合适的动词可作非谓语使用，与句中谓语动词构成并列、伴随等关系。非谓语动词常可由定语从句改写。为避免句型单一，若一篇文章中多次使用了定语从句，可考虑把其中一个定语从句改写为非谓语结构；反之亦然。

定语从句适用的范围：被描述的对象是人、物、时间或地点，且是名词成分时，通常会作为定语从句的先行词，通过定语从句进一步描述该对象。[结构有：which+谓语+宾语；which+主语+谓语；介词+which/who+主语+谓语（不及物动词）；时间time/地点place/原因reason+when/where/why+主语+谓语+宾语]。

（2）三种基本句型：通常要求掌握的是五种基本句型，其实常见的是有三种，即主谓宾、主系表、there be句型。多数情况下使用主谓宾句型；当出现形容词时，使用主系表；当出现意思为"有"，表示存在的时候，使用there be句型。

（3）四点谓语用法：一个句子不能有两个谓语动词（尤其是be动词后面不能直接接动词），但必须有一个动词。如我来自某地。不能翻译为I am come from... 正确翻译为：I am from... 或I come from...

he/she/it/sb./sth.后面的谓语动词只有两种情况，一是第三人称单数，一是过去式。凡是可用"她/他/它"代替的都是第三人称单数，也包括动名词作主语、名词性从句作主语等。

There be结构后面只能用非谓语。例如，不能说There are two students have class.应该是There are two students having class.

情态动词、助动词后用原形[这个原形可以是动词原形，be done（被动），have done（现在完成时），be doing（现在进行时）]。如情态动词有can/could/may/might/must/should/will等，助动词有did/do/does/have/has/had。

3. 观念的转变

使用专用的作文本完成（包含写作的所有过程：写作、评价、终稿、范文），记录作文水平的提高情况。对自己写过的文章进行整理，总结归类出错的问题，见证自己的进步。

作文作为一道主观题，其得分与批改者的主观态度有着密不可分的关系，关键是从语法角度去看，是否还在犯常见的错误。教师要帮助学生形成不要太看重分数的意识。

不打底稿，高效利用时间。在实际写作中，不少学生喜欢打底稿，认为先写好，打好底稿再抄写在答题卡上，这样可以减少涂改，保持卷面整洁，但是这样用时太多。其实只要构思一些文章的结构，如基础写作结构、如何信息重组、使用什么单词和句式就够了。任务写作主要构思如何写主题句、拓展句和句式就可以了。

四、如何互评

1. 教师安排写作任务

教师提前备好课，根据学生的水平尽可能多地提供帮助，如把学生可能不会写的单词或短语罗列出来，帮助学生构思文章结构等。

合理安排练习时间。限定时间完成，利用两节连堂课进行（一节课40分钟完成基础写作和任务写作，一节课学生互评及教师讲评）。

根据《普通高中英语课程标准》及高考作文的评分标准制定英语作文评分标准。发给学生每人一份。先让学生熟悉各项评分要求，明确每一项标准的扣分尺度。笔者要求学生从以下10个方面写出具体评语，满分100分，每个方面10分。

测量评价表

测量项目	测量内容描述	分值	记分
题材规范	1. 句数、词数——10分。其中，基础写作句数为5句，每句占2分，少1句或多1句扣2分，扣完为止。任务写作少于或多于20词扣2分，少于50词扣5分	10	
	2. 卷面整洁——10分。主要是书写，是否大小适中，是否贴底线写	10	
内容表述	3. 覆盖所有内容要点——10分。根据每篇作文的具体要求定，如基础写作是否有5句话，任务写作是否写完了各个要点；记叙文的几要素（3W1H）是否完整，要点是否齐全	10	
	4. 表达简练、准确、流畅、地道——10分。不重复啰唆，读起来顺口	10	
语言运用	5. 错词——10分。每个1分，最多扣10分，10个以上不再多扣	10	
	6. 病句——10分。凡病句，都要在下面画上横线，写出病在何处，再在文后批语中写清病句几处。每处扣2分，减至10分	10	
	7. 文章结构——10分。包括三点：①层次段落是否清晰（任务写作是否有分段）；②过渡是否自然；③是否有点题句（中心句、主题句）	10	

续表

测量项目	测量内容描述	分值	记分
语言运用	8. 中心鲜明、集中——10分。抓住文章的主要信息，去掉可有可无的细节	10	
	9. 巧妙使用框架词——10分，即使用连接词和过渡词，使作文结构紧凑，上下文连贯。例如：What's more, but, however, because, for example, in a word	10	
	10. 闪光点——10分。看是否有好的句子，好的单词等	10	

说明：以上表格内容适用于基础写作和任务写作。4、7、8只适用于任务写作，如果是基础写作时以10分计算。

2. 互评

先根据班内人数及座位安排，把学生分成6~8人一组，选一个英语成绩相对较好的学生作为小组长。小组长主要负责收集学生的问题。

写完之后不上交作文，自己互评。参考评分标准先自我评价，然后是组内成员评价。考虑到有些自己看不出来的问题别人可以看出来，要求每位学生对组内的所有成员的作文进行评分，尽可能把所有的错误都找出来。如此一来，每一个学生都可以发现问题和理解问题，提高写作纠错能力。

3. 成果呈现、教师点评

各小组长汇总组内情况，形成一份答题报告，然后各小组呈上各自的问题。教师根据各小组出现的重复及典型的问题进行点评及给予学习性指导。

4. 学习范文：取其精华，去其糟粕

学会分析范文或别人文章的优缺点，比如选词、信息组合、语法表达等；文章中运用到的非谓语动词、介词短语、被动句、倒装、强调句、定语从句等。

5. 学生完成终稿

解决以上几个步骤出现的问题，再次对自己的作文进行完善，最终形成终稿，上交给老师批阅。

6. 后续的一些工作

教师再次批阅学生的作文，由于前面的工作有效地减少了一些简单的语法错误，提高了作文的可读性，教师批阅起来相对轻松一些。

五、结 语

经过以上这些步骤后,学生上交终稿,教师再对终稿进行批改和简单的反馈。在这个过程中,学生充当了批改的主角,提高了互评能力。同时,学生互评缓解了教师批改的压力,缩短了批改时间,让情况得到了及时反馈,极大地促进了学生的进步。

新课标下高中英语写作教学的评价模式探究

广东高州中学　张晓凡

维果茨基的"最近发展区"理论强调，学生的学习是在教师的有效指导下逐步发展的过程，揭示教学的本质是激发学生尚未成熟的心理机能。英语教师都明白英语写作的重要性，都花费很大的精力去提高学生的写作水平，但大部分都只是在写作的技巧方面进行训练。如果想得到更好的写作效果，教师就不能忽视评语。翻开学生的作业本，看到的多是简单的对、错符号，或分数或等级，几乎没有评语，大多是千篇一律的Good/Wonderful/All right/Perfect，以致许多学生对教师的这些简单评语感到莫名其妙，无法正确认识自己的写作水平。本人结合自己的教学实践和切身体会，就如何做好和学生之间的情感交流，并有效提高学生的写作水平，做了研究。

一、研究的必要性

书面表达在高考英语试题中占25分，在试卷的总分中占有举足轻重的比例。因此，书面表达教学就显得十分重要了。

在当今教学实践中学生的写作能力普遍较差，原因如下：

（1）学生写作底子很薄，对自己的写作水平没有足够的认识，以致很多学生到了高中乃至大学都还没找到适合自己的写作方法。

（2）教师在教学中只注重写作技巧的传授与讲解，忽视了对学生写作兴趣的培养。

（3）教师面对学生的写作现状不知如何是好，不知道该如何提高学生的写作水平。

二、研究的含义与基本特征

该研究是通过对不同学习成绩的学生的作文进行不同的评价来激发学生的写作兴趣，进而提高学生整体写作水平的学习活动过程。

该研究具有以下五个基本特征：

（一）针对性

作文评语如果求其全面，会使学生不得要领。教师布置的每一篇习作训练，都是有目的的，或是训练组织结构能力，或是训练想象描写能力，批改时要注意将既定的写作意图定为点评的焦点，做到有的放矢。

（二）文学性

一条好的评语应该具有文学色彩，能让学生带着欣赏的态度去阅读、领会。写作是一件严肃认真的事情，评语更应该严肃认真。

（三）启发性

高中学生的独立意识和自主性逐渐增强，他们期望教师与其建立平等和谐的师生关系。如果教师总是居高临下，就会使他们产生逆反心理；如果教师以平等的身份参与其中，启发式地提出自己的看法，学生就能获得一种思索的动力，产生再创造的欲望。

（四）情感性

我们常常发现，学生对教师的评语最关心的并不是技能技巧的指点，而是颇费心思地从评语的字里行间窥察教师对自己的态度：是热情，还是冷漠；是扶持，还是厌弃……每个人窥测所得不同，其情绪也随之起伏波动，所以教师的评语要满怀深情。学生一旦从评语中品出了鼓励和希望，就会马上兴奋起来，振作起来，积极投入到写作中去。

（五）开拓性

在此创新实验中进行研究性学习和合作性学习，使学生掌握研究性学习和合作性学习的方法。

三、研究的思路、方法及环节

（一）研究思路

认真研究和思考现今学生写作中存在的问题，结合新课程理念，边研究边实验，建立一套行之有效的写作评价模式，积极稳妥地开展较大规模的实验研究。

（二）研究方法

观察、记笔记、测验、问卷调查、访谈、对比实验研究。采用定量和定性分析法，对参试学生在统测中的学习效果进行对比分析，得出真实有效的研究成果。

（三）基本环节

基本环节可以归纳为以下六个：

1. 反省

英国的布朗宁说："能够反躬自省的人，就一定不是庸俗的人。"学生通过回忆写作过程和写作策略、检验写作结果等，可以反省自己的写作过程和结果。

2. 察觉问题

爱因斯坦说："提出一个问题往往比解决问题更重要。"学生意识到问题的存在，并试图改变这种状况。这一阶段的任务是能够使学生觉察到问题的存在。

3. 界定问题

在这个阶段中，学生广泛搜集并分析有关的信息，特别是关于自己写作活动的信息，并以批判性的思维省察自身，包括自己的思想、行为、信念、价值观、目的、态度和情感等。在综合所有信息之后，学生会对它们进行认真分析，找出问题的根源，并提出假设。

4. 确定对策

通过分析，找出了问题的根源之后，学生积极寻找新思路与新策略来解决问题。这个阶段的活动对学生的理论学习和实际能力的提高有很大的促进作用。

5. 实践验证

马克思指出："人的思维是否具有客观的真理性，这不是一个理论的问题，而是一个实践的问题。人应该在实践中证明自己思维的真理性。"学生通过实践检验以上阶段所形成的策略方法，如果能够很好地解释或解决已发现的问题，说明他的检验是成功的，于是他就可以进入总结提高阶段，开始新的循环。

6. 反思提高

学生通过反思总结，提高各自的分析问题和解决问题的能力，优化解题技巧，调整自己的认知结构。这有利于养成良好的学习习惯。

四、研究设计与训练方法

（一）研究的问题

问题一：此实验是否促进了学生写作能力的提高？

问题二：此实验对不同水平的学生的影响是否不同？

问题三：学生通过此实验有哪些收获？

（二）研究设计

将高一两个班分为实验班和控制班。两个班的任课老师相同，两个班的写作任务是一样的。实验班进行研究活动，控制班没有进行此项活动，整个实验持续一个学期，共有20次写作任务。

（三）被试对象

广东高州中学高一的两个自然班共136人，每个班68人。

（四）实验工具

问卷调查：

实验前的问卷调查。

实验后的问卷调查。

学生的总结笔记。（要求每次训练后，学生都要写课后小结）

前测和后测的写作卷两份。

（五）训练方法

1."因人而异"的评语

苏联教育学家苏霍姆林斯基说："只有能激励学生进行自我教育的教育才是真正的教育。"教师针对不同的学生及其作业，在不同场合所做的评语可激发学生的学习热情，让优等生更上一层楼，使中等生改正缺点、发扬优点，使暂时落后的学生能克服畏惧心理、树立信心。所以对优等生的作业表扬中要有指正，教师可通过评语向他们提出更高要求。

例如：Kate, you've used so wonderful new words we have just learned in this unit.

If you can pay more attention to your handwriting, it will be more wonderful!

Glad to see you have learned so many good words. Your composition is much better this time except for some grammar errors. Come on!

对中等生的作业要慎重评价，在评语中要多督促。

例如：You have made greater progress! Pay more attention to the tenses.

Your writing is perfect except for a few grammar mistakes.

对学习较差的学生，要对他们进行积极的鼓励评价，及时发现他们的优点，并从关心的角度指出他们存在的缺点和问题；要根据学生的个别差异提出今后目标的具体建议，尽可能激发他们潜在的上进心和积极性。

Perfect! Only a few mistakes this time! Pay attention to spelling the words carefully!

Pleased to see your composition improved! But try to remember the words and phrases correctly! You will catch up with others very soon!

It's good work! But try to study the grammar! Do you think so?

I believe you can do better if you work harder.

2. 师生互动的评语

为了了解学生对作文批改的反馈意见，笔者尝试了和学生进行师生互动式评语沟通：

（1）T：A good composition, true friendship!

S：This is a true story about my own feeling. I'm very glad that you like it.

（2）T：Marks: 65（No comments, only marks）

S：To be honest, I don't like the score. It's so cold.

（3）T：Happy birthday! John, hope to share your feeling about great mothers.

S：Well, we can never forget our mothers who have done so much for us. Let's be proud of them.

有时让学生互相评价他们自己的作业，学生在评价别人的同时，能自然地意识到自己的不足，学习他人的长处，达到"无声胜有声"的境界。如：

What good work! You are the pride of our class.

Work harder, and you will make more progress.

You've done a good job. Could you please help me with my English?

No pains, no gains. I hope you will make more progress in the future.

The harder you work, the sooner you will improve.

Come on! I am sure you will catch up soon.

You are doing wonderfully! You have set a good example to me.

在以上活动开展的过程中，我们尽量做到以下几个方面：

（1）八个"尽量"：目标尽量让学生明确；过程尽量让学生参与；疑问尽量让学生先提；评价尽量让学生有反馈；方法尽量让学生掌握；错误尽量让学生共同探究；写作内容尽量全面；检查尽量让学生互相检查。

（2）三个"不"：学生能做的教师不包办；学生能提出问题的教师不先问；学生能发现的教师不提示。

（3）三个"帮助"：帮助学生设计恰当的学习活动；帮助学生营造积极的学习氛围；帮助学生对学习过程进行评价、反思。

五、实验结果与反思

（一）实验结果

1. 实验前问卷调查的结果

60%的学生没看过教师的评语，91%的学生不知道自己的作文到底哪里有问题。

2. 前测和后测的结果

问题一：此实验是否促进了学生写作能力的提高？

写作测试总分为100分。

实验结果对比

班别	前测平均分	校平均分	后测平均分	校平均分
实验班	83.5	85.1	91.3	80.4
控制班	83.8		85.3	

从以上数据可看出，实验班写作成绩进步大，原先两个班的平均分只差0.3，实验后实验班比控制班的平均分多6.0分。

问题二：对不同水平学生的影响是否不同？

不同水平的学生结果对比

学生	前测平均分	后测平均分
优等生25%（高一入学英语综合排名前十七名）	88.9	96.9
中等生50%（高一入学英语综合排名第十八名到第五十一名）	83.2	92.3
后进生25%（高一入学英语综合排名第五十二名到第六十八名）	77.4	84.0

此研究表明写作训练对不同水平的学生的影响是不同的。优等生提高了8.0分，中等生提高了9.1分，而后进生提高了6.6分。由此可见，此写作训练对中等生的促进作用最大，优等生次之，对后进生的促进作用不及另外两种学生。这反映中等生是非常需要此项写作训练的，优等生可能以前本身的技巧已很熟练，所以其训练效果不及中等生明显。后进生由于词汇量不大，而且语法不够熟练，影响了写作水平，虽然运用了此训练方法，但效果不及其他两类学生。

每次写作训练后，学生都要写小结。学生写作训练的形式如下：

每次学生都要填写以下的错误总结表。

题型错误总结

题型	日期	不足或错误	如何改正
图表作文			
对比观点作文			
记叙文			
看图作文			
书信类作文			
其他			

原因错误总结

原因	日期	如何克服
没看教师的评语		
看了教师评语，但用处不大		
想学但没有足够的信心		
没有足够的写作热情		
底子差，基础知识出错		
其他		
写作的速度		
精神状态		
备注		

参加训练的学生要填写以下调查表，并在对应处打钩。

调查内容

此次训练有用	
此次训练没用	
此次训练增强了自信心	
此次训练没有增强自信心	
此次训练找到自己的问题所在	
此次训练没有找到自己的问题所在	

98%的学生认为此实验训练是非常有用的。

92%的学生认为此实验训练增强了自己写作的信心。

94%的学生表示从此实验训练中找到了自己的问题所在。

（二）效果反思

1. 学生反思

李丽良：

做得不好的总体原因：

（1）有时不够细心，没有正确理解评语的指导含义。

（2）有时能够理解上次作文的评语，但下次写作时又不能注意到。

（3）有时写作时会手忙脚乱，大脑一片空白。

陈省建：

近三次的写作训练效果很差，精神不够集中，而且有些恐惧感；做题总是犯老毛病，没有很好地运用句式。上次老师再三强调我的语法问题，但可能由于自己的基础较差所以写作时还是出现很多语法错误，以后要学会灵活运用，下次争取好的成绩，平时必须多做写作训练。

有些学生甚至有更高层次的反思：

马姿琳：

写作文和做人真的很相似，在这份卷中错题的根本原因是与个人性格缺陷有关。我个人较自负，没有很好地理解教师的评语，没有认真吸取教训。"学习要先学做人"，这句话是不错的。

2. 教师反思

（1）心理学认为，每个人都有被赏识的欲望。通过赏识、鼓励，一旦潜在的积极向上的心理动机被激发出来，他们的潜能将如火山喷发一样。所以欣赏、鼓励是此项研究的基本情感。

（2）从评语中学生也能领悟出教师对自己是否关心、有信心。因此我们要充分利用作业评语加深师生情感，达到教与学两者的和谐与统一。

（3）在教学实践中，总会出现学生对知识理解掌握得不理想的情况，在做作业时就会出现这样那样的错误，而绝大多数学生又比较敏感，教师如果不注意批评的方式方法，往往事倍功半。在细心指出每一个错误的同时，要注意使用委婉的语气。

（4）要注意此项训练目的不仅仅是为英语写作学习而服务，教师要引导学生发现自己学习上的长处与不足，形成关于自身的元认知知识，为改进后续的学习提供依据；同时在此训练过程中，强化反思意识，促进学生自主学习能力的提高。

多年来，笔者以"生"为本，活用评语，努力挖掘学生写作的潜能，在提高学生书面表达能力方面收到了很好的教学效果。如2017年，笔者任教的高一（11）班和（12）班的学生参加高州市统考，英语书面表达的平均分是同类班中最高的。愿笔者的这点教学体会能对正在为写作教学而苦恼的教师有所帮助。

第五章 听说训练

基于英语学科核心素养的高中英语听说教学探索

广东高州市第四中学 李玉婷

一、学科素养视角下的高中英语听说教学的问题

《普通高中英语课程标准》（2017年版）明确了培养学生英语学科核心素养的发展目标，即培养学生的语言能力、思维品质、文化意识和学习能力。英语核心素养的四个方面是相互联系、共同促进的。教师要协调文化品格与语言能力、思维品质及学习能力的关系，避免语言学习与文化品格塑造的脱节。教师应将这些英语素养通过实践性、综合性、探究性的活动进行整合，改变教学内容的碎片化状态，将知识学习与技能发展融入主题、语境、语篇和语用之中，促进文化理解和思维品质的形成，引导学生学会学习，培养核心素养。

目前，高中英语听说课还存在一些不利于培养学生学科核心素养的问题。比如，听说课教学总体偏应试，教师注重语言知识和听力微技能的教学与评价，而忽视了对学生思维能力、文化意识的培养与评价；教学以教师为中心，关注教师的教多于学生的学；教学模式化、表层化、程式化，无情感交流，忽视情境创设和对主题意义的深层次探究；内容碎片化，缺乏整合，难以使学生形成能力；等等。因此，如何在高中英语听说课中有效培养学生的学科核心素养是高中英语教师迫切需要探讨的问题。

二、在高中英语听说教学中融入学科素养的培养

1. 学会预测

预测是一种推理性的认知技能，是常见的重要的英语听、读微技能。根据图式理论，预测的过程就是学习者提取已有背景知识或者图式，联系文本信息，不断比较、验证、修改的过程。听前阶段合理预测，可以激活学生的已有图式，激发其学习兴趣，引发其学习期待，使其更专注于即将学习的内容，有利于理解文本大意。

听力理解过程并不是简单地对字面语言信息进行解码的过程,而是输入信息与听者头脑中已有知识的动态交互过程。听者通过一系列的思维活动,预测即将听到的语篇信息,并结合已有的知识和经验,共同形成对于语篇信息的理解、预测和验证。视听前预测可以有效激活已有图式,激发学习兴趣。在听力教学中,听者的图式可分为语言图式(linguistic schema)、内容图示(content schema)和形式图式(formal schema)。图式是认知的基础,是背景知识的有机整体,丰富的图式有利于对文本信息的理解。

在广东省高考英语听说考试中,Part C部分是有故事梗概和关键词提示的,笔者认为可以充分利用这些提示,从故事概要中挖掘隐藏的信息,再联系关键词进行想象。由于所给出的故事一般与日常生活比较贴近,思想也是正面健康的,可以用常理进行推断。学生如果能做好"断句"和"挖掘"信息,即使没有全部听懂,也能争取多拿分。从2011年到2017年,除了2015年外,其他每一年都有一套题是这样的套路:有人晕倒了或受伤了,Tom救了他(她)。而故事的套路一般有这样一些共通的情节:

(1)介绍晕倒的人与救人者的关系。(根据实际情节而定,但两者一般是有关系的,有些年份的题是伤者养的动物等)

(2)有人晕倒了或受伤了,这一情节一般被描述为"被发现躺在地上"。(He/She was found lying on the floor.)

(3)救人,一般是打电话找医生。(called the doctor at once/was sent to the hospital at once)

(4)人得救了。(He/She was saved in time.)

下面以2017年D篇高考题Part C为例进行说明。

故事梗概:Mary从小学习手语,某天她用手语帮助医生施救。

关键词:sign language(手语),car accident(车祸),doctor(医生),communicate(沟通,交流),help(帮助)。

根据故事梗概和关键词,经过断句进行想象预测后,获得如下信息:

1. Mary从小(几岁、从谁那里)学习手语。

2. 她看到/遇到车祸(关键词,逻辑推断)。

3. 伤者受伤躺在地上不能说话(逻辑推断,联系高考题的套路)。

4. 医生不懂手语(关键词,逻辑推断),不能与伤者交流(关键词)。

5. Mary用手语翻译,帮助医生施救。

6. 伤者受到及时救助,感谢Mary。

再对照听力原文：

Mary is an eleven-year-old girl. Her mother is a sign language translator. Mary learned sign language from her mother when she was a small child. One afternoon, Mary went back home by school bus. When she got off the bus, she saw an ambulance and heard people talking about a car accident across the street. Instead of going home, Mary went over and stayed there with many other people. She was curious about what was happening. There were doctors busy saving the injured. She noticed that a doctor did not understand what the injured was trying to tell him. The doctor asked that people around whether there was anyone who understood sign language. Then Mary offered to help. She quickly got what the injured woman meant and explained to the doctor that the woman's neck was badly hurt. With Mary's help, the doctor was able to provide the woman with immediate and proper care for her neck. He thanked Mary for her help. Mary felt proud of what she did.

学生即使听不懂也可以靠翻译预测的内容拿分。预测也可以贯穿整个听力过程——在听前预测激发学生思考，在听中验证预测并修正和补充信息，在听后环节对信息进行回顾和深入探讨。

教师要重视并善于运用预测这种听说教学中的微技能，引导学生积极思维，激活其大脑中的相关图式，引导其对听说内容进行积极预测，主动进行意义建构，最终实现对视听内容的理解。

2. 巧用思维导图

思维导图是隐性思维的显性工具，具有信息检索、整理和生成的功能。借助思维导图引导学生把分散的信息进行有效聚集和整理，可以快速达成对文本内容的了解，并实现自身对信息的提取，从而在头脑中形成有关故事的框架结构。在听说任务设计中，教师为了突出学生的主体地位，体现课堂生成的过程，引导学生以思维导图的形式记录相关信息。这种形式不仅能清晰呈现信息之间的关联，有助于学生对整个事件形成全面而清晰的了解，实现对主题意义的探究，而且具有开放性，可以贯穿整个听说过程，让思维导图真正成为语言输出的支架。笔者先让学生观看思维导图制作的微课，并上传到班级的QQ群，这样学生可以根据自己的具体情况反复地观看，直到掌握为止。以2017年广东高考英语听说考试A的Part C为例，录音原文如下：

Mary was not very rich and could not afford any jewels. But she was as beautiful as a queen in the eyes of little Tom, her son. One day, her friend Emma invited Mary to her birthday party. Mary accepted the invitation and went with Tom. She went there simply dressed and wore no rings or necklace. Emma was rich and was wearing a fancy dress and shining jewels. Tom was impressed. At the party, Emma received a lot of gifts and showed them to the guests. Some of them were beautiful jewels. Tom thought his mother must look great with those jewels. He wished his mother could have one of them. So he secretly took one and hid it in his pocket. On their way home, Tom took out the jewel and gave it to Mary. Surprised and angry, Mary blamed Tom for stealing the jewel. Tom cried, "Mom, I just wanted you to have a jewel like a queen." Mary held Tom in her arms and said, "My dear, you are my jewel. If you can't be an honest person, you break my jewel." Then they went back, apologized to Emma and returned the jewel.

其中有一个学生做了一个思维导图，如下图所示。

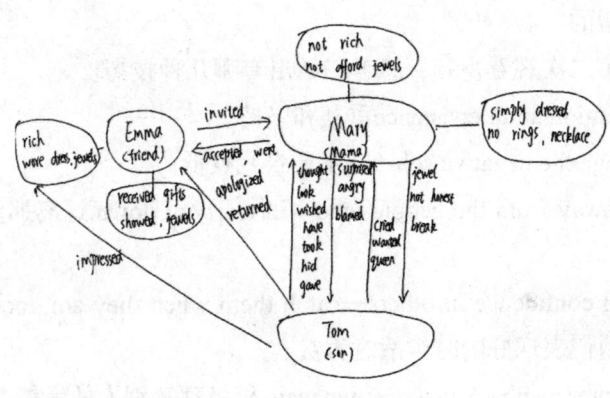

思维导图

听完两遍Part C的故事后，笔者会让学生自己复述一遍，然后小组合作，2个同学为一组，互相复述故事，互相纠正；然后我再抽查学生的笔记，让学生投影自己的思维导图并面向全班进行复述。

3. 选用TED

TED（指技术technology，娱乐entertainment，设计design这三个单词首字母的缩写）是美国的一家私有非营利机构，理念是"值得传播的创意"。由于TED视频载体为英语，并且在形式、内容和表现方式上与中学英语教学理念的一致性较高，因此可以运用TED资源培养学生的语言知识与语言技能。另外，TED视频短小精悍，每个演讲不超过18分钟，演讲者多为在各自领域的前沿创新者，演讲的内容都极具前沿性和引领性，因此能拓宽学生视野，吸引和维持学生学习的注意力，提高学生的学习效率。笔者选取了2017年最受欢迎的TED演讲——体育部前主任和足球教练Dr. Ivan Joseph的《自信的技巧》。Dr. Ivan Joseph的语言诙谐幽默，也出现不少亮点句式，用自己和学生、自己和妻子、儿子的例子，完美地诠释了应如何建立自信——而自信恰恰是学生说英语口语时所缺乏的。让学生观看第一遍视频时，特别留意哪些句子我们是可以模仿使用的，表达出一种什么情感。注意答案不是唯一的，让学生的思维迸发出火花。

学生记录到的亮点句式，如Dr. Ivan Joseph回应家长说他们的子女能够踢好足球时所说 "Those are the last things I'm looking for."

Dr. Ivan Joseph大学时追求他妻子，他妻子通过女伴回应："She wouldn't date you unless there was the last person on earth, hell was freezing over, there was a small chance we had to save the planet Earth."

在这种语境当中，the last所表达的情感是"最不愿意；最不可能；最不适合的；最不希望的"。

再让学生第二次观看视频，思考归纳出有哪几种技巧。

（1）Repetition and Persistence重复和坚持。

（2）Change the negative self-talk不要自我贬低。

（3）Get away from the people who will tear you down.远离那些会拖你后腿的人。

（4）Build confidence in others—catch them when they are good.帮助别人建立信心——在他们表现好的时候适时赞赏。

（5）Interpret feedback in a positive way. 积极理解别人的反馈。

又如，在设计人教版高中英语教材必修一Unit 2 English around the world单元教学时，教室可参考TED英语视频中Jay Walker的演讲The World's English Mania和Patricia Ryan的演讲 "Don't insist on English"，引导学生对全球英语热的现象进行思考，并发表自己的观点。

这样，在关注语言学习的同时，在思维层面给予了一定的启迪与引领，学生的情感和思维能力也得到了一定程度上的提升。从罗列、提取等初级认知思维层次拓展延伸到评价、归纳、总结等高级认知思维层次，可以使学生在听说课中逐步发展思维能力。英语学习可分为三个层面，即语言学习、文化学习和思维学习。语言和思维的关系最为密切而又错综复杂。在语言和思维中，思维起主导作用，语言能力的发展不能先于认知能力；语言从属于思维，它决定不了思维。

4. 借助图片

听说教学中需要的某些图片在网络中很难觅得，但这些场景和情境在日常生活中有时却能不期而遇。教师所要做的就是利用手中的摄影设备，及时记录各种难得的生活场景，以充实图片资料库，积累源于生活的第一手教学资料。这不仅可以减少备课时查寻图片的时间，而且这类图片都源于真实生活，基于个人经验，更容易引导学生有所感、有所想、有所悟。例如，笔者经常抓住学校开展各种活动的机会，如运动会、歌咏比赛等，将学生在活动中自我展示的精彩瞬间记录下来，再按照主题加以分类整理。这样将学生的所见所闻和亲身经历变成练习口语的语言学习情境，学生自然会有浓厚的表达欲望和学习兴趣，并容易进入深入思考的积极状态，培养思维技能（如分析、对比、归纳、演绎等），促成思维品质的形成，也就是英语学科核心素养之一。

笔者在复习人教版高中英语必修三Unit 2 Healthy eating时，要求学生用本单元的关于事物的词汇、短语和句型，根据很多学生不在食堂吃饭却跑到外面买外卖的实际情况，看图片口头编故事。照片上都是自己班上比较受欢迎的学生，所以一下子激起了学生说英语的欲望。

以下是一位学生的发言：

I am studying in ××Middle School, whose canteen provides balanced diets which include beans, peas, cucumbers, eggplants, peppers, mushrooms, carrots, chicken, pork, duck, fish and so on. Several weeks ago, my classmate lost weight. I asked him the reason, but the reason given by him didn't make sense, which meant that he must be lying to me. In order not to have him getting away with telling lies, I decided to spy on him. Curiosity drove me to find that he didn't have meal at school but bought some barbecued mutton kebabs, sugary cola, fried chicken outside, for he didn't like the flavour of canteen's food. Having consulted a doctor about it, I knew that canteen's food was of benefit to our health because ingredients used by canteen offered us enough fiber, protein, vitamin, so I thought he ought to have dinner at school. If he cut down on eating junk food, he would put on weight before long. At that time, he would say he was in my debt.

三、结 语

核心素养的培养不是仅仅通过单一的教学过程完成的，而是通过教师在课前精心设计，学生在课堂内外多方位、全角度学习，以及进行大量综合实践逐步完成的。教师应创设具有关联性、综合性和实践性的英语听说活动,通过连续的、有阶梯难度的任务,使学生在提高听说能力的同时,力争培养和提升学生的文化意识与思维品质,从而彰显英语课程工具性和人文性的双重特征,实现语言教学的育人目标。总之,教师应以培养学生的英语学科素养为宗旨,将学科核心素养的形成和发展始终贯穿于高中英语听说教学的全过程。

山区学校提高学生英语听说能力方法探究

广东高州中学 梁冠华 何玉玲

一、研究背景

广东省从2011年开始在高考英语中加入了计算机辅助英语听说考试。我们山区学校无论是师资力量还是学校硬件配置都弱，但我们决定迎难而上，通过调查问卷、课堂观察和访谈，找出学生英语听说学习中的问题，并针对他们的问题探索出适合我们山区学校的提高学生英语听说能力的方法。

二、实验结果

1. 调查问卷

学生的英语听说学习问题与障碍

	高一同意	高二同意	高三同意
学习英语的知识不够，如语音、词汇、语法	91.1%	91.7%	80.4%
不懂英语听说学习的方法	73.1%	75%	51%
不敢开口练习	70.2%	50%	70.6%
无法找到伙伴练习	73.1%	66.7%	76.5%
没有足够的练习时间	68.7%	58.3%	66.7%
缺乏动机	71.7%	66.7%	62.8%
没有课本和相关资源	35.9%	46%	49.1%

高一91.1%、高二91.7%、高三80.4%的学生认为没有足够的英语知识是第一大阻止他们发展英语听说能力的障碍。73.1%的高一学生和75%的高二学生称他们不懂听说学习的有效策略，希望教师可以提供听说学习策略。

学生提高英语听说水平的学习策略

学习策略	高一	高二	高三
上英语课	30.6%	28.5%	28.1%
预习复习课文	26.9%	26.9%	24.7%
学习语法	30.3%	27.9%	27.1%
记忆单词	34.2%	32.9%	33.7%
记忆各类固定句型	32.1%	31.9%	31.8%
朗诵文章	35.7%	35%	35.1%
背诵范文	31%	28.1%	31.2%
加强阅读	34.%	32.3%	32.2%
练习听力	33.1%	37.9%	34.7%
练习写作	28.2%	30.8%	29.2%
网上用英语聊天	25.4%	24.8%	25.1%
用模拟题练习	25.4%	27.5%	30.2%
参加辅导班	17.5%	17.7%	19.4%
使用多媒体英语学习软件	29.4%	26.3%	31.8%
猜测本次考试的考题	15.9%	15.4%	18.2%
日常多用英语与老师、同学交流	30.6%	31.7%	30.6%
常去英语角练习	26.1%	28.1%	26.3%
听或看英语节目	31.5%	30.6%	34.1%

高一、高二学生还没有英语听说考试的压力，在英语听说学习中应选择一些良好的语言学习方法，如记忆单词和各类固定句型、朗诵文章、加强阅读、背诵范文、听或看英语节目等。高三学生则应将重点放在考试上，英语听力练习和练习模拟题所占比重应当加大。

你的英语老师在哪一方面进行过语音教学

语音教学	高一（符合）	高二（符合）	高三（符合）
元音字母，辅音字母	64.2%	52.1%	68.6%
元音音素，辅音音素	67.8%	54.2%	68.6%
单词重音	64.2%	56.3%	86.3%
升调，降调	52.2%	75%	94.1%

续 表

语音教学	高一（符合）	高二（符合）	高三（符合）
句子重音	49.3%	71%	96.1%
不完全爆破	36%	27.1%	58.9%
连读	73.1%	64.6%	94.1%
意群和停顿	58.2%	73%	96.1%
同化	68.7%	29.1%	49%

由于听说考试第一题就是测试学生的微语言能力，因此教师的语音教学非常必要。从上表可见，高一、高二的语音教学弱于高三，但总的来说，高一有80%、高二82.3%、高三79.4%的学生尽量模仿老师的发音或英语录音，学习正确的语音语调。

2. 课堂观察

课堂观察主要采用陈丽英用的课堂观察表，主要观察英语老师组织下列课堂活动的频率：①听写。②同桌或小组问答。③小组讨论。④朗读课文。⑤复述课文。⑥口头报告。⑦角色扮演。结果如下表所示。

学生在课堂中的听说频率

参加者	观察时间（分钟）	听说活动时间（分钟）	采用听说活动的类型	形式
高一学生	280	146	课前报告	面向全班同学
			问答	小组活动
			复述	主动举手
			报告	报告并评论
			讨论	小组讨论并报告
			朗读	大声朗读
高二学生	320	163	问答	小组活动
			复述	主动举手
			讨论	小组讨论并报告
			报告	报告并评论
高三学生	200	37	问答	小组问答或师生问答

（注：这里每节课持续40分钟。）

上表表明，高三年级在课堂中口语练习是非常有限的。高一和高二的教师选择问答和讨论作为常用方法，他们认为这些做法最有效，适合课堂教学，能让所有学生参与，同时他们还喜欢让学生复述。

3. 访谈

一位高二教师说："为什么高一高二的教师很少做语音教学？这是因为我们的教学时间非常有限。高三学生将重点放在听、说、读、写各方面的技能训练上。因此高三学生获得更多的发音练习。"其他三位教师持相同意见，他们认为英语教师的英语听说水平会影响他们学生的相关能力。

一个高一学生说："我喜欢大声朗读、模仿，与同学交谈，看英文电影或听英文歌曲。我重视自己的语音学习，因为我觉得它是我英语学习的基础。"一个高三年级的学生说："我认为有充分的语音教学和语法学习是很重要的。语法学习可以让我们说得更准确，所以我们不能忽视它。"另一名高二的学生说："我初中来自农村，我的发音不是很好，所以我试图通过向老师或同学寻求帮助来纠正我的发音。而且我认为模仿是非常重要的。"

4. 研究结论

大多数学生认为语音、语法和词汇等知识的缺乏是他们发展听说能力的第一大障碍。非毕业班学生的语音练习比高三学生少。即使如此，他们也会模仿他们老师和录音来学习正确的发音。至于学生的听说实践，高一、高二的学生认为他们的教师给他们布置过听写、小组讨论、朗读、复述、口头报告、角色扮演的任务，对学生个人或小组进行过提问和回答。高三的课堂听说活动只有听写和对学生个人和小组的提问和回答，以及模拟训练。

高一、高二学生倾向于选择一些有用的语言学习策略，如扩大词汇量、尽量记住一些固定短语、大声朗读、多做阅读、背诵课文、听或看英语节目等。在考试前，相当多的高三学生把更多的时间用来练习听说，并做更多的模拟听说测试。

三、基于研究结果我们采取的做法

我们要求高一英语教师要对学生的发音给予足够的重视，在学生刚入学时就要规范学生的读音，帮助学生温习语音知识，要求学生日常多模仿教师和录音的发音，同时要给予学生学习方法的指导。

教师主要可利用的教学方法如下：①课前5分钟英文演讲。②朗读。高霞、杨惠中、朱正文研究了朗读的神经传递过程和心理过程，并指出朗读是一个有着复杂心理、生理变化的语言驾驭过程。③角色扮演。④复述。教师可以引导学生用不同的人称、时态、语态来表达所学的内容：以故事的情节为线索，把重点词句写在黑板上；以时间顺序、类别等为线索画成表格，引导学生复述。⑤背诵。

教师还要重视每一节课的导入，这样不仅可以让学生带着好奇心进入即将要学习的课程，此时还是训练学生英语听说能力的一个好机会，因为教师可以采用多种方法来用英语导入课程。下面是教师们参考使用的一些导入新课程的方法：①自我介绍导入法。②图片导入法。③视频导入法。④音乐导入法。⑤故事导入法。⑥实物导入法。⑦竞赛导入法。⑧时事导入法。⑨"以旧带新"导入法。⑩背景知识导入法。

进入高三阶段，教师首先要针对听说考试的不同题型对学生进行策略指导。做第一部分模仿朗读时，第一遍看视频听录音时，不要被视频的画面所干扰，注意力应放在说话者的发音、语调和意群停顿上，同时尽可能地记下一些关键词语，尤其是有连读、吞音和停顿的词语。第二遍边听录音边看视频上的文字时，除进一步熟悉上述的要点之外，最为关键的是要注意说话者的语频，并对个别较难发音的单词加以关注。录音时，考生是看着相同的视频片段进行录音。这时考生发音要自然，最为关键的是语频要与视频上的保持一致，并尽可能地靠近原音的语音、语调和语速。做第二部分三问五答时，第一节提问，平时应强化对一些常用疑问句型的应用，争取达到娴熟的程度。平常可多做类似的翻译练习。一般疑问句、特殊疑问句、一般疑问句+疑问词+从句（从句采用正常语序）；由疑问词+do you think+其他部分（采用正常语序）。第二节训练学生边听边写的能力。要教会学生速记的方法，快速记录关键信息，如人物、事件、地点、时间、原因等都是关键信息。第三部分故事复述，关键是围绕故事四要素做文章。故事的四要素就是主题、人物、事由、结局，抓住这些关键信息之后，记下关键词语，然后再根据故事情节发展的顺序进行复述即可。故事复述，也是要尽可能接近原文，甚至能把原文背下来。因为和原文的匹配度越高，得分就会越高。当然，上机进行模拟训练是必不可少的。

四、改进教学方法后我们取得的成绩

2015年高考中，我校学生何东清同学以总分144分获茂名市英语单科状元。

2016年高考中,我校学生黄章屏以145分获茂名市英语单科状元。2015年高考英语听说考试中,全校共22位同学成绩在14分以上。2016年高考英语听说考试中,全校共39位同学成绩在14分以上,取得较大的进步。由此可见,我们针对学生学习过程中遇到的问题和障碍所采用的提高学生英语听说能力的方法是有效的。

广东高考计算机辅助英语听说考试对学生英语口语学习的反拨作用

广东高州中学　梁冠华　何玉玲

一、引言

　　Hughes给反拨作用下的定义是："语言测试对教与学所产生的影响。"反拨作用有正面的，也有负面的。近几十年，人们对反拨作用进行了大量深入的实证研究，如对大学英语四/六级考试、大学入学考试等的研究，凌和军等人研究了高考英语口语考试（江苏卷）对教师教学的反拨作用。2011年广东开始了高考计算机辅助英语听说考试，用来测试高中英语学习者用英语交际的能力。作为一名高中英语教师，笔者对该考试对高中学生的英语口语学习的学习动机、学习态度、学习方法和学习行为的影响很感兴趣，以求从学生对该听说考试的反馈中改进自己的教学，寻求更有效的英语口语教学方法。

二、研究方法

（一）理论框架

　　本研究的主要理论根据是Alderson&Wall的15个反拨效应假设和Bailey根据Hughes的理论提出的"PPP"反拨效应模式。本文将研究广东高考计算机辅助英语听说考试对高中学生英语口语学习的反拨作用，因此，假设2、5、6、8、10、和11（测试会影响学生的学习内容、学习方法、学习的速度和顺序、学习的程度和深度以及学习的态度）将有助于我们设计问卷来调查学生对广东高考计算机辅助英语听说考试的理解和它的反拨效应。Bailey的"PPP"反拨效应模式则强调的是测试会对各个过程的参与者产生影响，包括前反拨效应和后反拨效应。

（二）研究问题

本文根据以上理论，并结合广东高考计算机辅助英语听说考试的实际，提出以下的研究问题：①广东高考计算机辅助英语听说考试对高中学生英语口语学习的学习动机和学习态度的影响如何？②该考试对高中学生英语口语的学习方法影响如何？③该考试对高中学生的英语口语学习行为的影响如何？

（三）受试者

本研究的受试者是本校高一、高二、高三各一个班的学生，其中高三学生先后参加了英语听说考试前和后的两次问卷调查，再从中随机抽出5位同学参加访谈。发给高一学生70份问卷，收回67份；发给高二学生50份问卷，收回48份；发给高三学生55份问卷，收回51份。

（四）测试工具

本研究的测试工具主要是调查问卷和个别访谈。问卷调查分别于英语听说考试前一个月和后一个月进行。访谈主要是对问卷结果做进一步的调查研究，探究其原因。

（五）问卷内容

第一题：你是否认为有必要进行英语听说考试?

第二题：如果听说考试的成绩不算入高考成绩，你是否仍会坚持口语练习？

第三题：你每周花在英语口语训练的时间是：

A. 大约2课时（80分钟） B. 大约3课时（120分钟）

C. 大约4课时（160分钟） D. 大约5课时（200分钟）

E. 大于5课时

第四题：你认为英语听说考试的重要性是（可多选）：

A. 了解自己的听说水平 B. 提高英语综合能力

C. 为将来就业做准备 D. 能够与人用英语交流

第五题：你喜欢用来提高口语水平的学习策略有：

1. 上英语课 2. 预习、复习课文

3. 学习语法 4. 记忆单词

5. 记忆各类固定句型 6. 朗诵文章

7. 背诵范文 8. 加强英语阅读

9. 练习英语听力 10. 练习英语写作

11. 网上用英语聊天 12. 用模拟试题练习

13. 参加辅导班 14. 使用多媒体英语学习软件

15. 猜测本次考试的考题

16. 日常多用英语与外教、老师、同学交流

17. 常去英语角练习

18. 听或看英语节目

第六题：对你来说，提高英语口语能力的障碍是：

1. 英语知识不够，如语法、词汇、发音等

2. 不懂学习英语口语的方法

3. 不敢开口说

4. 难找到搭档练习

5. 没时间练习

6. 缺乏动力

7. 缺乏资源，如课本、音像资料等

第七题：你的英语老师在下面哪一方面进行过语音教学？

1. 元音字母、辅音字母　　　2. 元音音素、辅音音素

3. 单词重音　　　　　　　　4. 升调、降调

5. 句子重音　　　　　　　　6. 不完全爆破

7. 连读　　　　　　　　　　8. 意群和停顿

9. 同化

第八题：你会尽量听清老师的发音或英语录音，进行反复模仿，学习正确的英语语音语调吗？

第九题：你的英语老师经常组织下列哪项课堂活动？

1. 听写　　　　　　　　　　2. 同桌或小组问答

3. 小组讨论　　　　　　　　4. 朗读课文

5. 复述课文　　　　　　　　6. 口头报告

7. 角色扮演

第十题：你参加老师组织的以上活动的频率如何？

（六）数据记载

首先对问卷答案进行了数字转换，数字转换的方法如下：第五题，每小题配有四个选项，如第五题：你喜欢用来提高口语水平的学习策略中的第一个策略：上英语课的选项是（A）非常符合；（B）较符合；（C）不太符合；（D）不符合。选择A答案被赋予分值4分，B答案3分，C答案2分，D答案1分。在进行数字转换后，再采用Excel制表进行统计分析。

三、研究结果

（一）广东高考计算机辅助英语听说考试对高中学生英语口语学习的学习动机和学习态度的影响如何？

高一64%、高二75%、高三（前测）94.1%、高三（后测）81%的学生认为有必要进行英语听说考试。如果听说考试的成绩不算入高考成绩，高一79%、高二79.1%、高三（前测）59%、高三（后测）70%的学生仍然会坚持英语口语练习。

学生每周花在英语口语训练的时间

课时	高一	高二	高三（考前）
大约2课时（80分钟）	52.2%	77%	30%
大约3课时（120分钟）	25.4%	14.6%	25%
大约4课时（160分钟）	10.4%	4%	24%
大约5课时（200分钟）	7%	4.4%	16%
大于5课时	5%	0	5%

上表表明，学生花在英语口语训练的时间是有保证的，特别是高三即将参加考试的学生，时间明显增多，鉴于高考在即，高三（后测）不询问学生这道题。

由此可见，该考试提高了学生学习英语口语的热情，学生会花一定的时间进行口语练习，该考试对高中学生英语口语学习的学习动机和学习态度方面产生了较强的反拨作用。

（二）该考试对高中学生英语口语的学习方法影响如何？

学生喜欢用来提高口语水平的学习策略

学习策略	高一	高二	高三（考前）	高三（考后）
上英语课	3.0597	2.8542	2.8084	2.7451
预习、复习课文	2.6866	2.6875	2.4706	2.4902
学习语法	3.0299	2.7917	2.7059	3.4510
记忆单词	3.4180	3.2917	3.3726	3.3922
记忆各类固定句型	3.2090	3.1875	3.1765	3.0589
朗诵文章	3.5672	3.5	3.5098	3.3334

续表

学习策略	高一	高二	高三（考前）	高三（考后）
背诵范文	3.1045	2.8125	3.1177	3.0785
加强英语阅读	3.4030	3.2292	3.2157	3.1177
练习英语听力	3.3135	3.7917	3.4706	3.3726
练习英语写作	2.8209	3.0834	2.9216	2.8824
网上用英语聊天	2.5374	2.4792	2.5098	2.4510
用模拟试题练习	2.5374	2.75	3.0196	1.7844
参加辅导班	1.7463	1.7709	1.9412	1.8432
使用多媒体英语学习软件	2.9403	2.6250	3.1765	3.1177
猜测本次考试的考题	1.5883	1.5417	1.8209	1.666
日常多用英语与外教、老师、同学交流	3.0597	3.1667	3.0589	3.1569
常去英语角练习	2.6120	2.8125	2.6275	2.6079
听或看英语节目	3.1493	3.0625	3.4118	3.3334

上表表明，高一、高二学生英语口语学习倾向于选择一些良好的语言学习方法，如重点记忆单词和各类固定句型，朗诵文章，加强阅读，背诵范文，听或看英语节目，日常多用英语与外教、老师、同学交流等。高三学生则因为即将到来的听说考试而将重点放在考试上，如练习英语听力和用模拟试题练习占的比重相当大，但考完试后，学生对英语口语学习策略又从考试本身转到语言学习上了，学习语法、朗诵文章、练习英语听力、记忆单词、听或看英语节目等成为学生的优选。考试后，高一、高二和高三学生倾向使用的英语口语学习方法重心向语言能力倾斜，着重从提高英语综合语言能力来提高口语水平。由此可见，该考试确实对学生的英语口语学习产生了一定的正面的反拨作用。

（三）该考试对高中学生的英语口语学习行为的影响如何？

高一、高二、高三的学生都认为提高英语口语水平的首要障碍是英语知识不够，高一、高二的学生认为第二个障碍就是不懂学习英语口语的方法，而高三学生认为是难找到搭档练习。

你的英语老师在哪一方面进行过语音教学

语音教学	高一（符合）	高二（符合）	高三（符合）
元音字母、辅音字母	64.2%	52.1%	68.6%
元音音素、辅音音素	67.8%	54.2%	68.6%
单词重音	64.2%	56.3%	86.3%
升调、降调	52.2%	75%	94.1%
句子重音	49.3%	71%	96.1%
不完全爆破	36%	27.1%	58.9%
连读	73.1%	64.6%	94.1%
意群和停顿	58.2%	73%	96.1%
同化	68.7%	29.1%	49%

从上表可见，高一、高二的语音教学弱于高三。从访谈中得知，高三老师在专项复习时注重语音教学；相反，高一、高二的老师可能是由于课程内容较多而忽略了语音教学。但总的来说，高一有80%，高二82.3%，高三79.4%的学生会尽量听清老师的发音或英语录音，进行反复模仿，学习正确的语音语调。

对于英语老师在课堂上组织的小组问答、小组讨论、口头报告、角色扮演等活动，学生参与的频率如下表所示。

学生参与老师组织的课堂活动频率

频率	高一	高三
从不	1%	2%
偶尔	23.9%	27.7%
有时	40.2%	39%
经常	26.9%	17.7%
总是	8%	13.6%

从上表可看出，学生积极参与教师组织的口语训练活动，这不仅提高了他们通过考试的能力，也有助于巩固他们的语言综合能力，该考试对高中学生英语口语学习的行为具有正面的反拨作用。

四、结 论

　　本研究通过对比分析收集的数据，初步得出以下结论：广东高考计算机辅助英语听说考试对高中学生的英语口语学习的学习动机和学习态度、学习方法、学习行为都产生了一定的正反拨作用。学生倾向采用良好的口语学习策略，积极参与教师组织的口语活动来提高英语口语能力。

广东高考英语听说考试答题技巧综述

广东高州中学　梁冠华

对于广东高考英语听说考试，很多考生觉得比较难，尤其是对考试技巧不太熟悉的学生。在这里，笔者根据英语学霸们的经验，综合整理出一些有实战作用的答题技巧，供老师教学、家长指导、学生应试参考。

一、Part A：模仿朗读

技巧一：

模仿朗读音量很重要！考生读的时候会有点紧张，但也要留意音量，声音太大和太小都录不进去，所以要根据音量条调节自己的声音。

模仿朗读重点在于模仿，所以考生要主动、刻意去仿照原音。美音就读美音，英音就读英音；录音读得很夸张考生也要很夸张，强调模仿能力。

模仿包括停顿、语调、连读，还有意群。当然你要读准单词，平时要知道单词怎么读，学会去猜生词的读音。

做笔记的话，可以标注一下语调，停顿在心里记住就可以。另外，你要对整个段落有一个整体把握。

技巧二：

要跟上录音的速度，不要回读！千万不要回读，错了就错了，保持节奏，把注意力集中在下面的句子上。在完整的基础上尽量吐词清晰，尾音标准，每个字节都要对上。听起来很奇怪没关系，反正是机改，不用追求好听。

技巧三：

第一遍放视频的时候，不要跟读，要仔细听，注意生词和每一句的语速，等一下根据语速适当调整自己的节奏。第二遍快速通读全篇之后，再读几遍生词所在的句子，注意连贯性。第三遍，自信大声地读，不要被旁人干扰。有些考生就是因为机器比别人慢两三秒有点慌，导致发挥失常了。不管怎么样，大声！自信！不要慌！

二、Part B：角色扮演

技巧一：

Role Play最重要的是最开头的那个视频，因为只读一次，你要集中精神，不要看视频的画面，只听和做笔记，写下一些地点、时间、人物、做什么事情的理由等信息点，基本上要回答的前两个问题的答案就出来了，注意有时候会有些陷阱。

提问题不难，基本上都没问题。然后读两次的地方，你只要集中精神听就可以了。还有，信息点要竖写。草稿纸左右对折，信息点纵向写下来，容易有效梳理信息。

技巧二：

做这部分题目，不要看屏幕。知道主题，然后把重点词记下来以后专心听就好，视频可能会分散你的注意力。一些关键的，感觉可能会问的要点，比如时间、地点、原因、计划之类的用笔记下来。

提问环节。主要困扰考生的是提问的句型。其实说白了也就那么几种，什么时候、什么地点、谁、为什么、怎么看……有时候还会问考生复合句。有些学校考前几天专门发一张这种问句的句型集锦，考试前一天熟悉一下就没问题了。如果实在不会，那就跟着别人说，千万不要空着，也不要想太久耽误听它的回答。回答更要仔细听，后面三个问题的答案都在回答里。

回答环节。如果考生知道并确定答案，那就大声清晰、一字一顿地说出来。不要一开始就说，录音一到两秒后再开始说，防止机器延迟。如果不确定，可以再晚一点说，参考一下别人的答案，前提是注意10秒钟的限制。

确定答案的时候尽量少说，比如题目问考生这是什么季节，考生回答"Summer"就好，非要一个完整的句子只会多说多错，和答案不一样的句型以及不标准的发音都有可能会导致扣分；相反地，不确定答案的时候要多说，保证自己答到要点。

技巧三：

一开始那段导读出来的时候，先快速记下，然后思考一些相关问题。比如2017年的那份考卷，导读提纲是：我是校记者，和Dr. Brown谈论儿童挑食的问题。关键词：picky eater（挑食者），preschool（学龄前）。考生就要想：他等一下会问什么呢？儿童挑食，那么挑什么食呢？为什么挑食不好呢？应该怎么做呢？没错，就是"是什么""为什么""怎么做"。先想一下，等一下再听时，心里就有底了。

第一段视频只读一遍，要快速记下关键词。一般是两人对话，主客问答，尤其要注意记回答者的话。因为只听一遍，如果有个别词听不清楚，跳过，继续记下去，切忌在某个词上想太久。

三问部分，重在平时积累。同一个问题可以有不同的表达，如考题：

问题1：在大家庭中成长是怎样的？

① What was it like growing up in a big family?

② How did you like growing up in a big family?

③ What was growing up in a big family like?

问题2：最艰难的部分是什么？

① What was the most difficult part?

② What was the hardest part?

③ What was the toughest part?

④ What was the most difficult thing?

⑤ What was the hardest thing?

⑥ What was the toughest thing?

五答部分，注意听清what、when、why等疑问词。一般两答在视频中，三答在后面的三问里面。

关于笔记技巧，数字最重要，包括星期、月份、日期、电话、车牌号等。没有一年高考五答不出现数字的。然后是原因，要把because后面的句子整个记下来。可以先记首字母，之后如果有第二遍就补充完整，没有的话就只能凭记忆了。还有，听到if从句，要特别注意主句部分，最好也能整句记下来。

三、Part C：故事复述

技巧一：

这里有个小窍门，在读之前有一个文字提示。在准备时间里把上面的提示单词抄下来，因为等到录音朗读的时候那个提示就消失了，而那些词很多时候都是passage里的高频词或者信息词，抄下来一方面可以帮助考生听那个故事，梳理脉络；另一方面考生在做笔记的时候可以不写那些单词了，这就省下一点时间去写别的东西。到真正考试的时候做笔记要很快，少写四五个单词（有些是词组）真的是很有用的。听力、反应快慢、写字速度，这三点基本决定了Part C的成绩。

第五章 听说训练

技巧二：

首先，了解一下Part C机改的大概机制，它会设定六句左右的关键句，一般来说是短文的主要情节，答到就有分。

第一件事，记下它给的关键词！给关键词不是怕考生不会那个单词，而是提示考生关键句！基本每个关键词都在关键句中，复述的时候考生一定要确定自己把关键词都说了，同时根据它给的故事梗概猜想故事情节。

听第一遍短文时主要是把握文章剧情发展，其实有经验的考生在看梗概的时候应该就已经猜得差不多了。和Part B一样，尽量简单记下关键词——第一遍记的时候不需要注意顺序，时间、地点、人物、主要物品、动作记下来就行了，听到多少记多少，记单个的单词即可。

第二遍听的时候，考生要对应自己的速记，为那些单词一个接一个连箭头，厘清顺序。复述的时候按照箭头顺序和考生自己的记忆说下来就可以了，不过这需要有一定的能力，起码可以瞬间造句。

说起造句，其实要求也不高。Part C的开放性很高，考生的语法、时态之类的错误机器其实是听不出来的！不要花精力纠结语法、时态，保证句子信息量才是重点。Part C说多了不扣分，如果扣也扣得不多，所以，能说多少说多少！不过也要保证发音清晰，特别是可能的关键句。好不好听无所谓，对机改来说清晰、标准、音节对应才是关键。

还有，如果短文里有人物直接开口说的话，特别是文章结尾部分的，那基本是要考生原文转述了，这一点要记住。

技巧三：

要快速记。第一遍先记下谓语和表语。谓语也就是动词，人物动作、事情发展都需要动词。因为故事一般只有一个主人公，只要考生记下动词，到时候就算宾语、状语之类的没有记下来，也可以讲完整个故事。表语也就是形容词之类的，要特别注意人物心理词，比如happy、sad、excited、unwilling等，这些一般是重要得分点。练习复述的时间只有一分钟，所以这一分钟要回忆完刚才没有记的内容。复述的时候要说得慢一点，好让自己同时思考。动词时态如果实在搞得很混乱就不要想太多，一般都用过去时。Part C一般都是记得越多，得分越高。

关于笔记：很多人都做不完，这很正常，录音也不会等你。速记写错了也没关系，只要考生自己能明白就好，也不用写完，尽量简写，比如想记ninety sheep and thirty goats，一般来说，只要写上90s&30g，自己就能看懂了。

关于考前：考前在候考室和备考室准备的时候，考生不要自己一个人默默复习，多和同学说话——只说英语。就算不会表达硬凑也要用英语说出来，酝酿英语的语感。反正上午这两个半小时，只用英语不停地交流，说心情、说考试、说友情等，最后临考了看到监考老师问好第一反应就都是用英语。这个状态对于接下来流畅自然地进行听说很有帮助。

"混合学习"模式在高中英语听说训练中的应用与研究

广东省阳春市第一中学 刘 莉

自2011年起,广东高考英语将"人机对话"模式听说考试纳入英语科,占总分的10%,这引起了英语教师的普遍重视。然而,在教学实践中,听说训练的模式仅局限于课堂按部就班的套题训练形式,学生易倦怠,积极性不高,而且该模式满足不了学生个性化学习的需求,训练效果欠佳。

鉴于我国网络信息技术高速发展的现状,笔者尝试将混合学习法运用到高中英语听说训练中,利用移动电话、平板电脑、智能手机等移动终端具有的携带便利、使用方便、普及率高的特点,引导学生根据个人水平,有针对性地获取各种英语听说课外素材,鼓励学生开展个性化自主训练,从而充分整合学生课堂外的碎片时间,使课外网络化辅助和课堂听说微技能训练相得益彰。

一、文献综述

(一)关于听说训练模式

景丽珍教授在《从高考英语口语测试看中学英语教学》一文中,从培养良好的听说习惯、克服焦虑心理、提高跨文化交际意识等方面,对使用多媒体进行英语听说教学的策略进行了研究。

李兴敏教授在《外语教学的移动学习模式》一文中,提出了多媒体环境下英语听说教学中自主学习模式下的网上交互法、课堂教学模式下"以学生为中心"的语境交际法等实践方法。

贾冬玲教授在《影视原文配音法在口头教学中的实践初探》一文中提出,英文电影是培养学生的语言实际运用能力、提高听说能力的有效手段。

(二)关于"混合学习"

Driscoll曾对"混合学习"进行了较为全面的论述,她认为混合学习意味着学习过程可以是"任何形式的教学技术与基于面对面的教师教学培训方式的结合，以实现最理想的教学效果"。

李克东指出："混合学习（Blended Learning）是人们对网络学习（E-Learning）进行反思后，在教育领域，尤其是教育技术领域较为流行的一个术语，其主要思想是把面对面（Face-to-Face）教学和在线（Online）学习两种学习模式进行整合，以达到降低成本、提高效益的一种教学方式。"

何克抗指出："所谓Blended Learning就是要把传统学习方式的优势和E-Learning（数字化或网络化学习）的优势结合起来。也就是说，既要发挥教师引导、启发、监控教学过程的主导作用，又要体现学生作为学习过程主体的主动性、积极性与创造性。"

"混合学习"理论给我们的启示是：只有将课堂和课外两者有机结合起来，优势互补，双管齐下，才能将听说训练效果最大化。

（三）当前研究的空档

研究表明，混合学习对提高从幼儿园到大学阶段的以英语为二语的高、中、低水平学习者的听说水平有显著效果，但是目前就该教学模式结合广东高考英语听说考试该如何有效操作还不够具体，所以针对"人机对话"模式听说考试训练的指导性不强。因此，笔者将从高中英语听说训练实际案例中进行混合教学研究，希望从有效性和可行性方面得到更为科学的验证。

二、听说教学的目的及现状

（一）教学目的

听说教学的目的是培养和训练学生语言知识的转换能力，即让学生通过读和听等输入手段获取语言信息，经过思维对所获取内容和语言进行加工和重组，然后以言语的形式输出；同时，培养学生的思维能力、创新能力、分析能力和独立提出见解的能力。

（二）教学现状

就教学现状来看，英语教师普遍都能意识到听说教学的重要性。然而，在教学实践中，我们却不难发现以下这些现象：

1. 重目标，轻过程

例如，指导"模仿朗读"时，教师往往只说"要发音正确，要注意连贯、流畅"。其实，这只是朗读训练的目标，而不是具体的方法，对学生的指导作用不大。

2. 重声势，轻效果

在训练的实操中，大部分班级以捆绑训练为主，以模拟套题为主，采取全班齐声说的模式，声势浩大，表面效果良好，但学生个人能力没有实际的提高。

3. 重课堂，轻课外

不少学生认为听说训练只是英语课堂上的事，缺乏课后进行听说训练的动力。

4. 重数量，轻质量

经常听到一些教师或学生抱怨做了很多套题，能力仍然没有什么提高。其原因在于，过度追求训练的数量，而忽略了训练的质量；急于赶进度，忽略了基础的巩固和查漏补缺，结果自然"吃力不讨好"。

三、"混合学习"模式在高中英语听说训练中的应用研究

（一）"混合学习"听说训练模式的好处

"混合学习"模式应用到高中英语听说训练，就是把"课堂强化微技能"和"课外网络化辅助"相结合，整合两者优势，从而提高英语听说训练的效果。

"课堂强化微技能"，就是根据听说试题三大题型分别进行专题训练，把每个题型的能力要求分解成多个"微技能"进行针对性强化训练，即在课堂上突出过程与方法策略的指导。这样，学生在各环节的训练中，可以根据每个部分的特点进行反复训练、强化、巩固、掌握各项"微技能"，避免了套题训练蜻蜓点水、泛而不实的弊端。

"课外网络化辅助"主要是针对现在高中学生课外经常上网的现实，因势利导，引导学生课外利用网络上丰富多样的英语听说资源，根据个人实际情况进行个性化自主训练。课外利用网络资源辅助既可以满足学生个性化学习的需求，同时兼具反馈及时、互动性强等特点，能更有效激发学生的学习动机，并充分整合学生课堂外的碎片时间，提高训练效果。

（二）"混合学习"听说训练模式的实践

1. Part A：模仿朗读训练

Part A模仿朗读部分要求考生观看一段视频，然后在屏幕上显示内容并再次播放录音，让考生熟悉朗读内容，最后模仿朗读视频中的内容。Part A环节重点是考查考生的语音语调，要改善学生的语音语调可从以下几个方面着手：

（1）夯实语音基础。高中学生虽然已经系统地学习过英语的基本语音知识，但由于种种因素的制约和影响，英语教师对语音教学一直不够重视，对学

生在语音方面的问题视而不见。如许多学生在发［θ］、［ð］音时，通常用［f］、［v］代替了事。为了纠正学生由于语言环境、发音习惯等原因造成的错误，教师要向学生展示每一个音的发音口腔部位示意图，要求他们仔细辨音和模仿。在模仿、练习发音时，可以让学生对着镜子练习，了解自己发音的口形，注意舌及其他发音器官的位置，然后准确地反复练习。

笔者在进行语音教学时，还利用一些有针对性的绕口令让学生练习并进行比赛，从而大大地提高了他们的兴趣，收到了较好的效果。例如：

Ann sent Andy ten hens and Andy sent Ann ten pens.

There are thirty thousand feather on that thrush's throat.

此外，读绕口令还可以帮助学生在快速朗读的同时，掌握按意群停顿的朗读技巧，例如：

Canners can can what they can can but can not can things that can't be canned.

A writer named Wright was instructing his little son how to write Wright right.

（2）掌握英语语调。语调就是说话时声调高低抑扬的变化。在谈到英语语调的重要性时，美国著名语言学家Fris认为，在英语谈话中，重要的不是你说的什么，而是你怎么说。由于汉语语调的影响，许多学生在说英语时中国腔很重。因此在教学中，要帮助学生克服汉语语调中的负迁移；要引导学生用心去分析、感受英语中的语流和节奏，如各音节的轻重、长短、快慢之间的关系，掌握连读、吞音、不完全爆破、音的同化等规则和技巧。我们要不断提高学生认知语调的水平，进而再在语流中加强对语调和调型的模仿。

（3）不断模仿，愉悦朗读。模仿是学习英语语调的重要手段。正确地模仿调型是形成调型技能和掌握调型的良好开端。通过模仿调型，检验、巩固和矫正学生以前所形成的调型。为增加模仿的趣味性，可让学生对经典电影片段进行配音，使学生在训练的过程乐在其中。

此外，笔者还尝试利用微信、微博等深受学生欢迎的社交软件，向学生推荐有趣味、有实效的APP或公众号，引导学生根据个人水平，进行个性化课外英语听说资料的筛选，充分整合学生课堂外的碎片时间，使英语听说课堂得到有效延伸。如英语趣配音APP软件就是一个很好的实例。该软件提供的视频材料难易梯度明显，分为"经典教材""专辑课程""热门视频"等，内容鲜活，更新及时，还有高手秀场板块，其硬性要求为：配音作品5个以上，发音标准流畅而不失自然；情感饱满充沛，至少获得10个赞。这种耳目一新的训练方式让学生对模仿朗读充满了激情，加之反馈及时，互动性极强，从而激发学生不断提升自我训练的积极性，效果显著。

2. Part B：角色扮演训练

在该部分，考生首先看录像，听录音，然后根据中文提示，用英语提三个问题。考生提问一个问题后，计算机都会播放回答内容。提问环节后，考生再根据计算机提问，回答五个问题。该部分简称为"三问五答"。在训练过程中，笔者将该部分分解为"疑问句翻译""听录音，补全对话"和"听录音，回答问题"等微技能，以训练学生的"疑问句翻译""听录音获取信息"和"理解录音"这几方面的能力。

（1）疑问句翻译。在训练、提高学生翻译句子能力的过程中，如果我们只是一味给出中文句子要求学生翻译，学生易倦怠，效果不大。我们可以依托两人小组活动形式，以活动为载体，如记者招待会提问、看图问答等，把疑问句提问训练巧妙融合进去，使该训练交际化、生动化、多样化，充分调动学生的参与度，提高训练效果。

（2）记录信息微技能。不少教师都会强调，在Part B环节，学生获取具体信息的能力很重要。但学生如何记录信息，学生又该记录什么信息，却没有得到相应指导。笔者以2013年广东高考A套题为例，揭示该部分的命题规律，即"三问"和"五答"的对应关系。如第一问为"在将来的教室里互联网有什么用？"（What role will the Internet play in the future classroom?），计算机的回答为"The Internet is the place for students to get information from. It is so easy to get information because you can find what you need within seconds."而在第三答中，计算机问"Where can students get information from in the future classroom?"（The Internet.）鉴于这些对应关系，笔者设计出如下表格，在训练时要求学生提前准备好，以便在听的过程中有针对性地记录信息。

信息点

	视频对话+三问/机答	五答（与三问的对应关系）
视频对话	视频对话信息点：人物、事物、时间、地点、原因、数字（如年代、单价、折扣价、门牌号）等	机问1：
		机问2：
三问	机答1信息点：	机问3：
	机答2信息点：	机问4：
	机答3信息点：	机问5：

这样，学生在听"视频对话"和"机答"时就能有针对性地记录有用信息，在"五答"时才能准确回答。

（3）非智力因素策略指导。在训练过程中，笔者还注意尽量避免使用诸如"不要紧张"等比较笼统的指导话语，而是用"闭眼倾听"等比较具有操作性的话语去指导学生提高注意力，以有效获取信息。

（4）相关网络资源推选。关于训练听力、获取信息能力的网络资源，笔者既给学生推荐了一些网站，如http://www.putclub.com（普特英语听力）、http://www.listening express.com（听力特快）、http://www.kekenet.com（可可英语）；也推送了一些微信公众号，如天学网、纽约君等。

3. Part C：故事复述训练

（1）故事复述微技能指导。

在这部分，计算机首先呈现一句中文故事梗概提示和关键词提示，考生此时可快速推断关键词之间的逻辑关系，勾勒出故事的大致框架。笔者尝试用故事接龙的形式，鼓励学生按照所给关键词大胆预测故事情节，并用自己的语言尝试把故事讲述出来。这种故事接龙的活动形式既可以提高学生的参与度，又可以锻炼学生语言表达的灵活性。同时，这种听前预测的活动为学生更有效地听取、理解故事奠定了基础。

接着故事音频播放两遍，在这一环节，考生应有技巧地记录故事的信息点，为故事复述做好准备。考生如何能在音频播放两次的有限时间内有效地记录信息？指导学生掌握速记（note-taking）这一项微技能显得举足轻重。

关于note-taking，教师可按以下方法让学生掌握速记的微技能：

第一，用标志性字母、首字母或缩写代替较长的单词，如：

For example可记作：e.g.；by the way可记作：btw；

you可记作：U；are可记作：R；see you可记作：CU。

第二，用阿拉伯数字代替英语表达。

第三，用符号、图形代替英语表达，如：

important可记作：△；be equal to可记作：=；

many可记作：++；say可记作：：；question可记作：？

第四，用中文、拼音代替英语表达，如：

The school was established in nineteen eighty-nine by an Italian professor.可记作：Schles... ish in 1989 by 意大利Prof.

（2）故事复述非智力因素策略指导。

第一，降低焦虑水平。故事复述除了要求学生具备良好的听取信息的能力，同时考查学生是否能够恰当运用语言组织信息、正确连贯表达的能力。学生在这部分更容易产生紧张、焦虑的情绪。

首先，在训练过程中，教师应热情鼓励，善于诱导。一个轻松平等的环境，一个信任与期待的眼神，一次真诚的表扬，都是降低学生焦虑感的良方妙药。其次，教师要注意纠错的艺术。对待学生的差错要有宽容性和科学性。有的教师习惯一发现学生错误就立即打断，进行直接纠正，并让学生重复教师的正确句子。这种纠错方式弊大于利，不宜使用，它会使学生产生后怕心理，不敢开口说英语。教师应认真区分口语中的偏误（errors）与错误（mistakes）。偏误（errors）是学生对语言规则了解不足而产生的，也就是因能力不足造成的，这种errors需要纠正；而错误（mistakes）是学生没有发挥自己的能力时出现的，学生一般能意识到这些mistakes，并有可能自动更正，教师不必纠正。

第二，指导交际策略。交际策略是语言使用者的交际能力的一部分，可分为减缩策略和成就策略。当学生遇到表达困难时，可灵活采用这两种策略，以达到有效交际的目的。减缩策略，包括形式减缩和功能减缩，以此调整原来的交际目标。例如，当学生说"He was let to go..."时觉得对这个句型没有把握，可马上改口说"He was allowed to go..."，这是形式减缩；如果学生要避免某种言语行为或某种篇章功能，避免或放弃某个话题，如说"He plays..."之后可改说"He does sport."，这是功能减缩。

成就策略是设法解决问题，它包括补偿策略和检索策略。补偿策略是替代、转述、重组等手段。例如，学生用animal取代rabbit，这是替代。检索策略是指学生通过某些手段回忆一时难以提取的某些外语项目，其中包括拖延和利用语义场等。例如，利用"well""you know"等固定词语拖延，以赢得检索与提取词汇的时间。

（3）相关网络资源推选。

根据这一题型的特点，笔者向学生推荐了一些网站，如http://www.51voa.com/American_Stories_1.html（美国之音慢速英语之美国故事），http://www.tingroom.com/about/39652.html（在线英语听力室之听故事练听力），还推荐了一些微信公众号，如英语自然拼读故事、21世纪英文报等。

四、研究结论

经过三年的探索实践，"混合学习"听说训练模式收到了较明显的效果。以下是我校2014届、2015届、2016届理科平衡班高考英语听说成绩对比情况（笔者所任教的两个班命名为"实验班"，其余的理科平衡班命名为"对比班"）。

2014届理科平衡班高考英语听说成绩对比

班别	平均分	排名	平均值	平均分偏差	12分以上人数	平均值	9分以上人数	平均值	4.5分以下人数	平均值
实验班1	7.8	5	7.91	0.13	1	2.5	26	26	6	4.5
实验班2	8.02	3		0.35	3		26		3	
对比班1	7.22	14	7.64	−0.45	0	0.92	16	24.57	6	6.29
对比班2	8.12	2		0.45	1		28		3	
对比班3	7.76	9		0.09	1		28		7	
对比班4	7.93	4		0.26	1		29		5	
对比班5	7.8	5		0.13	2		23		5	
对比班6	7.79	7		0.12	0		26		4	
对比班7	6.85	16		−0.82	1		13		10	
对比班8	7.3	13		−0.37	1		18		7	
对比班9	7.72	11		0.05	0		29		6	
对比班10	7.22	14		−0.45	2		21		8	
对比班11	7.77	8		0.1	0		25		6	
对比班12	8.16	1		0.49	2		31		2	
对比班13	7.58	12		−0.09	1		27		9	
对比班14	7.75	10		0.08	1		30		10	

2015届理科平衡班高考英语听说成绩对比

班别	平均分	排名	平均值	平均分偏差	12分以上人数	平均值	9分以上人数	平均值	4.5分以下人数	平均值
实验班1	7.74	5	7.29	0.31	1	1	18	17.5	9	8
实验班2	7.33	3		0.4	1		17		7	
对比班1	7.04	6	6.88	0.11	0	0.31	22	13.69	10	8.38
对比班2	6.84	11		−0.09	2		15		11	
对比班3	7.58	1		0.65	2		20		7	
对比班4	7	9		0.07	0		14		6	
对比班5	7.31	4		0.38	0		20		9	

续 表

班别	平均分	排名	平均值	平均分偏差	12分以上人数	平均值	9分以上人数	平均值	4.5分以下人数	平均值
对比班6	7.44	2	6.88	0.51	1	0.31	18	13.69	6	8.38
对比班7	6.74	14		−0.19	0		12		10	
对比班8	6.65	16		−0.28	0		10		7	
对比班9	6.85	10		−0.08	0		11		6	
对比班10	6.66	15		−0.27	0		9		7	
对比班11	6.33	17		−0.6	0		4		8	
对比班12	7.02	7		0.09	0		14		7	
对比班13	6.8	12		−0.13	0		13		8	
对比班14	7.02	7		0.09	0		14		9	
对比班15	6.04	18		−0.89	0		9		14	
对比班16	6.8	12		−0.13	0		14		9	

2016届理科平衡班高考英语听说成绩对比

班别	平均分	排名	平均值	平均分偏差	12分以上人数	平均值	9分以上人数	平均值	4.5分以下人数	平均值
实验班1	8.22	4	8.41	0.45	4	3.5	21	26	2	2.5
实验班2	8.6	1		0.83	3		31		3	
对比班1	8.36	3	7.69	0.59	4	3	29	21.5	5	6.63
对比班2	7.34	17		−0.43	1		19		9	
对比班3	7.47	12		−0.3	1		20		7	
对比班4	8.12	5		0.35	3		24		4	
对比班5	7.85	7		0.08	4		26		9	
对比班6	7.35	16		−0.42	0		17		6	
对比班7	7.63	11		−0.14	5		21		7	
对比班8	6.94	18		−0.83	2		15		8	
对比班9	7.41	14		−0.36	3		22		7	
对比班10	7.43	13		−0.34	1		15		6	
对比班11	7.65	10		−0.11	5		25		10	
对比班12	8.02	6		0.25	4		21		4	

续表

班别	平均分	排名	平均值	平均分偏差	12分以上人数	平均值	9分以上人数	平均值	4.5分以下人数	平均值
对比班13	7.84	8	7.69	0.07	3	3	23	21.5	6	6.63
对比班14	8.43	2		0.67	6		29		4	
对比班15	7.8	9		0.04	3		18		7	
对比班16	7.38	15		−0.39	3		20		7	

从以上三个表可看出，在三年的高考英语听说成绩中：

（1）平均分排前列的：2个实验班的平均分排在16个班（2014届14个班）前五名，其中2016届有1个实验班名列第一；平均分偏差均为正值，且超出对比班的平均值。

（2）优秀人数多于对比班的：在12分（总分80%）以上的人数中，实验班的平均人数依次为2.5人、1人、3.5人，多于对比班的0.92人、0.31人、3人。

（3）合格人数超过对比班的：在9分（总分60%）以上的人数中，实验班的平均人数依次为26人、17.5人、26人，仍然高于对比班的24.57人、13.69人、21.5人。

（4）低分人数少于对比班的：在4.5分（总分30%）以下的低分人数中，实验班的平均人数依次为4.5人、8人、2.5人，少于对比班的6.29人、8.38人、6.63人。

五、结　语

（一）本实验得出的结论和启示

本研究结果支持和验证了高中英语听说训练"混合学习"的价值，说明了"混合学习"在英语听说训练中是可行而且有效的。在这种模式下训练听说能力，学生既可以在课堂上得到教师具体的指导，掌握听说考试各部分相应的"微技能"，又可以结合个人实际情况，利用网络资源，进行个性化训练，针对性提高了，效果明显。

"混合学习"模式是传统、常规听说训练模式的一种重要的补充。既然研究已经验证了高中英语听说训练"混合教学"的作用和价值，我们就可以利用这种教学模式去开展听说以外的教学，如阅读、语法或写作等教学，使"混合学习"模式真正发挥出它的最大效能。

（二）下一步的研究方向

（1）为降低研究的偶然性，下一步研究中要扩大实验范围，延长实验周期，以增强实验数据分析的有效性。

（2）适当增加检验实验效果的维度，如从听说考试的几种微技能方面去评估学生的听说水平，必要时要增加量性的研究，以便得出更可靠的结论。

（3）实施"混合学习"中最棘手的是，学生如何才能理性利用网络资源，如何指引学生合理利用网络资源而不沉迷其中，还须我们教师寻求更为理想的策略。

"口"动课堂

——教材与口语训练有效结合的尝试

广东台山市第一中学 刘咏绍

2011年广东高考英语的一项重大改革是将口语纳入高考,所有参加高考的考生都要参与此项考试,因此听说能力的培养成为当前高中英语教学的重要目标。根据朱晓燕老师的课题调查与研究,教师们普遍反映口语教学是最难的。一是因为在日常生活中缺少使用英语的环境,二是课堂时间有限,尤其是在高一和高二阶段,为了赶进度,在课堂上对学生进行口语训练的时间极少。故不少教师只重视考前的听说模拟训练,忽视日常教学中听说能力的培养,这不符合语言的习得规律。听、说、读、写是语言的四大技能,听和读是理解的技能,说和写是表达的技能,这四种技能在语言学习和交际中相辅相成、相互促进。

一、理论依据

克拉申的输入假说论认为,语言习得是通过理解信息来实现的,学生必须先接触大量易懂的实际语言,然后通过上下文和情景去理解其意思,最后,蕴含在交际语言中的句型和语法自然就学会了。这里所说的输入指的是可理解的输入(comprehensible input)。克拉申的这个"可理解的输入"指的是学习者听到或读到可以理解的语言材料,这些语言材料的难度应稍微高于学习者目前的语言水平。克拉申认为,理想的输入应该有四个特征:可理解性(comprehensible)、趣味及关联性(interesting and relevant)、非语法程序安排(non-grammatically sequenced)和足够的输入量(enough input)。Swain于1985年提出了相对立的"输出假说",从促进语言的流利程度及准确程度方面阐述了输出的作用,认为"可理解的输出"同样是二语习得不可或缺的重要因素。

依据Krashen和Swain的理论,笔者认为虽然高一、高二期间课时紧张,教师进行了听、读教学（输入）后，学生获得了足够的"可理解性输入"，此时教师如能有意识地融合口语交际训练于英语教学的各个环节中，以"读说"为主线，以"朗读"和"口语表达"贯穿英语教学的全过程，串起"单词、短语、句型、短文"的训练，就可以起到加强学生语言输出的作用，学生的口语表达能力会得到逐步提高，在高三再进行答题技巧训练，这样学生高考口语考试必能打一个漂亮的仗。

二、结合教材进行口语训练在教学中的实践

在高一和高二的课堂上，笔者尝试以下的方法，将教材的课文与口语训练有效地结合起来，让学生的口在课堂上动起来。

1. 暗埋"话源"

很多英语教师在课前都会要学生轮流进行free talk，但不少学生只是进行简单的weather report或self introduction。这一类话题如放在小学的课堂是很适合的，但在高中的课堂如还进行如此的free talk，那是低于高中学生的水平，不符合Krashen的输入假说：在选择最佳语言输入时，可理解性尤为重要，可理解的输入应略高于学生当前的语言能力，即"$i+1$"的输入量（这里i指习得者的能力水平）。为了让学生的口语能向更高的水平发展，笔者在每个单元授课课时内，围绕课文内容巧妙地布置略高于学生英语水平的话题，让学生自由地去搜集和组织材料，形式可以多种多样，如准备一段景物描写、一则社会见闻、一段短评、一个故事讲述等。

例如，Book 5 Unit 1 Great scientist，笔者布置学生讲述名人故事；Book 5 Unit 2 The United Kingdom，布置学生找一些英国的名胜进行介绍或介绍英国的风土人情，Book 6 Unit 4 Global warming，布置学生找一些与这方面相关的新闻或短评；Book 7 Unit 2 Robot，结合虚拟语气，给学生布置了一个话题"If I were a robot; ..."让他们自己去想象和发挥。

课前让学生围绕与教材内容相关的话题进行讨论，既锻炼了学生的口语表达，又能使学生在每堂英语课的一开始就能高度集中注意力，快速进入英语思维状态，带着愉悦的情绪轻松掌握内容。

2. 鹦鹉学舌

很多语言学家都认为，语言输入和输出是二语习得的两个必经过程。Krashen认为学习者通过对语言输入的理解而逐步习得第二语言，"可理解输入（Comprehensible input）"是语言习得的必要条件。如果学习者接触到的语言

是可理解的，并且有足够的输入量，然后通过"输出—纠正"，学习者就能获得必要的语言知识。所以从语言学的角度来说，语言输出是建立在语言输入的基础上。模仿朗读是一种鹦鹉学舌，通过大量的模仿朗读，获取一个正确的语言输入，为"说"这个语言输出奠定一个好的基础，是提高口语水平的第一步。

每授完一篇课文，笔者从中挑选一小段落，使用一种叫作"习得小循环"的方法，训练学生的朗读，让学生从简单的模仿朗读中纠正发音，从而达到提高口语水平的目的，这也和高考口语考试的Part A类似。从课文中挑选一个段落，段落的长短控制在正常速度1~2分钟内放完，难度应该是控制在学生在不看课文的前提下能听懂至少80%。这一步的目的是先让学生熟悉所给段落内容的语音、语调。然后开始分句模仿朗读，每句约两遍，同时提醒学生留意停顿，模仿好语音、语调。接着学生跟着录音读一遍。最后学生自己朗读一遍。教师可以分别叫2~3个学生站起来读，并指出问题所在。

3. "议""演"点拨

"议"是在学生理解课文的基础上进行的口头语言实践活动，它能帮助学生加深对文章的理解，拓展学生的思路，提高口头表达能力，活跃课堂气氛。它的活动范围可分为个人自由发言、两人或分组讨论以及全班集体讨论、辩论等形式。两个人以上的"议"可以彼此启发、互相补充、打开思路。例如，涉及人物、事件的文章，笔者让学生们召开一个记者招待会，让学生装扮成记者进行采访；对于有关人文历史的文章，让学生对其中的一些观点进行讨论或辩论；对于故事性较强的文章，请学生续写或自编对话。

另外，英语短剧表演能激发学生的英语学习兴趣，对于扩大词汇量、复习语法和提高口语水平都能起到很好的推动作用。教师在恰当的时间组织一次英文短剧表演，鼓励和协助学生排演，尤其是在改编的时候，给予一定的指导，从而寓教于乐激发学生的学习兴趣，达到促进英语学习的目的。

表演能给学生一个舞台，让他们的个性得以张扬的同时，他们也能很好地运用他们的口语，从而点燃了他们练习口语的热情。新教材有很多素材是适合学生去表演的，比如：

（1）How Daisy learned to help wild life（人教课标版必修二 Unit 4 Wildlife Protection）

（2）Come and eat here（人教课标版必修三 Unit 2 Healthy eating）

（3）The Million Pound Bank-Note（人教课标版必修三 Unit 3 The Million

Pound Bank-Note）

（4）First Impression（人教课标版必修五 Unit 3 Life in the future）——改为李强与父母之间的电话交流。

（5）Advice from granddad（人教课标版必修六 Unit 3 Healthy life）——改为爷爷与孙子之间就戒烟问题的对话。

（6）Satisfaction guaranteed（人教课标版必修七 Unit 2 Robot）——分情节改为舞台剧。

但是，教师在鼓励学生表演的过程中，不能听之任之，放手不管，而是要做到：①精心选择好表演的内容；②适时指导学生改编，对他们进行有效的引导；③及时对课堂表演进行总结。特别值得一提的是，我们允许学生自由发挥，自由处理某些情节，但要把握好尺度，尤其要注意语言的得体性。

4. 多途径的复述

复述是认知策略的一种。大量的复述训练，可以使学生掌握纯正的语音、语调，加深他们对所学语法知识的理解，提高对词汇、句型及固定表达用法的记忆效果，增强语言积累，使其语言输出规范化。

目前在英语阅读的教学中，有些教师只注重知识点的讲解，讲解完知识点要求学生背些单词、词组，做些练习，这样一单元就大功告成。这样做忽略了对学生言语运用能力的培养。其实，在课文教学中，教师应坚持要求学生复述课文，以此巩固所学的课文，并提高学生的口语表达能力。因为复述课文并不是机械地照搬课文中的文字，而是根据不同的文章体裁按照一定要求对课文的内容进行综合概括、取舍和联想思维，并精心地择词造句，组织安排材料，用自己的语言把主要内容、作者的观点生动地叙述出来，做到语言清楚流畅，意思表达完整。由此可见，坚持复述课文能提高学生的口头表达能力，为高考口语考试的Part C奠定基础。

在指导学生复述课文中，笔者根据不同的文章体裁或结构用不同的方法引导学生进行复述。如抽象的科普性文章（必修一 Unit 4 Earthquake），可借助图片复述，并在图片下面加些关键词作为提示，学生就能更好、更完整地组织语言，表达出课文的意思。说明类的文章（必修三 Unit 1 Festivals around the world）和人物传记类的文章可借助表格复述。对于课文结构脉络不太明显、内容又多的文章（必修二 Unit 2 The Olympic Games），可用提取关键提示词的方法，即在文章中提取一些关键词或词组，可以是句子的谓语动词，也可以是一些连接词，或者能体现文章中心意思的一些有用词汇，这些词汇能使学生回忆起课文内容。教师还可以采用问题串联复述法。这是一种最简单和使用最广的方法，即梳理课文的过程中，笔者根据课文的主要内容设计一系列问题，将学生回答的答案关键词写在黑板上或呈现在电脑屏幕上，然后引导学生把这些答案串起来进行复述。

三、结 语

　　学生英语口语水平的提升过程是一个漫长而艰辛的过程，同时又是一项富有挑战性的教学活动。笔者在高一和高二的教学过程中，没有放弃过对学生的口语训练，除新课标要求的课堂教学任务外，多渠道地灵活结合教材，对学生进行口语训练。经过高二一年的训练，笔者教的学生进入高三时，口语能力都得到了一定的提升。学生们不仅敢于和乐于开口讲英语，而且比往届高三的学生能更快适应高考口语套题的训练。在2015年高考口语考试中取得了突破性的成绩：平均分10.98分，满分（15分）2人，14分65人，而2013、2014年我校没有满分。2015年14分的人数比2013年和2014年分别多出了41人和36人。所以，根据课文内容采用其中的一种或多种方法结合，长期坚持下去，在学习课文词汇、句型和语法的过程中，学生一定能锻炼出流利的口语。

高中英语听说课补充教材《走遍美国》教学案例

广东台山市第一中学　刘咏绍
广东高州中学　梁冠华

一、学情分析

高二重点班的学生，英语基础较扎实，对英语的学习亦具有浓厚的兴趣。经过高一一学年的英语学习，他们掌握了一定的词汇量和具有一定的听说能力，但课本的听说材料已不能满足他们接触更地道英语的需求。因此在高二阶段笔者挑选了《走遍美国》作为他们的听说材料，并结合高考的听说题型进行教学。

二、教材分析

《走遍美国》视听说的教学以英语教学视频为主线，以真实情境中的地道原版英语还原给学生一个全方位的英语环境，让学生进行一场生动有趣的英语视听说之旅。把《走遍美国》的教材内容与听说课型教学结合，是笔者目前研究如何帮助学生准备迎接高考英语听说考试的一种尝试。

三、设计思路

由于是课外视听说材料，而且每一课的《走遍美国》都有三个部分：Act Ⅰ、Act Ⅱ和Act Ⅲ，很难在一节课40分钟内做到面面俱到，所以本节课采用"视听—提问—视听巩固"的教学模式，强调学生对故事情节的理解，而不拘泥于词汇、语法的用法。在这个教学中，关键是提问，把问题的着眼点放在故事线索上，设计的问题大部分与故事的情节有关，很少涉及细节，学生根据问题就能讲述故事的梗概。对每课的视频笔者还进行切割编辑，把三个部分的视频连接成一个完整的故事，在最后"视听巩固" 环节播放给学生视听，让学生"既见树木又见林"。英语好的学生，在看了连续故事版视频后，能把独立的三个部分串联起来，完整地复述出整个故事。

本节课是《走遍美国》的第一课：46 Linden Street。整节的教学都是基于这种模式进行设计的，围绕两个主人公Richard Steward 和Alexandra Pappas，将三部分的内容切割编辑（其中Act I的内容较多，分成两个视频，而将Act Ⅱ 和Act Ⅲ 剪切成一个视频），结合高考听说考试模式进行视听说训练。

四、教学目标

1. 语言知识目标

使学生能从听说方面掌握本课的词汇。

2. 语言技能目标

（1）通过教师提问，学生回答问题，学生能掌握大概的故事情节。

（2）培养学生在视听的过程中记录信息的能力。

（3）培养学生利用关键词进行故事复述的能力。

（4）培养学生预测故事的能力。

3. 情感态度目标

在教师的启发下，学生能感受听说的成功和喜悦，得到纯正英语的熏陶。与此同时，从主人公的身上学习助人为乐的精神。

4. 学习策略目标

整合各种技巧为复述故事服务。

五、教学辅助手段

多媒体辅助教学。

六、教学过程

Step 1：Lead in

（1）The teacher introduces What *Family Album U.S.A.* is.

（2）The teacher presents a picture of the New York Harbor where the story happened and two main characters — Richard Steward and Alexandra Pappas.

Step 2：Act Ⅰ（part 1）

（1）The teacher first presents five related questions and gets students to read aloud together.

① What is Richard?

② Where is Richard now?

③ What is Richard doing there?

④ What is the book called?

⑤ Where do the woman and her son come from?

（2）Then students enjoy the video and take down some information at the same time.

（3）Students answer the questions one by one and the teacher reminds the students to keep the information in mind（for the later retelling）.

Answer 1: He is a photographer.

Answer 2: He is in New York Harbor.

Answer 3: He is taking some photos of the woman and her son for his book.

Answer 4:（The book is called）*Family Album U.S.A.*

Answer 5:（They come）From California.

Step 3：Act Ⅱ（part 2）

（1）The teacher presents 5 questions in Chinese. These questions are made up of four types of English questions: general question, wh-question, alternative question, tag question. This step is modeled after Part B in oral test.

① Alexandra 来自中国还是希腊？

② 她是来美国旅游的，对吗？

③ Richard 给Alexandra 看什么？

④ Richard为什么要匆忙离开？

⑤ Richard 落下了什么东西？

（2）Students translate the questions into English and the teacher tells them the tone of different types of questions in English.

① Is Alexandra from China↗ or Greece↘?

② She comes to America for a trip↘, doesn't she↗?

③ What does Richard show Alexandra↘?

④ Why does Richard leave so hurriedly↘?

⑤ What does Richard leave behind / forget↘?

（3）Students watch the video clip and take down some information.

（4）Students answer the questions based on their notes.

Answer 1:（She is）From Greece.

Answer 2: No. She comes to America to study. She is an exchange student.

Answer 3:（He shows Alexandra）Some pictures for *Family Album U.S.A.*

Answer 4: Because he has to meet his wife in time and it is five thirty now.

Answer 5: He leaves his camera bag.

Step 4：Free talk

（1）If you were Alexandra, what would you do with the bag?（To develop students' ability of prediction。）

（2）The teacher gives out the sentence structure to guide the students to express their own opinion.

If I were Alexandra, I would...

Step 5：Act Ⅱ & Ⅲ

（1）Students enjoy the video clip and take down some information for a role play.

（2）Role play — to train students' ability of taking notes.

One of you act as Alexandra, and the other acts as her classmate who wants to know how Alexandra do with the bag. Fill in the blanks.

A: I had a wonderful day today.

C: Great! Where have you been?

A: I have been to _____, and I met _____. He left so _____ that he _____.

C: So terrible! Then what did you do with it?

A: It was lucky that I found his address on his name tag and went to his house.

C: I think he must _____. But you're new here, how could you get there?

A: I asked _____ for the direction and took _____.

C: Did you meet his family?

A: Yes, they're very _____. But I forgot _____ when I left.

C: Don't worry. You can come to their house next day.

Step 6：Retelling

（1）Watch the video for the whole story.

（2）Students retell what Alexandra experienced today to their friends.

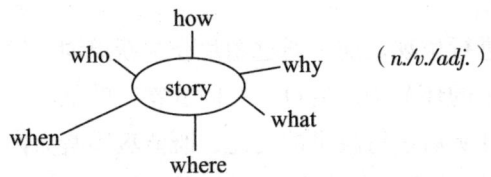（n./v./adj.）

Today, Alexandra, an exchange student from Greece, met Richard, a photographer, in New York Harbor. Richard was taking photos of a woman and her son for his book, *Family Album U.S.A*. Richard showed Alexandra his book and left hurriedly because he had to meet his wife. He left so hurriedly that he forgot his bag. After asking a policeman for the way, Alexandra took the No.1 subway to Richard's house and returned the bag. There she got to know Richard's family who were friendly to her and thanked her a lot. When leaving, Alexandra left her bag.

Step 7：Read aloud

Read this sentence aloud following the video, pay attention to pronunciation（语音）, intonation（语调）, pause（停顿）and linking（连读）.

Family Album ↗, U.S.A. ↘ It's ⌒an ⌒album ⌒of pictures ⌒of the United States: ↗ the cities, ↗the special places, ↗and the people↘. And these ⌒are pictures ⌒of people working: ↗steelworkers, ↗bankers, ↗ police, ↗street vendors, ↗ ambulance drivers, ↗ doctors... ↗ Oh, this⌒ is my father ↘. He's ⌒a doctor. ↘

Step 8：Homework

（1）Retell Alexandra's experience again.

（2）Choose some sentences to read aloud following the video.

七、案例分析

1. 该课的设计方面

本节课是利用《走遍美国》作为补充教材进行的一节听说课。在教学设计上，体现对该教材的二次开发能力：考虑到授课的时间少而教材内容多，对视频进行剪切编辑，并没有完全使用原教材中所设置的理解性问题，而是针对教学实际需要对问题进行重新设计。将高考口语考试的Part B 三问五答和Part C 故事复述较好地结合在一起，先通过问答和转述的形式，将故事情节的关键线索呈现出来，学生根据这些线索进行故事复述，最后以作业的形式要求学生模仿其中一段话进行朗读训练。设计环环相扣，基本达到了教学目的。

2. 课堂教学过程

在对听力材料进行呈现之前，通过图片介绍新单词，解决学生可能碰到的语言障碍。在接下来的环节中，通过"三问五答"的练习方式检查学生对听力内容的掌握情况。在听后进行故事的复述，既能巩固听力内容，也能关注学生的语言产出能力；利用听力材料的语言地道、难度适中的特点，在听后进行模仿朗读活动，使本节课不仅训练了学生的听说能力，还训练了学生的语音语调。

3. 学生学习效果

在这节课中，学生既能掌握教材的主要内容，也能够练习到听说考试中三种不同的题型。同时，教师在教学中提供了详尽的教学指导，如各种疑问句的语调、故事概要须覆盖的五要素，特别针对听所需的微技能训练提供指导，使学生的各种听说技能得到最大程度的锻炼。

4. 不足和建议

听说是一个语言输入后进行马上输出的过程，各个环节所需要训练的技能是一个较为复杂的技能体系，需要长期练习。因此在教学中不必求多求全，可以各个击破，层层深入，考虑在某几个课时专门利用这套教材针对某一项技能进行训练。这样学生既能接触到地道实用的英语，也能更扎实提升各项听说技能。

八、课堂实录

在腾讯视频中输入"刘咏绍上的《走遍美国》示范课"进行搜索，即可看到本案例的教学录像。

在优酷中输入"湛云凤上的《走遍美国》示范课"进行搜索，可看到广东高州中学湛云凤老师上的同课异构课。

第六章 创新课堂

融入英文歌曲，让高中英语课堂更精彩

茂名市第五中学　陈志兴

一、目前高中英语教学的困境

随着高中新课程标准改革进程的不断推进，大部分高中都进行了英语课堂改革，并取得了较为突出的成就，原有的教学方式不断改善。但由于高中是直面高考，教师和学生身上都肩负着高考的使命和压力，时间紧，任务重，而传统的教育教学方式根深蒂固，高中英语课堂上绝大部分仍然是"满堂灌"的教学方式。这导致学生把英语学习变为了对教材内容的被动接受和机械记忆，限制了学生的发散性思维，影响了学生学习的主动性和积极性。目前许多高中英语课堂教学仍是枯燥无味，学生自主学习英语的积极性不高。

二、如何改变较为枯燥的高中英语课堂

在长期的高中英语教学实践中，我们根据学生的实际情况研究发现，音乐可以增强英语学习的兴趣。马克思说："音乐是人类的第二语言。"歌曲不仅是一种音乐形式，而且是一种很重要的教育方式。把英文歌曲与英语教学结合起来，可以激发学生的学习兴趣，陶冶情操，全面提高学生素质，是一个寓教于乐的、促进英语学习的好方法。英文歌曲作为一种独特的辅助教学方法，符合学生的学习心理，有利于提高学生兴趣，活跃课堂气氛，丰富学生的课余生活。因此在高中英语课堂中适当地融入英文歌曲来辅助教学，会让我们高中英语课堂不再枯燥生硬，让我们的课堂更精彩，这是行之有效的教学辅助手段。

三、英文歌曲作为教学资源的优势

1. 轻松激发学生学习英语的热情与兴趣

英文歌曲对于我们英语语言的学习者来说是一种多方受益的学习辅助手段。它可融英语语言学习与娱乐为一体。它既可培养我们欣赏音乐的审美情趣

和提高我们的欣赏品味，同时又能调动英语学习者的学习兴趣。爱因斯坦说："兴趣是最好的老师。"兴趣是人们力求认识、探究某种事物或从事某种活动的心理倾向。英语歌曲以声情并茂的表现手段一下子就吸引学生的注意力，振奋学生的精神，极大地提高学生学习的热情，提高学生的学习兴趣和积极性。浓厚的学习兴趣是启发思维的重要条件，它为学生的思维活动提供了源源不断的动力，丰富了学生的想象力，从而提高学习效率。如在讲解高中英语必修二Unit 2 Warming-up的时候，笔者节选了一些精彩的奥运主题歌让学生欣赏，这样一下子就把大家的精神集中了，也可以让学生了解奥运文化，拓展学生的视野。

2. 英文歌曲作为教学手段符合学生的认知规律

学生的心理特征是由形象思维向抽象思维过渡，抽象思维依靠形象思维支持。相对于枯燥的记忆、背诵而言，学生更喜欢直观形象的语言。通过课堂上融入英文歌曲的教学手段，将语言与情景与教材相结合，与学生的兴趣爱好产生共鸣，能激发学生的自主学习动力，使学生在获得美的享受的同时，对英语学习产生较大的兴趣，让学生从机械、呆板、枯燥、单调和紧张的高中学习环境中解脱出来，并切身体会到学习英语的乐趣，从而提高英语学习的效率。如在模块一Unit 2 English around the world和模块二Unit 5 Music中，英文歌曲的融入为学生创造良好、和谐、生动、活泼的课堂学习氛围，学生不仅学习了英语，还可以受到外国文化熏陶，让我们的英语课堂更加精彩。

3. 在听唱英文歌曲中增强语言技能

英语教学一直都强调培养听说读写的能力，语音教学是英语教学的一个重要方面，而往往我们很多老师的语音、语调方面不够地道，这个时候我们就需要一种有效的辅助教学的方法，英文歌曲就是一个非常好的选择。英语歌曲里面或快或慢的节奏对发音的要求比较高，歌词的连读、弱读、略读、重读现象的反复出现，对学生的发音会有很大帮助。跟唱英文歌可以帮学生练习地道的发音（pronunciation）、语调（intonation）和节奏（rhythm）。通过语音教学，学生不但可以正确学习和模仿语音，还可以巧练语音技巧，培养语感。

我们广东高考的英语要进行英语听说考试，分值有15分，所以在英语教学中融入英文歌曲是非常有利的。针对听说考试的课堂活动设计要由易到难，循序渐进，先单项后综合，先模仿后运用，先语言活动后交际活动。按照我们的学习规律：认真听→大胆说→熟练读→模仿写→随时背→灵活用，对学生进行正确引导。随着学生英语知识水平和语言能力的提高，活动的难度可逐步加大，其综合性和复杂程度可逐渐提高，使听说读写四个方面的技能在英文歌曲的跟唱中得到更有效、更全面的发展。

4. 开心唱英文歌曲，轻松记背英语词汇

英语词汇的学习和记忆是我们学习英语最基本的要求，专家们都认为"得词汇者得高考"，可见词汇的掌握对我们的高考有着至关重要的作用。然而词汇的记忆对于几乎所有的英语学习者来说都是一个难题，也是学生最头疼的事情。部分学生就是因为在死记硬背单词上遇到困难而开始讨厌英语的。单词的反复记忆让人生厌，但歌曲却能让我们不厌其烦地反复吟唱。音乐充满感情，可以一下子就把人带到歌曲里面，歌曲里面有着丰富而又显而易懂的词汇、短语和句型，对我们理解词汇和记忆很有帮助。神经生理学研究表明，人的大脑右半球主管形象思维，是音乐感情的脑。听歌曲可以陶冶情操，刺激大脑，激活右脑，引起高度兴奋，给学生带来学习的快感。通过唱英语歌曲，易激发学生的情绪和想象力，能帮助学生记忆单词和扩充词汇量，也因此避免了学生在学习和记忆词汇时感到枯燥乏味。

5. 开心唱英文歌曲，轻松掌握英语语法

语法是学习任何一门语言不可缺少的一部分，英文教学中语法是难点也是重点，学生普遍认为语法是最枯燥乏味、最难理解掌握的。一些高考专家认为"得语法者得高分"，学生常常片面地认为，学习英语就是学习语法，语法好则英语好。所以，相当一部分高中生希望通过死记语法书上的语法点来掌握英语，但往往因语法知识纷繁复杂、枯燥无味而挫伤了学习英语的积极性。而实际上英语语法是无法回避的老大难问题，因为语法无处不在。英文歌曲中包含了各种各样的语法现象，把枯燥难记的语法用艺术形式再现出来，使语法变得易于理解和记忆，并且给学生留下极为深刻的印象。在教学中，运用歌曲辅助句型教学，使之与句型教学互相补充、互相促进，两者密切结合。在句型操练的基础上借助英文歌曲相关的内容进而学习词法和句法，在学习词法和句法时，又借助歌曲里面的句型进行操练，变语法知识为运用英语的能力。这样学生在学唱英文歌曲的时候就轻松记住了语法，如果在操练中忘记了，只须将歌曲轻轻一唱，就会准确无误。比如在教as...as...句型的时候，先把相关的语法知识展示出来，然后笔者教学生 Everything at Once 这首歌。

As mean as a wolf, as sharp as a tooth

As deep as a bite, as dark as the night

As sweet as a song, as right as a wrong

As long as a road, as ugly as a toad

As pretty as a picture hanging from a fixture

这首歌巧妙地把as的语法点展示出来，欣赏节奏轻快歌曲的同时又把枯燥的语法知识消化了。这样学生就轻松愉快地把相关的语法点掌握了，用的时候还可以联想起优美的旋律，娱乐身心。

四、课堂教学活动中如何将英文歌曲融入课堂

随着现代化教学手段的不断深入，我们课堂可利用的教学资源越来越多，一些教师尝试将英文歌曲运用到自己的教学时，时常方法呆板，只是简单地播放歌曲，没有相应的活动设计，也没有对歌曲进行适当的选择。其结果要么学生听不懂，要么学生对歌曲不感兴趣。这种泛泛的歌曲欣赏的结果是学生对听歌没有应有的重视，教师也觉得不满意，达不到应有的效果，浪费了很多宝贵的教学时间。由此可见，对歌曲在英语教学中的作用进行研究是十分必要的，许多方面仍有待探索。英文歌曲能为英语教学提供丰富多样的资料。但英语歌曲教学并不是很容易把握的，因此选择恰当的英文歌曲对教学来说很重要。英文歌曲的选择应满足以下几点:旋律要优美，要符合中国的社会文化形式；歌曲的词句应非常清晰，能够适合进行语言训练；歌曲的内容应符合学生的水平或能满足特定的教学目的;所选歌曲应是健康向上、教人自信自强、激发人们奋发向上的励志歌曲。

我们在课堂活动中融入英文歌曲，应注意以下几点：

1. 与教材吻合

任何课堂活动必须服务于课堂教学目标，有利于教学任务的完成，英文歌曲的设计应以教材为依据，配合主题。高中教材是以新《课程标准》为依据编写，每一模块教材中都针对学生提出适切的学习目标，这些学习目标被分解到教材中的各个单元。有了适切的教学目标，就应该围绕着这些教学目标科学合理地安排教学内容，设计有效的课堂教学活动，从而使教学目标得以落实和达成。

因此，课堂上选用英文歌曲时，要认真理解教材，认真分析各单元教学内容，理清教学思路，然后根据教材选用。如在讲授高中英语模块二Unit 1 Friendship时，笔者就根据这一单元的内容为依据挑选英文歌曲，最后选出高中学生都喜欢又熟悉的 *Shining Friend*。

2. 与学生吻合

就英语教学而言，"学生实际"，即为根据学生现有水平、生活经验，用符合学生认知能力和接受能力的教学方法进行授课。英文歌曲的选用应以学生为中心，设计活动时应考虑参与者的年龄、知识、技能范围，根据主客体的实际情况，精心考虑活动内容与形式，同时渗透启发性的学习方法。在组织教学活动时应注重"以学生为本，以学生为中心"，在充分了解学生学习情况和学习需求的基础上组织教学，从学生的角度出发去思考问题、设计教学步骤，充分考虑到学生的实际认知水平。所以我们教师在选取英文歌曲的时候要充分考虑学生的兴趣爱好、英语基础和接受能力，选取可以让学生产生共鸣的歌曲。英语课堂所用的英文歌曲最好选取流行歌曲或是电影、电视剧中的主题曲和插曲。因为这样的歌曲学生比较喜欢，内容与时代接轨；节奏适合年轻人，欢快有力，学生易接受。另外，有些传统的英文儿童歌曲也非常有特色，深受学生喜爱。

3. 与创新吻合

现有的英语歌曲资源已经很丰富了，但这些资源都是为大众娱乐所用，不一定都适合具体的英语课堂教学。英语歌曲资源的再开发是指对现有资源的重新整合与加工，使资源在教学中使用更方便、更接近教材，效率得以提高。

同一首歌曲我们可以根据不同层次的学生，或者是不同年级的学生进行不同层次的教学设计。如面对高一的学生，我们可以节选里面的词汇短语让学生欣赏背诵，而面对高三的学生，我们因为侧重点不同需要设计不同的教学内容。课堂上歌曲选择要根据学生的认知水平来进行设计，要尽可能使所有的学生都投入到活动中来，使不同层次的学生都能积极参与，避免"你动他不动"，或动而无效的情形。同时，要鼓励学生在大量的语言实践中掌握英语。

一个学期所选听的歌曲不能太多太乱，而是需要反复播放学习。先让学生对所听的歌曲旋律熟悉，慢慢地学生能听懂少部分英语歌词，直到听懂并能理解歌曲的意思，可以模仿时就表明引导学生进行运用和创新的时机成熟了。

我们的前辈在教学活动方面积累了丰富的经验。我们既要注意继承那些传统的、行之有效的活动形式，又要吸收现代交际法中确有成效的课堂活动组织方法，结合自己的教学实践，根据新的教学内容以及变化了的环境、条件和教学对象，对某些活动方式加以调整、改进，创造出新的活动形式。只有为教学目标服务的活动，为学生"量体裁衣"设计出来的活动才是最好的，才是有效的。

第六章
创新课堂

每一种语言都是一门独特的艺术,经过了千百年历史的沉淀,发展成为一个民族精神文化的代表物,英文也是如此。我们作为语言艺术的传播者,肩负重任,责无旁贷。所以如果我们每次走进课堂之前精心设计好了活动,对活动的内容、方式和步骤心中有数,我们的课堂就一定会充满活力,我们的课堂就会更精彩,教与学就一定会取得更好的效果。

"世界咖啡"在高中英语课堂中的运用

茂名市第十六中学 黄建雄

近来,核心素养作为一个热门词汇出现在教育界。修订中的《高中英语课程标准》提出了语言能力、学习能力、文化品格和思维品质四大学科核心素养。然而,如何落实学科核心素养,是摆在广大教育工作者面前的课题。最近,笔者参加了省级骨干教师培训,有幸接触到"世界咖啡",获益匪浅。尝试通过课堂实践,把"世界咖啡"创造性地融入高中课堂教学活动中。

一、"世界咖啡"

1. 认识"世界咖啡"

著名的"World Cafe"(世界咖啡)会议模式的主要精神就是"跨界"(Crossover),不同专业背景、不同职务、不同部门的一群人,针对数个主题,发表各自的见解,互相意见碰撞,激发出意想不到的新点子。人们很容易被自己过去所学或是经验所限制,一个团体或公司也很容易被既成文化或价值观所限制,同构型越高,越不容易产生新的点子。

"世界咖啡"让参与者从对个人风格、学习方式和情感智商……我们惯用的评判人的方式的关注中解放出来,使人们能够用新的视角来看世界。让人们进行深度的会谈,并产生更富于远见的洞察力。

2. "世界咖啡"的原则

第一项原则:明确会谈内容。
第二项原则:创造热情友好的氛围。
第三项原则:探索相关问题。
第四项原则:鼓励每个人投入/贡献。
第五项原则:吸收多元文化,接受不同观点。
第六项原则:共同审议不同的模式、观点和深层次的问题。
第七项原则:收获、分享共同成果。

3. "世界咖啡"的操作方法

找到自己的"咖啡桌",大家推选"桌长"。准备大张彩纸和彩笔。

（1）"桌长"组织讨论,每人发言（1次不超过3分钟,可以多次）。

（2）本桌针对研讨问题提出几个主要观点,"桌长"写在彩纸上。

（3）"桌长"留下,其他成员分散到不同的咖啡桌。

（4）"桌长"热情介绍,首先介绍本桌首轮观点、期望。

（5）组员介绍自己咖啡桌的讨论结果,对新到咖啡桌发表观点。

（6）"桌长"记录、补充、完善上述几条观点,准备几分钟的汇报内容。

（7）"桌长"留下,其他成员第二次分散到其他不同咖啡桌,同上轮。

（8）各桌集合,汇聚本桌观点。

（9）"桌长"汇报,主持人、学员代表点评活动内容与形式。

二、"世界咖啡"与高中英语课堂教学

1. "世界咖啡"的应用领域

"世界咖啡"广泛应用在企业培训、干部培训、人力资源培训和教育培训等方面。在研读文献过程中,笔者收获颇丰。张赛园和吴凡简述如何用"世界咖啡"会谈法培训教师;董立人探讨世界咖啡式会谈及其应用,可以为新时期新阶段我国的干部教育培训提供一定的智力支持。韩雪凉从"世界咖啡"会谈方式的功能特点、原则、基本步骤等方面进行全面介绍,并总结了其在教育培训中的特点及应用。在"知网"中输入"世界咖啡",可以搜索到1982条相关文献;再次输入"世界咖啡"英语,只搜索到1条信息。这就是延安大学雷琨老师撰写的关于"世界咖啡"在中学英语课堂教学中的应用。她以初中英语课堂活动作为研究阵地,得出具体的操作模式。同时,也期待更多同行进行更广泛的研究。

可见,目前"世界咖啡"在高中英语课堂教学中的研究还是"凤毛麟角",对此的研究显得尤为迫切。

2. "世界咖啡"在高中英语课堂运用的可行性

"世界咖啡"的活动形式和理念与新《高中英语课程标准》下的英语学科核心素养所倡导的理念有很多共同之处。

"世界咖啡"要求每个成员都积极参与讨论,贡献自己的智慧,从而形成集体大智慧。此外,在讨论完一轮之后,组员分散到其他组去参与下一轮不同内容的讨论,一般进行三轮。这样,所有组员都有机会与不同的组员合作探

讨，提升合作意识以及交际能力。新课程理念是"以学生发展为本"，目标是为了实现学生全面发展、全体学生的发展和学生个性的发展。英语学科核心素养的主要内涵包括：语言能力、学习能力、文化品格、思维品质。学生发展核心素养指学生应具备的，能够适应终身发展和社会发展需要的必备品格和关键能力，是关于学生知识、技能、情感、态度、价值观等多方面要求的综合表现。新课标强调教学活动的设计与实施，要充分发挥学生的主观能动性，形成有效的学习策略，提高学生自主学习能力。与此同时，教师要关注学生的情感态度，使学生在学习过程中形成独立思考，发展与人沟通和合作的能力。"世界咖啡"与《高中英语课程标准》"学科核心素养"既有相同之处，也有互补之处。

因此，把"世界咖啡"运用到高中英语课堂活动中符合英语学科核心素养的要求。

三、高中英语课堂的常见课型以及模式

目前，高中英语课堂的课型一般分为以下几部分。

Period 1: Warming up.

Period 2: Reading.

Period 3: Language Points（Learning about language）.

Period 4: Grammar.

Period 5: Listening and Speaking（Using Language）.

Period 6: Writing.

Period 7: Revision.

在授课的过程中，讲授法以及归纳法仍然是主流。虽然"以学生为中心，实施任务型教学"受到青睐，但是缺乏创新的活动模式。笔者认为，在不同课型的教学任务中，适当地引入"世界咖啡"会谈模式，能够收到更好的教学效果。

四、"世界咖啡"在高中英语课堂的具体运用

"世界咖啡"会谈模式运用在高中英语课堂教学中的研究"屈指可数"。笔者希望通过自己的课堂实证起到抛砖引玉的作用。以人教版Book 1 Unit 5 Nelson Mandela—a Modern Hero的复习课为例。

1. 准备阶段

在上课之前，准备好大张的彩纸和彩笔并根据学生的成绩进行分组，力求做到每组学生的平均水平都差不多。笔者将任教的班60人，分成6个小组，每组刚好10人。与此同时，把教室的桌子进行重新排列，组合成6个区域，每组学生围坐在一起。每组选出组长，负责在彩纸上进行记录。形式可以多种多样，如涂鸦、制作海报、使用思维导图等。

2. 实施阶段

上课的时候，笔者作为主持人，发布指令。在屏幕上投影出各小组要讨论的题目，每个小组的所有成员轮流发言。第一小组：Warming up；第二小组：Reading；第三小组：Language Points；第四小组：Grammar；第五小组：Listening and Speaking；第六小组：Writing。在投影的同时，主持人向各小组阐述具体要求。第一小组讨论的范围是：The qualities of a great person. What's the difference between a great person and a famous person? 第二小组就Reading中学过的阅读方法以及每段的主要意思和具体信息进行讨论。第三小组贡献这单元学到的单词、短语和句型。第四小组就定语从句关系副词when、where和why进行讨论，每个成员贡献一句定语从句。第五小组就听说课的方法进行讨论，例如如何快速做笔记。此外，还要就本单元的内容设计"三问五答"题目。第六小组要进行描写人物的探讨，比如运用哪些常用句型、一般采用什么写作思路等。

在主持人布置好任务之后，各组组长立刻组织各成员进行探讨发言，贡献自己的智慧，组长负责在彩纸上记录。所有组员贡献出自己的智慧之后，进入下一轮探讨。组长留在原位，其他组员按照主持人的安排分别移到不同的小组。组成新的小组之后，组长向新的组员介绍本组第一轮讨论的情况，接着各组员介绍原来小组讨论的结果，然后所有组员就本组的话题继续发表见解。组长根据新组员的发言记录或者完善本组的任务。由于一节课的时间有限，组员轮换到第二轮讨论结束之后立刻回到原来的小组。组长整理两个小组成员的发言，汇集集体的智慧，准备发言。

3. 汇报阶段

各小组组长整理组员的智慧结晶之后，按顺序带着彩纸到讲台汇报本小组的成果。

4. 总结阶段

在各小组组长汇报成果的过程中，主持人认真聆听，做笔记。在所有组长汇报之后，主持人对各小组的汇报情况进行点评，适度地再提升、完善，以达到复习整个单元知识体系和知识要点的目的。

5. 延续阶段

课后，各小组组长根据支持人的点评，修改知识性错误，进一步完善本组的话题，讨论结果以达到可以学习、借鉴的要求。组长完善彩纸内容之后，由学习委员负责张贴在班级英语学习园地的墙上，方便同学们课后回顾、巩固。

6. "世界咖啡"在其他课型中的运用

其实，"世界咖啡"会谈模式不仅可以运用在每个单元的复习课上，还可以在不同课型中以及不同课型的活动中加以运用。以一节Warming up课型为例。

在Book1 Unit 4 Earthquake第一课时Warming up的活动中，我们可以运用"世界咖啡"的模式。在Warming up中，我们可以设计以下问题进行小组讨论：

（1）What natural disasters have you heard of?

（2）Which disaster may cause the worst damage and why?

（3）What do you think will happen before an earthquake?

（4）What's the result of a bad earthquake?

（5）What shall we do if an earthquake happens?

（6）What can we do after earthquakes?

学生遇到不懂的词汇可以借助双语词典、"讯飞多语言语音输入法"（iFLY）或者直接询问老师，这样就能快速扫清会谈过程中的障碍。通过"世界咖啡"，更加突显"以学生为中心"，从而可以更好地进行任务型教学。

五、"世界咖啡"对高中英语课堂的促进作用

"世界咖啡"作为一种会议会谈模式应用在很多不同的领域，受到广泛的青睐，但是却极少在英语课堂中使用，更不要说推广了。其实，笔者也是在2016年广东省骨干教师培训中才了解到"世界咖啡"的。通过学习、体会、感悟，深感其魅力无限，从而思考如何加以利用，丰富英语课堂活动，促进英语课堂教学效率的提升以及学生个性品格的发展，"世界咖啡"对高中英语课堂有巨大的促进作用。

美国缅因州的国家训练实验室研究成果学习金字塔理论的第五种："小组讨论"，可以记住50%的内容；最后一种："教别人"或者"马上应用"，可以记住90%的学习内容。"世界咖啡"活动中既有小组讨论又有小组长的汇报：教别人如何使用。这些都属于学习金字塔中高效的学习模式。

哈佛大学心理发展学家霍华德·加德纳的多元智能理论认为："教师要更多地关注不同学生的智能优势和智能弱势，开发学生潜能，促进学生全面发展。""世界咖啡"在课堂的使用充分锻炼了学生的听、说、读、写、译的能力，充分关注每个学生的活动。在小组活动中，学生既参与集体活动，锻炼交际能力，又发挥个人的智慧，根据自身的特点和能力，运用不同的方式去表达自己的观点。比如，英语水平稍落后的学生可以通过请教其他组员的方法或者利用iFLY语音输入系统，把中文翻译成英文，然后说出来分享给小组其他成员。这就兼顾了不同水平的学生，按照孔子的观点就是考虑个性差异，因材施教。

六、结 语

"世界咖啡"在英语课堂上的运用创新了以往的课堂活动模式，既促使学生交际能力提高，又促进不同智力水平的学生的个性发展，避免了学生上课的"审美疲劳"，促进了学生语言能力、学习能力以及思维品质的发展。

浅谈翻转课堂在非重点高中英语教学中的应用

湛江市爱周高级中学 黄小丹

当今是多元化的时代，有互联网、微博、移动、云等，那么教学模式也要随之改变。因此，翻转课堂的盛行已经成为一种必然。翻转课堂借助当今无处不在的移动互联网技术，克服英语教学中的弊端，实现学生随时随地学习，个性化学习，差异化学习，是解决当今英语课堂存在问题的有效途径之一。

一、翻转课堂之理论

（一）翻转课堂的定义

翻转课堂译自"Flipped Classroom"或"Inverted Classroom"。在美国，对翻转课堂研究和实践最初是在高校进行，直到2007年科罗拉多州的林地公园高中的实践才使得它在普通高中落地生根，快速生长。目前，我国引入翻转课堂的学校越来越多，而值得一提的是重庆聚奎中学，开了国内翻转课堂实验的先河。聚奎中学将翻转课堂教学法诠释为：学生在课前通过教师分发的数字化材料（音视频、电子教材等）进行自主学习，回到课堂后与教师和同学互动交流，并完成练习的一种教学形态。自此，翻转课堂从美国的"在家"和"课堂"翻转，变成中国本土化的"课前"和"课中"的翻转。简而言之，翻转课堂的实质就是：在不同认知理论、学习理论及学习环境下的"混合式学习"，体现在课堂形式上就是课前"学生预习+学习"，课中"合作答疑+练习巩固"。

具体来说，翻转课堂的教学模式包括课前"四步"以及课堂"五环"。

1. 课前"四步"

所谓课前"四步"，包括设计导学案、录制教学视频、学生自主学习和教师调整教学策略。

（1）设计导学案。在深入研究教材和学生的情况下，备课组成员协作完成导学案设计，担任主备的教师须在集体备课之前，事先准备好下周所有的导学案和PPT的初稿，在下周的集体备课会上，全体成员就初稿展开协作研讨，形成优化的导学案、PPT等教学资源。导学案经主备教师和备课组长共同签字后交油印室印刷。PPT和导学案的电子版交由教务处备案。

（2）录制教学视频。教师根据要达到的目标，以及视频最终需要呈现的内容，收集资源和创建视频。录制视频时考虑不同教师和班级的差异，以适应不同学生的学习方法和习惯。完成导学案和视频后，同一备课组内的教师不再重复备课，成员之间资源共享，使教师有时间调节身心。

（3）学生自主学习。学生在独立预习教材的基础上，用电脑下载教师上传的教学视频和导学案，开始课前学习；登陆平台完成预习自测题；在组内互助解决个人独立学习时产生的问题；组内不能解决的学习问题由组长记录后交给科代表，科代表整理好后上传至服务器。

（4）教师调整教学策略。教师通过软件平台及时了解学生的学习情况，调整课堂教学进度、难度，制订个别辅导计划，增强课堂教学的针对性。

2. 课堂"五环"

所谓课堂"五环"，即课堂教学的五个环节，包括合作探究、释疑拓展、练习巩固、自主纠错和反思总结。

（1）合作探究。组内不能解决的疑难问题，课堂上由组间互相合作解决。

（2）释疑拓展。全班学生都不能解决的问题，由教师在课堂上解决；教师根据学生的实际学习情况，进行适度拓展和延伸。

（3）练习巩固。学生完成平台上或其他资料的相关练习，以巩固所学知识。

（4）自主纠错。对自己做错的题，学生通过观看答案详解或者教师的习题评析视频，自主纠错。

（5）反思总结。对本节内容进行知识归纳或者方法梳理。

但笔者认为，翻转课堂的实践道路应该是多元化、个性化的，应该解放思想，立足于本校实际生源和教师专业发展现状，结合本校的历史渊源和文化传统，走出一条具有本校特色的，以发展学生为中心的课程改革之路，使翻转课堂的效果达到最优化。

（二）翻转课堂的评价

构建成功的翻转课堂需要有全面而细致的评价体系。这套体系标准既要符合翻转课堂自身的特点，又要与教育的发展方向相契合，更要结合我国本土实际和本校的特色，这里提出评价翻转课堂的七个指标。

1. 精彩的教学视频，即微课

教学视频是翻转课堂课前学习的重要支撑，因为其时长较短，适合学生利用碎片化的时间进行自主学习。精彩且有吸引力的微课视频主要涉及四个方面：使用适度的技术手段，匹配恰当的教学方法，传递准确的学科知识，激发有趣的学习活动。

2. 优质的学生提问

通常学生初接触新内容时，是不大可能提出优质问题的，因为优质的问题肯定是综合性问题，必然有一定的深度和广度。学生在翻转课堂课前自主学习后更容易在课堂中产生优质的问题，有的可能在在线社交平台上引起热烈的争论，有的可能是课堂上针锋相对的灵感的碰撞，可能是学生独立思考后的表达，也有可能是头脑风暴后的质疑。

3. 丰富的学习活动

活动是打开学生大脑的有力手段。在翻转课堂中，丰富的学习活动是对老师最严峻的考验之一。自教师的角色从演员变成导演开始，这便唤醒了学生的积极主动性，有时甚至会导致课堂秩序的混乱。因此教师要及时调整心理，善于参与和适度引导课堂活动的步骤安排。

4. 多样的学习作品

翻转课堂之所以被全球教育界迅速接受和实践，最主要的原因是其能给予学生充裕的时间和空间来进行创造性活动，促进学生创新能力的发展，具体表现在：完成测试题，制作实物，绘制图像等。

5. 多元的评价

通常采用的评价方式是考试，但其局限性在于无法衡量不同认知能力学生的发展。翻转课堂后，学生的学习行为、学习过程以及学习成果都是以多样化的形态呈现，因此评价也应该是多元的，包括：课前诊断性评价，课中形成性评价结合总结性评价，他人评价结合自我评价，静态评价和动态评价相结合等。

6. 及时的反馈练习

传统课堂的大量作业放在课外，学生在练习过程中得不到教师、同学或电脑的及时反馈。在翻转课堂上，学生的作业在课堂上完成，在练习过程中及时得到教师的指导，或者与同伴讨论得到质疑或肯定，也能通过电脑软件和互联网得到反馈。

7. 随取的学习资源

翻转课堂后，更多的学习时间把握在学生手上，学生需要更多随时可获取的学习资源来支撑自己个性化的学习，比如，学生可以根据自己的需要，请求教师指导，寻求同伴帮助，参与合作讨论，连接数字化图书馆查阅或互联网搜索等。

二、翻转课堂之实践困难

梁哲校长于2015年在我校新上任时，便提出要进行教学改革——翻转课堂。经过大半年时间软件及硬件方面的筹备，我校于2015年9月正式在新入学的高一年级实施翻转课堂，尤其在笔者任教的高一（1）和高一（2）班实施平板电脑教室方案，即教室内布设的学习终端是平板电脑，同时配备强大的WIFI网络，与学习平台建立起连接。因为平板电脑具有体积小、易操作、携带方便的特点，学生可以使用各自的用户名登录并可有效保留和记录学习者自己的学习路径、笔记资料和其他资源，非常有利于开展翻转课堂学习。

然而万事开头难，初期遇到的困难重重。

（一）教师面临的困难

许多年纪较大、具有一定教学经验的教师对翻转课堂有些许抵触心理。

1. 认为传统课堂更适合应试教育

对部分教龄10年以上的教师来说，他们已经习惯了固有的教学模式，而且对应试教育需要"满堂灌"深以为然。高中学习任务重、时间紧，哪里有时间让学生自己东搞西搞，恨不得连晚自习都拿来上课。这是当时一些教师真实的心理写照。尤其是英语，有些学生连初中的单词都不懂，对英语完全失去学习热情，还让他自己学，可能吗？当时教师心里充满了无数的疑问和不确定。

2. 对教师角色的变化不太习惯，无法放手让学生做课堂的主人

在传统的课堂上，教师是演员，事事要亲力亲为，恨不得化身为超人去帮学生听、说、读、写。而在翻转课堂上，教师变成了导演，只需要在关键时刻喊cut，即进行适当的补充说明答疑，具体的展示操练全部交给学生。这一角色转换让许多教师不淡定且失落。我校曾有一位英语支教教师来自湛江某重点中学，她亲口对笔者说：学生在课堂上讲得不好，不全面，我在一旁干着急，后来索性不要他们讲，我来讲！

3. 平台备课有一定难度，对部分教师是一个很大的挑战

由于平板电脑教室的要求，教师需要提前录制微课和试卷形式的测试题并提前发送给学生，还要准备课堂中的检测题，这些均需要用到比较烦琐的平台备课系统，需要耗费一定的时间和精力，独木难支，需要群体配合。对一些打字较慢或者不熟悉系统操作的教师来说，无疑给他们的工作增加了很大的难度，使得他们对翻转课堂改革又多了一些抵触。

4. 无边界的自主

有些教师在实际教学中把主体回归的课堂变成了主体放任自流的课堂，过度弱化了教师的作用，把学生放开后，教师活动指导不明确、不具体，学生茫然不知所措、独立于学习群体之外，教师无法有效地引导学生。笔者曾经听过我校课改初期的英语翻转课，课堂上确实是学生讲的比教师多，但是"你一言我一语"，整个课堂乱哄哄的，貌似气氛热烈，实际上是一个已经失控的课堂，更无法谈学习的收获了。

（二）学生的不适应

1. 我校学生基础较为薄弱，要自学并敢于展示，且知道该如何展示，有难度

我校实施翻转课堂实验班的高一级新生的入学分数线是中考600分，但是绝大部分学生都是650分以下，700分以上者不超过3人，这就意味着学生的基础都非常一般。基础一般的学生都不太自信，不太敢接受挑战和新事物，自学的能力和理解能力也有待加强，且他们处在初中向高中过渡的重要阶段，本身就有点迷茫，要他们完全忘记之前的传统课堂而直接进入全新的翻转课堂，显而易见，难度很大。有些学生无法完成自学任务；有的学生可以进行预习却不敢在课堂上开口展示，站起来半天都不肯开口，让他继续讲也不是，叫他坐下来，又好像是不给学生机会锻炼；更有些学生不适应、不认同这种新的教学模式，还给笔者写信进行投诉等，这些都给翻转课堂的实施设置了重重障碍。

2. 学生缺乏自控，会利用平板电脑进行学习之外的娱乐活动

翻转课堂要求学生必须利用课余时间进行微课学习和视频观看，但由于高中学习任务繁重，学生能自由支配的时间只有晚自习，由于教室有WIFI，即使平板电脑中安装了控制软件，学生还是可以用它来进行许多学习之外的娱乐活动，例如听歌、游戏、上网等，还打着进行预习的旗号，严重影响了晚修秩序和学生的学习效果。

3. 由于教师与学生角色同时变换，对于教师而言，增加很多负担

有教师坦言为了实施微课教学，把双休日、节假日等都用在了微课的制作上了。同时，翻转课堂要求学生在课前观看视频，完成导学案，进行充分的预习，这更容易加重学生的课业负担。有学生不止一次对笔者抱怨，一个晚上就只完成了语文和数学的预习要求，而高一学生有9科，他们真的无暇顾及太多，有很多时候只能不完成老师布置的导学案或者直接抄袭。上海市教委基础教育处处长倪闽景就曾经说过，在课程标准高度统一和考试模式极其单一的情况下，让学生大量利用课外时间学习，势必会加重学生课业负担。

因此，这次翻转课堂在我校的推行，既是发展的机遇，同时也是巨大的挑战。

三、翻转课堂在英语教学上的应用

（一）不必拘泥于形式，翻转课堂可以多种多样、多姿多彩

笔者不太喜欢太严肃的课堂，经常从一些细小的东西入手来点拨学生的思想。例如必修一 Unit 1 Friendship中，可以让学生自学文章中的重点单词、短语、句型，然后教师在课堂上稍加点拨，空出来的时间用来表演展示。笔者另外找了《安妮日记》中其他的精彩部分，节选出来，让他们进行小组竞赛，看哪一组朗读得最好，并要求听的同学把精髓表达和句型画出来，大家再进行讨论：这么写是什么意思，安妮有什么意图，能表现出背后什么故事等。这样的阅读课，不仅学习了词汇的表达，还锻炼了听说，更重要的是同学们更能体会到安妮当时的处境和心境，理解了二战中犹太人的痛苦挣扎，可谓一举多得。这样的阅读课非常受学生欢迎。

（二）学会放手——有了"懒"教师才有"勤"学生

由于教师传统惯性原因，传统课堂上出现"教师一开口就闭不上嘴"现象，多年来都是老师讲，学生听；教师写，学生抄，学校不让讲就暗着讲，不让站到讲台上讲就在学生中间讲，就像改编的一首"心太软"：你总是心太软，心太软，独自一个人讲课到铃响。你总是无怨无悔地分析着课文，可知学生心里有多勉强。所以，一定要学会放手。让学生自己预习，自己研究，自己展示，自己谈论，只有把课堂的时间和空间都还给他们，才能让他们感觉到"翻身农奴把歌唱"的喜悦，才有动力去支撑他们从昏昏欲睡的课堂中走出来，像打了鸡血一样去面对每一科的挑战。我校曾经组织教师去阳东一中进行翻转课堂的观摩学习，有幸听了他们高三的英语复习课。在传统课堂上，从本能上我们就认为高三的复习尤其是一轮复习，更应该是老师在讲台上拼命讲，学生在下面拼命记。然而并非如此。阳东一中的英语一轮复习课，首先，听写单词，不局限于高中课本，亦包括初中常见易错词汇，这是他们每一节课都会进行的，大约5分钟，然后进行话题复习，学生按组轮流上台在黑板上讲解单词短语的用法，同学们有任何疑问马上提出，教师在一旁进行精髓性的点拨释疑或者诱导，大约25分钟，最后15分钟来谈论之前布置的完形填空题并确定答

案,当然也是由学生分组进行展示,整节课教师讲话时间合计绝对不超过5分钟。他们的教师是如此"轻松",而他们的学生是如此活跃和积极。

(三)要让学生学会思考,教师必先深入思考

教师一定要在课前对教材进行深入地钻研和思考,因为教师只有全面深刻地领悟教材之后,才能更好地驾驭教材,充分挖掘自己的教学潜力,设计出独特高效的教学设计和课前检测,才能在新旧知识的衔接处、重难点的突破处巧妙设置问题,引发学生思考。此外,教师更要根据学生的课前预习反馈信息,进一步思考,因地制宜地设计出学生的课堂活动方案。只要教师做足了功课,课堂上面对学生的问题才能更加灵活自如,解答起学生的疑问来才能更加游刃有余,而教师的胸有成竹才能刺激学生进行更进一步的钻研和探讨。此外,教师还可以采用进一步追问的方式引导学生进行深入思考。

(四)翻转课堂在英语教学中针对词汇、语法的有效应用

1. 迁移学习法

从旧知识中引出新知识,使新旧知识贯通、相互迁移。与旧知有密切联系的新知,学生学起来轻松,会产生成就感。例如,从高一定语从句的微视频制作内容上来看,通常语法书开头就会提出"先行词""关系词"等概念,学生在没有任何基础的前提下,就会产生畏惧心理,不利于自学习惯的培养。但是,如果制作微视频,教师就可以从初中学过的"定语"的概念入手,即"定语是用来修饰、限定、说明名词或代词的品质与特征的",然后把"定语"转换为相应的"定语从句"的方式,让学生从形式上理解什么叫作"先行词""关系词""定语从句"等。

2. 结合语境进行词汇教学

众所周知,词典或者词汇书上的词汇详解相对来说是比较孤立的,而孤立的东西不容易记忆。吕叔湘曾说过,词语要嵌在上下文里才有生命。根据英语学习的特点,教师应该坚持"词不离句,句不离文"的原则,有针对性地把英语词汇放到特定的语境之中讲解,让学生在听、说、读、写的训练中,理解、记忆、复习与巩固英语词汇。因此,在微视频的制作过程中,教师完全可以将书中词汇表的单词通过一定的语境串联起来进行讲解,这样不仅利于学生学习英语词汇,而且益于他们养成英语思维的习惯,从而使他们能够在英语语言实践中正确地运用所学英语词汇,达到英语词汇学以致用的目的。

3. 英语翻转课堂案例之语法——现在进行时表将来

（1）教学目标。

第一，课堂目标：翻转课堂模式下，学生通过对微视频的课前学习，上课时间采用多种形式对学生的掌握情况进行检测，并设计语言环境让学生真实感受到语法在语言中的应用，让学生掌握并学会在生活中使用这一语法知识。

第二，视频目标：通过观看视频学生能够认出现在进行时表将来的结构，了解相关语法知识，并且能够辨别易考、易混知识点。

（2）教学重难点。

现在进行时表将来是必修一人教版第三单元的语法知识。知识内容简单，学生却容易与其他将来时态结构混淆，容易忘记。

第一，教学重点：掌握现在进行时表将来这一基本语法知识；能区分进行时表将来与表现在进行；掌握will do和be going to的使用区别以及与现在进行时表将来的不同；复习be to do也可用来表示有计划的将来；复习在时间/条件状语从句中用现在进行时表将来；按照时刻表将要发生的事情用一般现在时。

第二，教学难点：让学生在熟悉掌握知识点后能学会使用，并用现在进行时表将来的结构制订计划。

（3）视频内容。

第一，有趣的自我介绍：在视频最开始用动画人物代替老师，再配上幽默的自我介绍，能够在视频最开始最大限度地吸引学生的眼球，并让他们有兴趣继续观看。

第二，电影片段引出对现在进行时使用方式的思考：电影生活场景的对话既可以起听力练习的作用，又可以让学生感受到语法知识在真实语言环境中的使用。通过对对话内容的分析，一边回忆初中所学的现在进行时相关知识，一边引导学生思考现在进行时在对话中的特殊用法。"The car is coming!" "There is no way that you are having your birthday party in a club."

第三，通过校园生活小片段视频感受现在进行时表将来的用法：通过三段不同场景、不同人物的校园生活小片段，让学生真实感受语言在生活中的使用。熟悉的场景更能引起学生的共鸣。

场景一：

S: Hi, Felicia.

T: Hi.

S: I have heard that you will go to Guangzhou?

T: Oh, yes.

S: When are you leaving?

T: I am leaving tomorrow night.

S: Have a good trip.

T: Thank you.

场景二：

S1: Hello.

S2: Hi, where do you live during the May Day Festival?

S1: I am going to live with my aunt.

S2: Are you staying there till the end of the holiday?

S1: Maybe, if everything goes well.

S2: OK, see you!

S1: See you!

场景三：

S1: When will your friends come?

S2: They are coming here this afternoon.

S1: How about you?

S2: Tonight, I guess.

第四，知识总结及延伸：通过前面两段的铺垫，正式引入知识点的讲解以及相关语法规则的学习。

① 常用于现在进行时表将来的词汇有go, leave, come, fly, arrive等表示移动的词汇。

② 非移动动词有时也可使用进行时表将来。

e.g. What are you doing this Sunday?

My mother is buying me a new iPad soon.

③ 现在进行时偶尔表示较远的将来。

e.g. When I am growing up, I will join the army.

④ 现在进行时表将来有时含有"决心"的意思，多用在否定句。

e.g. I am not going there with you.

I am not waiting for him any longer.

第五，典型例题分析：通过对典型例题的讲解，引出相关易混淆知识点，并在例题讲解中完成对易混淆知识点的学习。

第六，复习本堂微课所学到的知识：表达确切的计划、明显的意图和为将来安排的活动时，用现在进行时表将来；在时间、条件状语从句中用一般现在时表将来。

"临时或突然决定做"用will do表达；按照时刻表将要发生的事情用一般现在时。

第七，思考问题：How about the past continuous tense? Can they express futurity too? Are there any differences?

（4）课后练习。

用本课的时态制订计划：The May Day vacation is coming. Do you have any idea about your seven days' vacation? Write it down in the tense of present continuous expressing future.

（五）课前任务清单的设计

从翻转课堂的概念和实施过程可以看出，网络平台、学案、微课、终端设备是支撑该教学模式的四大要素，而学案，亦称为导学案或者任务清单。在翻转课堂的四大支撑要素中，微课和任务清单的质量高低直接取决于设计水平。与传统课堂比较，翻转课堂对学生的自主能力要求更高，对于承担着指导学生完成自学任务的任务清单来说，在设计上也提出了更大的挑战，应该更加注重突出学生的主体意识。

学生学习科目繁多，每天只有下午放学到晚自习时间可以自由安排，而学生预习工作的是否有效很大程度上取决于任务清单的设计是否合理。

1. 使用任务清单的过程中存在的问题

（1）学生的自主性不够。有一些学生学习不够主动，任务清单没有认真完成，并且学校的班额比较大，对学生的辅导不够到位，教师课前、课后又没有认真检查学生完成的清单，学生缺乏适度的引导和压力，导致清单形同鸡肋。

（2）任务清单编写共性化。教师在设计任务清单时没有体现梯度，亦没有进行分层设计，无法显示出学生不同学情的个性，且任务清单的设计不合理，存在无重点、无难点的现象，导致有学生"吃不饱"，而学困生在规定时间内不能完成，更不用说消化吸收了。

（3）任务清单编写作业化。有些教师认为任务清单不过是教学内容习题化，导致任务清单无预习指导与检测及课堂合作与探究，仅仅只有当堂检测且习题量大，几乎成了专题训练，不能充分地调动学生预习自学的兴趣，整堂课也必然会变成师生对答案的过程，根本无法体现任务清单的功能和优势。

（4）任务清单没有妥善收藏。因为教师没有强调或者学生没有重视，有些学生的任务清单东丢一张，西扔一张，甚至有的新课结束后，刚发的任务清单就已经找不到了，导致复习失去依据。

2. 英语任务清单的编写要点

（1）学习目标。目标的制定既要符合文本教学要求、课标要求、学生实际，又要简单明了，具有可操作性、可检测性。每课数量以2~3个为宜，不能太多。学习目标中尽量不用"know，understand，grasp"等模糊语言，多使用"can remember""can speak out""can apply it""solve"等可检测的明确用语，并指出重难点。

（2）学法指导。没有学法指导的任务清单是不合格的。有两种常见的形式：第一种是本学科的研究方法。第二种是学生平时普遍的学习方法。如阅读的技巧、做笔记的方法、自主学习的方法、小组合作的技巧等。方法可以明确告知，也可以渗透其中。

（3）学习任务。这是任务清单的核心，要体现导读、导思、导练的功能。学习内容应立足教材注重基础，渗透学习能力的培养。设计的问题要注意渐进性、指导性、趣味性、挑战性。同时编写的学习内容务必容量适中，切忌过于烦琐而影响学生看书、思考。内容必须问题化，问题必修层次化。

（4）课堂巩固训练。①题型要灵活多样，量要适中，不能太多，以5分钟左右的题量为宜。②紧扣学习目标，具有针对性和典型性。③每一个学习目标都应设置有相对应的练习。④难度适中，面向全体，关注差异。可设置一些选做题，促进学优生成长。⑤"我的疑惑"一栏的填写。该栏目完全是由学生自主学习后填写。教师要引导学生学会发现问题、提出问题、思考问题。上课之前，教师要看学生的任务清单，发现学生的疑难，肯定学生指疑问难的思维品质，进行二次备课，提高教学的针对性。下课之后，学生还可对此处进行补充，写明还有哪些疑惑尚未解决，然后交给科代表统计，科代表整理完毕后再上交给教师，教师可有选择性地进行解答。⑥科任教师应该经常和班主任反应班级情况，请班主任配合管理，多和科代表沟通了解学生的需求和心理，可因材施教，更好地改良任务清单。

四、翻转课堂之英语微课

微课作为教学视频被广泛应用到教学中，例如课堂导入、重点讲解、难点教学、课后拓展等教学环节。微课的应用，转变了传统课堂教学呆板的教学氛围，将枯燥的课堂赋予活力，激发了学生的学习兴趣，提高学生的学习效率。国内外学者普遍认为微课必须：①要短小精悍。②给学生呈现学习内容。③让学生明确学习任务。④对学生的学习进行评价。

为此，我们对英语微课提出以下要求：

（一）采用适度的技术

视频制作的技术日新月异，但是技术是手段而非目的，适度地采用技术能增加微课的表现力，吸引学生反复观看。在英语微课的制作中，通过整合各种信息资源，集动画和声音于一体，把教学课堂内容通过视频的形式展示给学生。学生可根据自主学习的需要，选择相关的微课案例，反复学习和研究"微课"教学视频，增强学生对微课中知识内容的理解。

（二）匹配恰当的教学方法

每个学科、每个教学内容都有与之匹配的教学方法和技巧，而微课并不能同时实现所有的教学方法和技巧，这就要求教师必须有相当的教育理论素养和教学经验，才能应用恰当的教学法。例如，被动语态（passive voice）的教学包括定义、构成方式、各种时态下的被动形式、不能使用被动语态的谓语动词、特殊动词的被动语态形式，利用微课针对性强、简单易懂的特点，我们将知识化整为零，采用片段式教学，减少学生学习的认知负荷，增进学习信心，夯实学生的学习基础，提升学生对知识的应用能力。

（三）传递准确的学科知识

学科知识的准确表达是任何一种教学模式最基本的要求，微课中除了技术和教学法必修同学科知识深度融合之外，还要加上教师生动的阐述和讲解才能把专业艰深的英语知识变成学生容易接受的形式。所设计的内容设计及讲解要做到精准控制，要将设计的精华展示出来。整体效果追求"妙"，就是要达到讲解时将设计思想完美展示，传达的是清晰的知识点，在有限的时空内做到结构相对完整，语言准确，让学生看了，能因精巧的设计、深入浅出形象生动的讲解而印象深刻，达到掌握知识要点之目的。高中英语微课要求"精""微"，突出重点、难点、疑点，以最短的时间，用最有效的方式讲明关键问题，凸显知识学习的针对性。

（四）激发有趣的学习活动

微课传递准确的学科知识仅仅是翻转课堂的第一步，它还有一个重要的使命是激发学生的学习兴趣。因此，在微课中灵活设置一些情境、挑战性的任务以及后续学习活动预告是很有必要的。我们最常见的做法是在导入新课环节设计相关导入视频，做成微课让学生欣赏，同时提出问题，加强悬念效果，以此来激发学生的学习兴趣。

五、翻转课堂之迷惑

关于翻转课堂，我们一路走来，陆续解决了不少拦路虎，然而，还是有些疑问存在心中。

（1）学生可自由分配的时间太少，科目太多，如何协调处理？

（2）个别自控力差的学生有时会利用看视频的时间来上网聊天、玩游戏等，怎么解决？

（3）翻转课堂要求学生自主学习，并轮流上讲台展示或答疑，问题在于学生会偷懒，每一组只研究自己负责解决的那个知识点，其他的一概不管，造成的后果是学习更片面、效果更差，如何打破僵局？

（4）翻转课堂要求教师和学生要具有极高的技术素养和信息素养。我们的教师掌握了必要的视频拍摄、录制、剪辑技术了吗？他们会使用录屏软件来制作课件吗？教师习惯于在没有学生的课堂讲课吗？学生习惯于听视频讲课吗？

（5）翻转课堂离不开教师适度的指引，而教师的指引该到达哪个点才恰到好处、水到渠成？

这些都有待我们继续探索和解决。

六、结 语

《教育信息化十年发展规划（2011—2020年）》指出，教育信息化的发展要以教育理念创新为先导，以优质教育资源和信息化学习环境建设为基础，以学习方式和教育模式创新为核心，在国家教育信息化发展的过程中，翻转课堂将对我国的英语教学产生一定的影响，当然可能效果并不会立竿见影，但通过实验和修改，英语教学将会日趋完善。

翻转课堂之路，其实我们走得并不轻松，遇到过很多困难，遭遇过不少挫折，可是我们最终坚持了下来。可喜的是，在我们的翻转课堂上，学生的自主学习能力大幅度提升，他们更积极活跃地参与课堂提问和展示，即使是基础很一般的学生，也满怀热情地参加思考和讨论，因为他们知道，即使是最为浅显的问题，组员们都会热情帮忙解决；即使是很简单地回答，老师都会报以鼓励的微笑让他们下次可以回答得更大声、展示得更完整。一年时间也许还不能快速提高学生的成绩，但是我们起码看到，他们对生活、对学习都充满了信心和希望，并愿意为之付出努力；他们对老师充满了信任，认为我们不仅仅是良师，还是支持和帮助他们的益友。学生的心里有阳光、干劲和梦想，这就已经达成我们的预期目标了。我们坚信，只要一直坚持下去，就能看到胜利的曙光。

"同伴互测"在高三英语复习教学中的研究

广东高州中学 梁冠华
广东高州市第二中学 罗英群

高三复习阶段内容多、任务重、时间紧，如想在有限的时间内进行高效复习，必须采用有效的教学策略快速促使学生进入英语思考的状态，才能起到事半功倍的复习效果。然而，笔者基于多年的课堂观察、分析和课后对学生进行调查发现，在英语课堂教学中，许多学生常处于被动接受的状态，苦学，却不善学，对所学内容缺乏积极思考、消化，较难提升运用语言的能力。为解决这一困局，笔者认为，开展"同伴互测"的合作学习活动是最直接、最可行、最高效的复习策略。

班杜拉（Bendura）的社会学习理论（Social Learning Theory）认为合作学习的组织形式可以给学生的学习提供自然的互动环境，使他们的认知行为得到顺利的发展。维果茨基（Vigotski）的"认知发展潜能区（Zone of Proximal Development）"理论认为，不同程度的学生可以在合作中相互取长补短，加深对问题的理解，促进学习质量的提高。皮亚杰（Piaget）的认知发展理论（Cognitive Development）也认为，合作学习的形式为学生间的相互作用提供了更多机会，从而使学生通过合作学习提高认知层次，促进认知的发展。在新课程实施，英语教学倡导的任务型教学途径（task-based approach）的背景下，"同伴互测"作为合作学习的一种更具体的、更易于操作的形式，在高三英语复习教学的各项活动中更具实效性。

一、"同伴互测"的概念和作用

"同伴互测"（peer test）是指为了提高英语整体水平，学生组成小组或结成"对子"，在课内、课外把学习英语中所有要掌握的知识以提问或出练习题的形式进行相互测试。行为主义者（以Skinner为代表）认为人的学习过程为刺激—反应—巩固，语言是一套习惯，学习语言即形成语言习惯。学生间进行同伴测试方便、快捷，可以说是"天时、地利、人和"，更可以做到相互刺激—反应—巩固，共同形成良好的语言习惯。所以，"同伴互测"对紧张复习的高三学生大有裨益。

1."同伴互测"有助于燃其情

苏霍姆林斯基说过："有激情的课堂教学，能够使学生带着一种高涨的激动情绪从事学习和思考。"在高三英语内容量很大的复习中，为使复习兼具速度与激情，可以在复习教学中灵活运用"同伴互测"这种合作学习方法。"同伴互测"可以活跃学生的思维，使其积极主动地参与英语课堂教学，轻松愉快地学习。你问我答，就像颗精神原子弹，使小宇宙完全爆发。

2."同伴互测"有助于促其思

为了高三复习的高效，为更快提高学生的听说读写能力，教师必须想方设法多渠道改变复习中"有读无思，有练无思"的不良语言学习习惯。为促其思，"同伴互测"较易见效，因为学生在相互测试的过程中，在给同伴设计题目或者回答同伴的问题时都必须深入思考，因为是一对一进行的，不能再当"东郭先生"了，也不能再"蒙"答案，需要有真材实料了。所以，互相测试能使学生真正积极地思考，这样复习效果事半功倍。

3."同伴互测"有助于养其神

现代教育主张不仅使学生学会学习、学会关心、学会创造，还要学会合作。"同伴互测"作为合作学习的一种方式，能帮助改变"老师一言堂"的状况，帮助开辟学生间平等交流的好平台，帮助启发学生思维，帮助学生发现别人的闪光点，帮助学生学会相互学习。在合作学习的过程中，学生不仅有更多机会学会倾听、学会赞美、学会批评、学会接受，而且提供一个让学生展现自我、认识自我、完善自我的平台，使个性和谐健康地发展，同时也可以培养他们的合作精神。

二、把"同伴互测"运用于高三英语复习教学中

1. 准备阶段

学期初，在进行同伴互测前，教师需要做好准备工作，比如介绍同伴互测的理念和作用，这样有利于学生做好心理准备。另外，指导学生科学合理地选好同伴，最好能选择跟自己英语水平相当的同学结成对子，这样有助于互测的坚持和相互促进，避免有被拖后腿的嫌疑。同质的同伴更容易形成强烈的竞争意识，形成你追我赶的架势，彼此共同进步。为了使学生能快乐地接受，能

找到合适的同伴，可以允许他们在英语课堂中走动，可以有移动的座位和变换的partner。这样更能引起学生参与的兴趣，更能激发他们学习英语的热情。但是，有可能英语基础薄弱的学生会有抵触或不合作心理，一定要及时耐心做好他们的心理辅导工作，消除他们的顾虑，让他们积极参与，效果则更好。

2. 在单词复习中运用"同伴互测"

词汇的复习是高三英语教学的重头戏。为加深对词汇的记忆和理解，重复和测试是必需的，而"同伴互测"更能加深单词"印"在大脑中的痕迹。指导学生亲自选好测试partner，因为能跟自己喜欢的同学一起测试，更容易把测试进行到底。然后指导他们定好每天测试单词的时间和次数。在高三第一学期，笔者要求学生多花时间熟背Book1～Book8中的单词以及专用词汇表，所以建议他们每天和同伴进行单词测试的次数是5次，分别定在早读10分钟、课堂15分钟、午读10分钟、晚读10分钟、夜读（下晚修后10分钟），如果学生单独记忆，要他们每天坚持，是非常困难的，但是如果设定时间和同伴，当然同伴也可以灵活变换，那样相当于有人支持和监督，就会更有计划、有动力、有成就感，所以更能坚持下去。只要养成了良好的记忆单词的习惯，效果不在话下。测试的方式，例如：早读时间，甲乙两位同学各出题5分钟，然后作答5分钟。共可以测试约40个单词，测试的方式可以灵活变换，可听写，也可一个说单词，另一个说中文意思；或者一个说中文意思，另一个说出英语单词。还可以以短句的形式来测试句子里的单词意思，这些单词或句子都是来自我们的一轮资料或教材。例如：甲问："They resemble each other in shape but not in colour.该句子的resemble是什么意思？"乙答："与……相似。"甲又问："They still haven't responded to my letter.这句中的短语respond to是什么意思？"乙答："回应，答复。"也可以要求回答的同学把整个句子大意翻译出来。这样通过大量的刺激—反应—巩固（根据行为主义者，以Skinner为代表，认为人的学习过程为刺激—反应—巩固），学生真正做到发挥学习者的自身能动性，学习英语更快上路，英语基础将会更加扎实。

3. 在语法复习中运用"同伴互测"

许多学生到了高三，英语的语法知识依然是一知半解，无论老师如何强调，如何绞尽脑汁解释，学生也是学得索然无味。为了发挥学生的主观能动性，笔者在复习语法的过程中，灵活运用"同伴互测"，避免重复炒冷饭，更省时、更见效。例如，在复习一般过去时、过去完成时、现在完成时的时候，笔者指导学生跟同伴合作，互相提问。当学生自己思考提出问题时也可以适当给他们一些提示。如：What are your parents? How many words did you remember last year? How many English words have you remembered in the past two weeks? By the end of last year, how many words had you remembered? Where had you studied before you came to this school? How long have you studied at this school? What had they done before they found the present jobs? How long have they had the present jobs? 学生可以根据自己的实际情况提出不同的问题，比较和思考时态在不同的语境中的灵活运用，亲身体会，牢固掌握。在学生对话的过程中，老师一定要深入到学生当中去，了解他们是否能够正确地运用，如有错误，要给予纠正。学生通过口头练习，既在上下文语境中掌握了语法，又训练了听说，可谓一举多得。

4. 在听说训练中运用"同伴互测"

广东卷的听说考试在每年的三月份进行，同学、老师都全力以赴，但是对于目前班额较大的情况，听说训练耗时多，收效低。用"同伴互测"的方式进行听说训练，见效快。例如，Part A朗读的训练，英语老师很难对每一个同学的发音进行测试并纠正，笔者认为，可以将全班学生分成四人一小组，小组中分别由一个英语成绩较好、两个中等、一个较差的学生组成，小组成员中相互轮流朗读相同或不同的内容，读完一段文章后，其他组员要对朗读的同学点评并讨论有疑惑的发音和语调，最后打分，这样学生对自己的朗读情况得到及时的反馈，对单词的准确发音和节奏会印象更加深刻，也会从同学的朗读中得到启发，从而提高朗读水平。对Part B "三问五答"来说，形成两人一组则更有效，因为Part B中训练的"三问"中，测试的是快速翻译问句的能力。

例如：甲同学可先测试乙同学5个疑问句的翻译，具体如下所示。

（1）在中国，学生是怎样学习英语的？（How do students in China learn English?）

（2）我该向谁报告工作？（Who should I report to?）

（3）公司为我提供什么福利？（What kind of benefits do you offer?）

（4）什么时候可以知道我的面试结果？（When will I know the result of the interview?）

（5）明天的计划是什么？（What is the plan for tomorrow?）乙同学回答时，甲同学可以马上纠正。然后甲乙角色互换，这样反复练习，既有趣，又有效，何乐而不为？Part C故事复述也应该在两人或多人的小组中进行，因为学生自己复述，会有畏难心理，复述会无疾而终，如果有同伴的监督，学生就会强迫自己尽力复述完整，只要坚持用"同伴互测"的方式训练，进步是必然的。

5. 在阅读训练中运用"同伴互测"

笔者在多年的高三教学观察中发现，想短时间内提高学生的概括能力和理解文章言外之意的推理能力，以及理解文章中长难句的能力非常困难。这其中最本质的原因是学生在阅读练习或考试中想投机取巧，快速得到答案，却疏于思考。为提高阅读的综合能力，为使学生养成善于思考的习惯，"同伴互测"的实践运用较为可行。例如，先让学生各自默读完两篇文章，不做题，只读文章，读完后，进行"同伴互测"，就是互相口头出题。第一轮出题的内容是甲学生要乙学生把所读的第一篇文章的各段大意高度概括出来，如问：第一段你读了什么？最后一段主要介绍了什么？第二轮提问的内容是对第一篇文章中的至少3个长难句的结构理解和翻译。如2013年广东高考真题C篇文章中的一个长难句：Sometime during that period, I realized that all those things that had seemed so strange or unusual to me no longer did, though I did not get anywhere with the local language, and returned to the United States a different man. 甲让乙对此句进行结构分析并翻译。在乙回答的过程中，甲可以对乙的回答适当纠正。然后甲、乙再交换角色测试。学生出现理解的分歧，英语老师要及时给予帮助。如此相互测试，学生不得不进入思考状态，这样的训练是到位并有效的。

6. 在写作训练中运用"同伴互测"

写作训练中运用"同伴互测"的具体做法是：先让学生对写作的内容、文章的结构和关键词汇进行分组讨论，然后请各组代表发言，同时根据学生的讨论列出提纲，写出关键词，再让学生动笔写。在学生完成后，要求组内同学彼此交换作文，由同伴来批改自己的习作。在初次进行此项活动时，教师应该加强对学生互改策略与技巧的指导。例如，教师可以指导学生对句子结构、单词拼写、词性和介词、冠词、代词等进行逐一批改讨论。待学生互改后，选择两篇有代表性的学生习作投影到大屏幕上，并让其他小组的学生上来纠错并讨论其优点与不足。作文训练在一节课内完成，有利于学生马上运用写作知识，及时纠正，并互相学习，共同提高。"同伴互测"还可以运用在训练学生写作句型上。

例如，当复习not...until句型时，同伴之间一起造句，看谁造的句子更多、更好、更准确。也可以一个同学出题，让另一个同学翻译。如：

（1）直到电影开始她才到。

（Not until the film had begun did she arrive.）

（2）直到昨天我才记起这事。

（It was not until yesterday that I remembered it.）

（3）直到第二天早晨我见到玛格丽特才感到高兴。

（It was not until I saw Margaret next morning that I felt happy.）

这样同伴互相练习后，更能熟练掌握句型，为写作打下坚实的基础。

三、教学实践后的思考

"同伴互测"以"合作学习（Cooperative Learning）"的理论为依据，是"合作学习"的一种表现形式。小组合作或两人合作的教学模式使高三英语教学活动成为师生、生生之间全方位、多层次、多角度的交流过程。教学实践表明，"同伴互测"活动激发了学生学习英语的激情，促使学生形成善于思考的习惯，形成自主学习策略，培养团队合作精神，增进相互理解，增强竞争意识；另一方面，还有利于学生思维、合作和创新精神等综合素质的发展。在活动形式上，注意结合学生的实际情况灵活创新使用，使学生有新鲜感，保持持久的学习英语的热情。该活动还可以延伸至课外的学习和生活中，这也是新课程所倡导的，真正体现了新课标所倡导的"用英语做事情"的理论。在实践中，要及时从学生中获得反馈，加强反思，才能使复习效率提升。总之，"同伴互测"是实现英语任务型教学，发展学生的综合语言运用能力（语言技能、语言知识、情感态度、学习策略、文化意识等）的有效途径。

高中英语完形填空解题技巧探究

广东省高州市第一中学 邹 虹

一、现今高中英语教学中存在的问题

当今高中英语教学大多将时间放在课文学习上，英语教师很少用整堂课来讲英语完形填空题，教师的忽视自然导致学生的不重视。完形填空一直被英语测试当作综合语言能力考查的重要手段和有效方式，该类题型选项干扰性强，是难以做出正确判断的"高难度题"。许多学生遇到这类题时，往往是望洋兴叹。

二、探究完形填空解题技巧的意义

不管是传统的英语教学还是近几年提出的英语新课程目标的教学，都很重视考查学生在具体语言环境灵活运用英语知识的能力。英语完形填空的解题技巧是高中英语教学的重中之重，在英语高考中，能否解答好完形填空可以说是成功与否的关键。

完形填空的解题能力反映了学生综合运用英语的能力。新课标对高中生在具体语言环境灵活运用英语知识的能力的要求主要有以下几点：

（1）能根据上下文和构词法推断、理解生词的含义。

（2）能理解段落间、各句子之间的逻辑关系。

（3）能找出文章的主题，理解故事的情节，预测故事情节的发展和可能出现的结局。

（4）能读懂常见体裁的文章。

（5）能根据不同的阅读目的，运用简单的阅读策略获取信息。

（6）能掌握同义词辨析和词语搭配。

（7）充分利用上下文信息词，在阅读中寻找和斟酌答案。

此外，学生英语完形填空题解题较差还存在其他原因，如英语和汉语的逻辑思维有很大差异，学生词汇量缺乏，阅读理解能力差以及忽略语篇方面的衔接等。因此，提高完形填空解题技巧势在必行。

三、高中英语完形填空解题技巧的探究

本文主要探讨如何在课堂教学的各个环节中设计课堂提问来吸引学生的学习和阅读兴趣，尽可能地引导学生变被动为主动，积极参与教学，在活跃的课堂教学环境中提高学生的阅读理解和语言能力，从而提高学生综合运用英语的能力。本课题主要研究做完形填空题有哪些技巧。

（一）问卷调查法

笔者通过对我校学生对英语学习的兴趣和高中英语阅读及完形填空解题技巧的现状进行调查并分析，被试对象为高二（9）班和（10）班的学生，共100人参与调查。只有20%的学生反映较好，他们对英语感兴趣，学习主动、努力，英语学习较好，对阅读和完形填空题解答也很好。但80%的学生对学习英语没多大兴趣，学习英语只为考试，所以学习积极性不高，从而学习不够努力，英语基础差，学习也不够主动，在英语课堂上很少回答问题，极少开口，在学习中遇到困难，也不主动请教老师和同学。平常很少做阅读理解和完形填空的练习，词汇量少，生词太多又缺乏背景知识，所以阅读理解和完形填空题完成得不好。教师对指导解答阅读理解和完形填空的技巧方面也做得不够，课堂上很少把时间用在这方面，课后指导就更少。

（二）试题分析法

近年来，中考、高考都有完形填空题，完形填空题在历年高考英语中有着举足轻重的作用。高考完形填空20小题共30分，每题1.5分，它在高考中是一道拉开得分距离的题目。

完形填空命题提供了特定的、具体的语境，利用所提供的语境从交际的角度来考查学生的语言交际能力。完形填空试题所设计的选项主要是名词、动词、副词、形容词等词类，通常占全部小题数目的90%以上。完形填空命题主要有四个方面的考查内容：①词语搭配和习惯用法；②逻辑推理和生活常识；③词汇意义和使用方法；④上下文和情景语境。

NMET完形填空题的难度略低于阅读理解又高于纯语法题，多数学生在做完形填空时仍感棘手。分析起来，笔者认为原因有：①文章隐蔽性的难度大，超出学生现有水平；②破坏信息较多，学生难以把握文章大意；③去掉的词中实词大大超过虚词；④学生综合运用知识的能力较差；⑤学生对这类试题不熟

悉，不适应；⑥学生缺乏必要的解题方法和技巧。

根据对高考完形填空试题的分析，笔者结合自己的教学经验，提出了以下解题方法和技巧。

1. 注意短文首句，它是了解全文大意的基石

文章的第一句是一个完整的主题句，是全文意义的精髓所在。它开篇明义，提供一定的答题信息，学生以此能判断文章的体裁、形式和内容，即是否是风土人情、科普小品、体育娱乐、人物传记、寓言故事、书信等。做完形填空需要联想，而第一句就如同联想的翅膀，让你在联想的空间里飞翔。因此要尽量从中捕捉更多的信息。比如考题的首句是：

The first and smallest unit that can be discussed in relation to language is the word.

这就是一句非常有效的主题句。据此，我们可以大胆地预测文章的主题是讨论"词汇（word）"与"语言表达（language）"的关系。通过"first and smallest"就说明作者认为"词汇"对于"语言"的重要意义。实际上，该篇文章的确是围绕"词汇"与"语言"的关系展开的。文章的第一段从正反两方面阐述了"词汇的选择（choice of words）"与语言表达的关系。第二段阐述了"措辞不准确（inaccurate words）"对于语言表达的影响。由此可见，精读第一句对于理解和把握整个文章的中心意义和作者的行文脉络是非常有效的。这就为我们把握文章的主旨、后面做题明确了方向。

2. 通读全文，掌握大意

答题前，要通读全文，不要急于做出选择。完形填空不同于单项选择，所考查的不是语法，而是对文章的整体理解能力，要求考生根据短文内容和上下文的情景，做出符合情节和逻辑的正确选择。千万不要只拘泥于空格所在的句子，尤其是开篇的前几个空。有的选项往往需要读完全篇才能知道其答案，当然第一遍阅读时，对于那些较明显的答案，完全可以同步选出，而那些一时还不能确定的选项待读完一遍后就基本上明确了。

3. 先易后难，边读边填

完形填空是一篇信息破坏较多的短文。一般学生在通读时，速度较快，只求领会其大意。重读时，学生应本着先易后难的原则，边读边填，即把最熟悉、最有把握的空填上，例如，学生在了解文章结构的基础上，再加上有关句型、词组、词语的提示，这主要是指那些固定词组、习惯表达或明显的语法结构等，能够直接确定某些空的答案。同时，这样做也会使空格间的距离相对延

长，文章前后之间的连贯也就明晰了。

4. 从上下文寻找信息词，进行推测判断

根据上文的内容来推测下文可能发生的结果，这是高三学生已经掌握的做题方法，而学生容易忽略的技巧是从下往上倒推，这就是为什么我们要求学生要顾及上下文找有关信息词，来回看文章的原因，往往有很多信息在后面被告知，据此来完成前面的填空。

完形填空所选的文章都是具有逻辑关系、意义相关的语篇，而词语的重复出现、同义词和反义词的使用是重要的连句成篇的词汇纽带，因此，在行文中不可避免地会出现词语的复现，前后同义词、反义词相互照应等现象。提示：考生在答题时，不要急于求成，而要充分利用上下文的信息词，在继续阅读中寻找和斟酌答案。我们以考题为例。

The purpose of non-REM sleep is even more ___43___. The new experiments, such as those described for the first time at a recent meeting of the Society for Sleep Research in Minneapolis, suggest fascinating explanations ___45___ of non-REM sleep.

43. A. subtle　　　B. obvious　　　C. mysterious　　　D. doubtful
45. A. in the light　B. by virtue　　C. with the exception　D. for the purpose

参考答案：43. C；45. D。

分析：只要细心寻找即可发现，文章开头说的"the purpose of non-REM sleep"和结尾的"____ of non-REM sleep"遥相呼应。所以45题选D。而在后文的fascinating就指示43题应填与其同义的词，故43题C选项mysterious正确，因为两者都表示"神秘的、为之着迷"的意思。

5. 形意结合，选择与原文语法、语义保持一致的答案

完形填空的一个重要目的是考查学生在具体语言环境灵活运用英语知识的能力。脱离短文内容，不考虑原作风格，是难以做好完形填空试题的，这样会导致所选答案貌合神离。为此，在选择答案时要双管齐下。首先从意义上判断所选答案是否与短文内容语义相吻合，而后结合具体的语言环境，从形式上——时态、语态、句型、名词、代词的性、数、格、搭配等方面鉴别所选答案正确与否。例如：

Butterflies fly about in the sunshine, going from flower to flower, happy all day long, ___6___ life of pleasure. They are beautiful, but it seems that they are not of much real use to anybody. Some human beings lead very much the same sort of life ___7___ they are butterflies of society.

Locusts are different. They are active enough, too active. They spend their time eating the food of others. Unfortunately, there are men like this, destroying things wherever they go, taking for themselves ___8___ belongs to others, using up everything and producing nothing. They are human locusts.

6. A. lead　　　　B. led　　　　C. to lead　　　D. leading
7. A. but　　　　B. and　　　　C. or　　　　　D. though
8. A. what　　　　B. which　　　C. that　　　　D. as

这里第6、7、8题首先都从意义上判断所选答案是否与短文内容语义相吻合，然后通过语法分析来解决。第6题是非谓语填空，与going并列，因此选leading，作伴随状语。第8题是宾语从句缺主语，所以补上what，这些都是一目了然的题目。而像第7题这样的题目，需要分析前一分句和后一分句之间的关系，转折关系的选but或though，选择关系的选or，而这里是并列关系所以选and。会思考才会有进步，会总结才会有收获。我们在做了一定量的题目以后，应该分析自己的问题所在，是在语言知识上还是在阅读能力上，从而在相对欠缺的方面下功夫，这样必然会加强对这方面知识的掌握。

6. 注意词义辨析和词语搭配

在完形填空题的选项设计中，词义辨析和词语搭配这方面的内容占有一定的比例，这类考题旨在考查学生对近义词的理解和对词汇的运用。下面我们举例分析：

A young person, especially a female, has all the favor given by God. Any ___5___ to make up would be self-defeating. Youth, however, comes and goes in a moment of nap. Packaging for the middle-aged is primarily to ___6___ the winkles caused by time. If you still enjoy life's richness enough to maintain self-confidence and pursue pioneering work, you are unique in your natural qualities, and your charm and grace will ___7___. Elderly people are beautiful if their river of life has been, through plains, mountains and jungles, running its course as it should. You have really lived your life which now arrives at a proud stage of serenity indifferent to fame and wealth. There is no need to ___8___ to hair-coloring, the snow-capped mountain is itself a beautiful scene of fairyland.

5. A. attempt　　B. attention　　C. temptation　　D. action
6. A. hide　　　　B. relieve　　　C. remove　　　D. conceal

7. A. maintain　　B. leave　　　C. remain　　　D. preserve
8. A. take　　　　B. turn　　　 C. ask　　　　 D. stick

第5、6和7题都为同义词辨析。第5题选attempt，在这里的意思是"尝试"。而第6题的难点在于辨析conceal和hide，hide一般指的是把某人或具体某事物隐藏起来或情感不外露，而把抽象的东西像信息、秘密和这里的"皱纹"隐藏起来不被人知就用conceal。第7题选remain，是因为 remain表示"依然具有，没有褪去"的意思。而第8题考的是词语搭配，turn to意为"求助于"。

7. 反复推敲，复查核定

填完20个空之后，一定不要忘了全文通读一遍，检查句子之间的逻辑关系有无前后矛盾的地方，避免连错几个的现象！

NMET完形填空所选文章都堪称精品，其逻辑必是上下贯通；其纹理脉络也必是自然有序，令人信服。因此，每做完一篇完形填空，我们对文章的线索、脉络以及主旨、寓意等已经心知肚明，便有一种"豁然开朗"的感觉；否则，如果仍是似懂非懂、雾里看花，那就说明我们还没有充分地把握文章脉络，没有达到完形填空最优化，还需要复读全文，验证答案。

完形填空可以说是难度较大的一项考题，旨在测试学生的语言知识、阅读能力和总体语言水平，真正体现了"综合"二字。因此，完形填空的提高一定会带动前面语法词汇和后面阅读理解的提高；反之亦然。用自信的态度去面对，用正确的方法去解决，那么考生就不会有解题前心理上的焦躁和恐惧，取而代之的是解题后的踏实和高兴。

以上是笔者在高中英语完形填空题解答方面总结的一些方法和技巧，将其运用到高二（9）（10）班的学生，以提高他们解答完形填空题的得分率。

四、结 语

经过一个学期的实践训练，高二（9）（10）班的学生，原来完形填空题的平均得分是15分和16分，现在平均分分别是23分和24分，有较大的提升，取得较好的成绩。

平时训练或考试的意义在于查漏补缺，所以考试后，分数可以遗忘，但认真细致的总结反思却是不可忽略的。答题准确率高低的背后，都有问题的暴露，必须立即总结反思，认识到不足，教师要及时调整教学策略，也要求学生采取措施，加强平时的学习，才有可能在以后的答题中做得更好。